張東蓀　著

思想與社會

貴州出版集團
貴州人民出版社

圖書在版編目（CIP）數據

思想與社會 / 張東蓀著 . -- 貴陽 : 貴州人民出版社 , 2024. 9. -- ISBN 978-7-221-18622-5

Ⅰ . B26

中國國家版本館 CIP 數據核字第 20248XR741 號

思想與社會

張東蓀　著

出 版 人	朱文迅
責任編輯	馬文博
裝幀設計	采薇閣
責任印製	衆信科技

出版發行	貴州出版集團　貴州人民出版社
地　　址	貴陽市觀山湖區中天會展城會展東路 SOHO 辦公區 A 座
印　　刷	三河市金兆印刷裝訂有限公司
版　　次	2024 年 9 月第 1 版
印　　次	2024 年 9 月第 1 次印刷
開　　本	710 毫米 ×1000 毫米 1/16
印　　張	14
字　　數	84 千字
書　　號	ISBN 978-7-221-18622-5
定　　價	88.00 元

出版説明

《近代學術著作叢刊》選取近代學人學術著作共九十種，編例如次：

一、本叢刊遴選之近代學人均屬于晚清民國時期，卒于一九一二年以後，一九七五年之前。

二、本叢刊遴選之近代學術著作涵蓋哲學、語言文字學、文學、史學、政治學、社會學、目録學、藝術學、法學、生物學、建築學、地理學等，在相關學術領域均具有代表性，在學術研究方法上體現了新舊交融的時代特色。

三、本叢刊遴選之近代學術著作的文獻形態包括傳統古籍與現代排印本，爲避免重新排印時出錯，本叢刊據原本原貌影印出版。原書字體字號、排版格式均未作大的改變，原書之序跋、附注皆予保留。

四、本叢刊爲每種著作編排現代目録，保留原書頁碼。

五、少數學術著作原書内容有些許破損之處，編者以不改變版本内容爲前提，稍加修補，難以修復之處保留原貌。

六、原版書中個别錯訛之處，皆照原樣影印，未作修改。

由于叢刊規模較大，不足之處，懇請讀者不吝指正。

思想與社會　目次

張東蓀著

東西文化叢書

思想與社會

商務印書館印行

中華民國三十五年三月重慶初版
中華民國三十五年六月上海初版
中華民國三十六年七月上海再版

㊥(16474滬報紙)

東西文化叢書 思想與社會一冊

定價國幣肆元

印刷地點外另加運費

著作者 張東蓀

發行人 朱經農 上海河南中路

印刷所 商務印書館印刷廠

發行所 商務印書館 各地

吾與東蓀及適之，皆受歐美反理智主義哲學之洗禮之人也。東蓀氏已譯柏格森氏創化論，我以和會後留歐，專攻柏氏及倭鏗哲學，及返國作『人生觀』演講，引起思想界之辯論。其實我所持者，即反理智主義之論調，惜乎當日與我論辯之人，側重科學玄學一邊，絕未見及吾所謂生者，乃柏氏之所謂生，非科學之所謂生也。適之自美歸來，提倡實用主義，其駁諸子出於王官之論，謂各派學說之生，所以應於人生需要，所以解決其困難，此即實用主義之立場也。所謂反理智主義，其大潮流雖一，而立言各異，如詹氏之工具論，爲倭氏所批評，如柏氏之生力超乎理智，爲黎卡德氏所反駁；而就其大體相同者言之，不外乎理智之範疇，不能舉所謂生者而盡之。理智爲生之一部，故生之範圍大於理智，惟有力返諸生，方足以去理智矯揉造作之弊。此其所言，不論爲柏氏，爲倭氏，爲詹氏，爲杜氏，罔無一而不同意者也。彼等反對之目標，爲黑格爾之邏輯統系，下自第一概念之無，上達於絕對之上帝之所以演進者，無一不在於所列舉範疇之中，在黑氏以爲哲學之大成，莫過於是，而在柏氏、倭氏、詹氏觀之，則以爲生之複雜，決非理智所得而說明，或即有說明，而與生之眞面目正相反也。吾輩當日所以提倡此派學說，初非如柏氏、倭氏、詹氏之反對黑氏，乃由此派學說側重人生，尤好言人生之特點，爲自由，爲行動，爲變化，正合於當時坐言不如起行，惟有努力奮鬬自能開出新局面之心理中來也。

既名曰反理智主義矣，則人智之爲用，與人智所用方法所得之眞理，皆在不足憑信之列，所謂邏輯，所謂歸納與演繹，所謂公例云云，皆可視同土苴，而客觀的眞理，則爲無此物矣。聞之近來納粹黨人之主張曰：客觀性云云，事實研究云云，乃爲過去時代之物，爲西歐之錯誤思想。其爲說雖不必導源於柏氏、倭氏、詹氏哲學，然其視理智之不足爲證據則一。此反理智主義之影響於學術者一。理智爲理性之一部分，既反理智矣，更進一步則爲反理性，并其具有理智理性之人類亦蹂躪之。學術上自由研究之風氣消滅，視一道同風爲至善之歸，甚至所以治其民者，一出於暴厲恣睢，有所謂集中營，有所謂格司塔僕，有猶太人之驅除，視阿里安人種爲賤種，一言以蔽之，棄理性尊暴力而已。此影響於國內政治者二。既於同爲人類之中，分之爲貴種賤種，貴種爲主人，賤種爲奴隸，其視鄰國之弱小者，爲吾人之俎上肉，而侵略而人類相殘，視爲當然而無足怪者。此影響於國際政治者三。夫歐洲文藝復興以降之開明時代與理性主義時代，其學術之所以昌盛，政治之所以趨於民主，皆以尊重理性與理智之故，今則學術自由受壓迫，人民基本權利受蹂躪，是理智與理性之衰落也。

吾於此有應辯明者一事，即英哲羅素於其『法西斯主義之祖宗』文中，認爲法西斯主義之先驅，爲康德、菲希德、尼采、卡蘭爾、瑪志尼與柏格森等六人。其於反理智主義之先鋒之柏氏，絕未引其語而駁之，但舉其名而已。如尼氏有超人說，卡氏著英雄崇拜論，瑪氏視道德律超於民意之上，菲氏言論多推尊德意志民族之意，因此，此三、四人不免於與法西斯主義同科之嫌疑。至於康德氏，因其除純粹理性外，更承認實踐理性，將意志自由，靈魂不死，上帝等問題之超於理智外者，即不能以理智證明之者，一併列入其中，認爲應歸實踐理性解決。在羅氏言之，是將反理性之事項歸入理性之中，即所以導人入於反理性也。吾人以爲純粹理性，不離乎邏輯，其屬於理智範圍以內顯然矣。而康德之實踐理性，則承認有道德律，且云道德之原則，在乎以人爲目的，不可以之爲手段，其視納粹黨人但知有暴力不知有理性者，相去奚啻霄壤，而羅氏竟混之爲一譚，夫亦以羅氏重自然界數理界之智識，而否定道德律之存在，因并康氏之視理性爲至高無上者，竟加之以反理性之惡名矣。

抗戰以來，身處後方，腦中盤旋往復者，爲理性乎反理性乎問題。理性中之最可恃者爲理智，邏輯之範疇，與理之是非，曾不離乎理智。故理性反理性問題，縮小言之，爲理智反理智問題。對此問題，吾人之態度應如何。昔日嘗師承反理智主義矣，其所以出此，以此派好講人生，講行動，令人有前進之勇氣，有不斷之努力。試舉柏氏創化論中之言：

吾人實與全宇宙相渾一，全宇宙乃不可分之動力。抗乎物質而前進。一切生物，息息相關，乃一大動力耳。奮勉前驅，勿論遇何障礙，甚至於死，概有力衝破而越過之也。

柏氏又舉遊泳爲例曰：

智慧（原譯如此，實即理智）常自封於既有之範圍，抉此藩籬者，惟活動耳。如未見有人游泳於水，則必以涸水爲不能之事，及一旦實行練習，先求不致沈沒，後得自由所向，乃知游泳並非難事。

柏氏引游泳爲例，所以明理智自封於故步，惟有行動，惟有冒險，乃能衝破其範圍而別有新境界之開闢，此生物界中生命大流所以新陳代謝也。既在行動與冒險中有自由與進步，而見之於生物界中器官之演進，此反理智哲學所以又名爲『生之哲學』（德西南學派黎卡德曾用此名），在主張奮鬪者之聞此言，有不爲之懽欣歌舞不止者乎。

自柏氏生力之說出，法國一黨人士採用其說，謂生力即等於總同盟罷工，惟以冒險與衝破，乃能解決社會問題，此索勒爾氏 Sorel）『關於暴力之感想』一書之所由作，意在以生力附和暴力之說也。吾人以爲遵理智主義與理性主義以行，對於物之性質，對於人之相處，皆應研究其所以如此如彼之理。其行事也，自有物理，自有人情，爲之依據；今也不然，但知有行動，但知有衝破，以棄舊而謀新，則社會之亂終無窮期，而平和秩序安所賴以建立乎。歐戰後之國家，若德若俄若意若西，無不經一次或二、三次之革命，視法國革命之歷數百年而後一見者，其相去不可以道里計。其極也更有如上所舉納粹黨、之依附其說，不可謂非此派學說之流弊矣。然吾人之意，非反對行動也，亦非反對冒險也，其所以行動所以冒險者，當有其所以然之故，當有其正當之理由，必如此而後其行動與冒險，不流於孟浪，不挪於虛化，而有益於國家與人類之幸福，此吾所以認爲行動與冒險應納諸理性之中而後可也。

吾人之於哲學，豈有成見可言哉，亦視其說之可通與否耳。有人焉以爲事物之成，皆本於機械主義，換言之，循物理學之公例而成而壞，然取椅棹剖之爲二，則椅棹毀矣，而動物細胞以剖裂之爲二，其細胞之一半長成以後，猶爲一官骸完整之動物，可見物理上機械主義不能解釋生物，即物質有物質之原理，生物有生物之原理可知矣。若夫理之正反與夫善惡是非之別，在物質之木石與生物之具有官覺與本能者同不足以語此，此則生之上，更有所謂心，而理智與理性由之以出矣。乃惑者不察，必舉生與心，一切以歸之於物質，不認生之爲生，心之爲心，吾儕將奈之何哉。以云新惟實主義之主張，其不足以滿我意自若焉。彼等所主張者，曰外界事物之存在，不關於人之知與不知，如懷悌黑分析自然界之物爲事件，或事件與事件之關係，如亞歷山大名之曰空時合體，其不認心爲智識構成之主要因素一也。吾人姑讓一步，謂勃克蘭氏存在起於知之說，不免過甚其辭，然謂吾人所得之外界事物之知識，乃事物自身，或事物間之關係本來如此，而非由心之作用存乎其間，則爲吾所不敢苟同。知識之構成，不離乎範疇：同異也，因果也，關係也，共相殊相也，一與多也，此數者無一能離心而化之爲事件，或時空合體者，同異也，心之識別爲之；共相也，即同類中之各個體均具有相同之性質，心之識別爲之；關係也，其類甚多，有爲數目關係，有爲地位關係，有爲主辭謂辭關係，有爲範疇與概念關係，乃至左右關係，夫婦關係，在羅素氏謂之爲離思想而獨立自存，然使無心知之作用，安從辨其爲左爲右，爲多爲少，至於範疇與概念之關係，更無論矣。新惟實論者，否定心之作用，我思之歲月，認其說爲難於自圓，故我之所以反對之者，正與反對唯物主義同也。

由以上所反對者言之，我之立場，謂之爲理性主義可也。我所謂理性，雖沿歐洲十八世紀之舊名，然其中含有道德成分，因此亦可逕稱爲德智主義，即德性的理智主義，或曰德性的惟心主義也（柏氏亦重心，然謂心之作用爲行動爲自由，故爲反理智的，反理性的）。吾所以推尊理性，以爲應駕理智與行動而上之者，蓋以爲理智如刀，用之不得其當，鮮有不傷人者；行動如馬，苟不繫之以韁縲，則騎者未有不顛且躓者。重理性者，所以納二者於規矩之中也。歐洲之開明時代，正爲哲學上之理性主義時代，有笛卡兒導之先，蘭勃尼孳繼之於後，同時在政治學方面，有霍布斯氏、洛克氏、盧騷氏等之民約論，發爲人類生而平等與天賦人權之說，是哲學上之理性主義與政治學上之天賦人權，同出一源也。十九世紀之社會主義，推廣自由平等博愛之精神於一般勞動者之身，不論爲科學派烏託邦派，其所要求之目的則一，卽今日羅斯福羣所創免於匱乏之自由云云，亦沿人權論之餘緒而擴充之耳。東蓀於本書中列舉歐洲道統，一曰耶教，二曰民主政治，三曰社會主義。余以爲後二者有理性主義爲背景，已如上述。卽以耶教論，自猶太傳入歐洲，亦早經亞理斯大德之論理範疇之鎔鑄，與其謂爲如方東方宗教之出於證悟，不若謂爲思想統系之結晶。然則此三者中有一以貫之者，爲理智，爲理性，此點在東蓀雖未明言，吾特舉而出之，當不至與原旨相謬剌也。

吾惟尊重理性之故，對於本書所舉之中國道統，一曰儒家，二曰理學，自認爲吾國歷史上之精神遺產。昔日人生觀論戰之中，曾有新宋學之主張，不圖今日爲理學下新解者，已大有人在矣。吾國所謂理，所謂道，在閉關時代，不外乎仁義禮智孝悌忠信而已。孰知此理此道，傳至歐洲以後，乃變爲理性主義，在知識方面爲範疇爲論理方法，在行爲方面爲道德爲意志自由。夫吾國爲理與道之發見者，特不知推廣而用之於理智方面，以自陷於不識邏輯不識科學之大病，今而後惟有力矯前非，在舊萌芽之上，培植而滋長之，不默守陳腐之道德說，乃由新理智以達於新道德，庶理性與理智有以見其全體大用矣。抑理道之論，發之於孔孟，實大盛於宋明儒者。彼等不特於理學方面有極精確之定義，極廣大之宇宙論，卽於實際行政方面，有所謂鄉約，有所謂庠序之教，有所謂兵農不分，有所謂常平倉，有對於井田之追憶，何一不本於民貴君輕，不患貧而患不均之公平至正之大道而後有此主張乎。然則謂儒家之精神，同於民主政治，同於社會主義可也。此非吾人之故意附會，去儒家學說之塵垢，見其精義之蘊藏，則知二者，自出發人心之同然，而非偶然。何也：二者同以理性爲出發點故也。

或曰理性與理智爲緣，有理智之用矣，而害亦隨之，如科學爲理智之產物，既有生人之醫藥，與便人之交通，然殺人之武器亦由之而來，故一日有理智，卽人類相爭一日不止矣。吾則以爲歐洲近代文化，起於開明時代與理性主義，此時代所注重者爲思爲知識，以知識之可靠與否爲中心問題，其名曰理性，實卽理智而已。如康德之著作，一曰純理批導，爲綜合經驗與理性二派之大著，然他一書名曰實踐理性之論道德者，至今猶爲當代大哲羅素氏者所非笑，則歐人之理智，未嘗涵育於道德空氣之中，顯然矣。儒家之不必藏己，不必爲己，若氏之爲而不有，宰而不制，正東方之所長，而西方之所短。西方之論理與科學方法，上窮宇宙之大，下及電子之微，歷史所未載，人事所未經，皆窮源竟委以說明之，豈我東方之惡智者(孟子所惡於智者爲其鑿也)，所能望其項背哉。東方所謂道德，應置之於西方理智光鏡之下而檢驗之，西方所謂理智，應濡之於東方道德甘露之中而和潤之。然則合東西之長，鎔於一爐，乃今後新文化必由之塗轍，而此新文化之哲學原理，當不外吾所謂德智主義，亦曰德性的理智主義。噫！東蓀先生相距數千里外，無由會晤定其同異，然吾知其必有不謀而合者矣。

民國三十二年七月二十日，張君勱於重慶汪山。

目次

思想與社會

序論

近年來西洋學術界發生了一個新的學問曰知識社會學。其內容是從社會學以研究人類之知識。但向來研究知識有所謂知識論是屬於哲學範圍的。知識論之研究知識不得不求助於心理學，所以研究知識可有三個不同的方面：即一是取心理學的態度；二是取哲學（即知識論或稱認識論）的態度；三是取社會學（即文化科學）的態度。我在兩年以前想把這三種態度合并在一起作一個綜合的知識論，遂寫成一書，其名是知識與文化。寫了這部書以後又拿他作講義在大學講了一次。當時就覺得尚留下許多問題在那書上未曾提到。後來雖時時想再作一個補充而總是苦於人事碌碌沒有工夫。等到入了獄以後，初起精神甚爲不振，不能思索，後來經友人勸慰，以爲與其枯坐不如擇若干哲學問題來加以冥索。於是忽又有一些所見。只是苦於無紙筆，雖時有所思而無法記錄下來。出獄以後以致所思者已忘去大半，僅餘一個輪廓而已。本書可以說就是那個輪廓而又加以補充與修正始成功的。書中所說幾乎完全是增補前作知識與文化。亦可說就是知識與文化之續編。或稱之爲姊妹編亦無不可。讀者苟沒看見我那個前作則對於此書必多不了解。反之，我希望讀過那本書的人務必再求其一讀本書。

本書是分三部份亦和知識與文化相同，不過不把分編標明而已。第一章至第四章是一個段落，第五章與第六章又是一個段落，第七章以下又是一個段落。雖分若干章若干段落但仍是一氣所成，故希望讀者不要把他割裂了來看。最後一章述及前瞻乃是另外一套。因爲本書的原計劃是想只限於說理，即純粹討論學理，而不想涉及「時論」性質的議論。換言之即不想對於中國問題擬一個解決方案。不過學理與實用往往是分不開的，尤其是我所要討論的那一套不能實驗的學理。我在書中已說明了，這種思想其所以爲眞理就在於其能產生一個文化的滿足，換言之，即能滿足其時代的文化需要。我現在對於這些思想立一個解釋，其本身當然亦是同樣具有不能實驗的性質。所以我現今的立說亦只有從現今的文化立場來評定之。因此我之所說對於實用當然必包括在內。換言之，即當然於純粹的說理之中便包括有替中國今後開一出路的意思在內。在題目的內容固然是如此，然在書的體裁上我却不願把二者混爲一說。故關於今後中國文化的問題只限於在前瞻的那一章中稍稍討論，所以本書是仍想維持其純粹學術性的立場。

本書所討論的問題是以哲學爲代表的理論知識與有社會性的實際生活之關係究竟如何。即二者之交涉究竟何等樣式？詳言之，實際的社會與人生其對於理論知識有何等的決定？反之，理論的玄想對於社會實況與人事行爲究有何等的指導力與影響力？世人對於這些問題並不是完全沒有想到，只是他們的答復太儱侗太糢糊。我現在就是專事於分析這個問題，作這件事好像不是哲學家所應當的，即好像這不是哲學家的本份。不過我以爲中國的哲學家苟不先明白這個道理而想專心治西洋哲學企圖有發明怕是不容易的，我常常覺得有些哲學者不免於蒙頭蓋面。對於哲學究竟是甚麼尚且不知而已經要專心於哲學上的各別問題了。我之疑心於此種研究乃是由於發見「哲學究竟是甚麼」這個問題頗難用單面的話來答復，因爲本人是研究哲學的當然不免要以哲學爲出發點。同時就是因爲本人平素只對於哲學有研究，以致對於心理學、社會學、歷史政治學等等不免有外行語。但本問題確是一個邊界問題，就是說他的地位是在心理學、社會學、歷史與哲學等各種科學之交界上。單從哲學方面去探索是不夠的。故本人所以從事於此問題雖由哲學方面逼迫出來，却又不能不涉及其他社會科學。著者對於這些社會科學亦未嘗沒有自己的見解，特不敢自認爲成熟。關於這一點很希望社會科學的學者們加以指正。

本書取名爲「思想與社會」。關於思想是仍照知識與文化中所講的，專指理論知識而言，就中尤以哲學思想爲其代表。至於「社會」一詞亦是採取廣義。普通把「政治的」一詞以爲是在「社會的」以外。而把「社會的」一語專用以指那些家庭親屬交友等事。本書則不取此種辦法，在本書上社會一詞即包括政治在內。並且所用政治一詞亦卽包括法律與經濟在內。著者在書中曾詳細聲明倫理、政治、經濟、社會等實形成一個不可分的組合。本書所用社會一詞其實就是指這個一組，這些都是希望讀者在最初卽須銘記於心上的。

本書是以哲學爲出發點，已如上述。而經過此種研究之結果，著者雖立於哲學家之地位，却與已往的哲學家不一樣而另對於哲學給予一個新的性質。換言之，亦可說是創出一種新的哲學。這種新哲學有兩方面：一方面是對於已往的哲學上各種學說另給以一個解釋。他方面卽是這個新哲學本身之性質。對於已往的哲學我得的結論是：一切都只是社會思想之理論化，至於關乎我這個新哲學則可說亦是應乎這個時代的文化需要。所以我總是把哲學使其加入於社會科學之林，研究哲學就無異於研究文化。哲學史卽代表文化史。關於這一點亦希望有以就正於中國新興的哲學界。

著者有哲學興趣是在十六歲的時候。當時得讀佛書（大乘起信論與楞嚴經），不禁手舞足蹈。後來看了心理學書反對於佛學大起懷疑。爾來四十年中總是以哲學興趣爲主，而又不能忘情於政治。我之對於政治完全是一種打抱不平的態度。雖時時發表政論然從來不計及本身。我之所以脫離報界就因爲民國十六年以後報紙完全變爲他人的喉舌不能說自己的話了。只在民元到民國五、六年之間短短時期中眞有言論自由，這是我所親歷的。我以爲沒有言論自由就沒有文化。我之好爲政論不外乎想抵抗那個要毀滅文化的內外潮流。幸喜此潮流演至今日已推車撞壁了。此後恐將另成一個新的世界現在無法詳知。不過朋友中亦很有人常責備我以爲我不應該同時治哲學而又譚政治。甚且有人對我引爲惋惜以爲得成一個純粹哲學家不更好麼？大可不必再涉及政治方面。本書亦可以說就是我對於這個質問的一個答復。原來我在十年前自己亦時常苦悶，總覺得哲學與政治是截然兩橛無法打通。不料思索了幾年以後，居然被我尋到了一條出路，這就是本書所詳述的

第一章　汎論概念

本書的目的在想說明形而上學是人類知識中的一種具有特別性質與特別功用在文化上是一個不可缺少的東西。作這樣的說明依然是以知識社會學（或稱社會學的知識論 sociological epistemology）爲立場。故在未入正文以前必須先討論知識，尤其是概念的知識，因爲必如此方見其有社會性。

人類的心必須發展到概念的階段方能成爲知識。至於動物有沒有概念以及人類有沒有「概念以前的認知」(Knowledge at the pre-conceptual stage)，則讓比較心理學家、動物心理學家、兒童心理學家去研究。現在完全不管。因爲在實際上是不是有一種純粹知覺 (perception in the purest form)而不雜含有記憶辨別比較在內：，倘其無之卽可說知覺就是知識而知覺與概念卽沒有鴻溝的分界。誠如斯泰司(W. T. Stace)所說：『吾人不能說出心如何與爲何而構成概念。然其能構成概念則爲一最終之事實。概念構成係思想之基本性質，此爲吾人所發見，且應虔誠承認者也。』(We can not say how or why the mind conceptualizes. That it does so is an ultimate fact. Conceptuality is the fundamental nature of thought which we find and which we have to accept with natural piety 見 The Theory of Knowledge and Existence P. 49) 所以我們不再向概念以前的心理狀態來追問而只承認這個概念階段之爲事實。這是我們討論「知識」時所必須認定的前提。

既說到概念則又必須知道概念有幾個特性。照心理學家（例如 C. Spearman）說概念有固定性 (fixity)、顯界性 (discreteness) 與言語性 (verbality) 等特性。我則以爲都是從言語性這一點上而成的。因爲必須附在符號上所以變爲固定，因爲是固定的所以不能有中間的漸接與連續階段遂成爲顯明截分的界限。至於尚有所謂集合性(compositeness)亦未嘗不是由於言語性所演成的。因爲一個概念附在一個符號上則自然會把同一個符號用以指表許多具體的事物。由此可見人類的思想到了有概念的階段。思想與言語完全合而爲一。亦可勉強說這是思想之言語化。須知言語是社會的產物，所以人類的心發達到了概念的階段則心意之社會性 (sociality of consciousness) 自然使成功了。

於是我們又得要說明二點：第一是爲甚麼人心須要發展爲概念；第二是言語何以有社會性？先就第一點來說，心理學家早告訴我們說「知覺」(perception) 都有「整形的組織」 (gestalt organization)。我則以爲這種整形的經驗 (gestalt experience) 可以在心上留爲「界域的影相」 (liminal image)。這種界域的影相往往極爲模糊，只留了一個大體輪廓而已。由於節省心的力量 (mental energy) 起見，遂使用「化整原則」(principle of pregnancy)，把知覺使其「基型化」(patternized) 了，然後就成爲概念。所以概念的發生是人心自然的傾向。由知覺而發達到概念是一線相延而順進的歷程。明白了知覺的性質自會了解概念的作用。概念與知覺並非截然兩段乃是相通的。所以我相信每一個概念其背後都潛伏有一個形相 (potential formal image or generic image)，至少亦必可以說都能引起那樣的形相。這是從知覺到概念的歷程而說的。另外又須從言語方面說過來，這乃是第二點。須知言語本只是表示 (expression)。舉手表示敬意，點頭表示肯意，都和言語同其作用。雄鳥的鳴聲表示求雌亦未嘗不是一種和言語差不多的表示。但這種本來只限於在願望與感情等方面的表示後來發達了便在知識思想等方面亦可有符號來表示。所以言語是以表示知識思想爲多，而知識思想無不寄託在概念上。可見概念之形成是由於兩方面：一是由於知覺之基型化 (patternization)，一是由於表示之符號化 (symbolization)。兩方面一擠則概念乃生出來。在知覺一方面是有影相之汎形 (generic feature of image) 爲其根底；在符號一方面是有固定的言詞爲其寄託。可見概念在一方面是由知覺之綜合而進一步以出，在他方面是附麗於言語上。對於這個道理一班哲學家往往不能見到，乃是由於爲了柏拉圖之意典（理型）說 (Plato's theory of Ideas) 所誤。而照我現在的見解這却正與柏氏主張相反，決不是一個意典或理型（即共相 universals）在那裏自然存在着。乃是由於心理（個人方面）與文化（社會方面）以及客觀（實在方面）三方面和合而造成。關於這一點將在下文再討論。現在只說明非排除這樣的共相論不能明瞭此種道理。

我們再繼續討論第二點關於言語一方面的。言語是爲了交通(communication)。交通必有「傳具」(vehicle)。我們用言語爲傳遞憑藉的工具以交通彼此的意思與感情。意思感情等心理上的經驗是「個人的」(personal)，而此傳遞的藉具却是「非個人的」(impersonal)。倘亦是個人的則別人便不能懂以致無法相通了。這種傳具乃是符號。說話是用符號以表示現實的經驗。聽話是用符號以引起現實經驗的聯想。所以言語的「意義」(meaning)是在「上下左右的關係」(contextual relations)。但在這個關係全部中必須至少有一「點」(item)是由現實經驗(actual experience)所決定的。不然全部都變爲虛浮的(floating)了。經驗與言語的關係現在且不深究，只限於說明言語所以爲交通之具的緣故罷了。言語所以能使人們交通其情意必是由於所用的符號是因「俗成」的(habituational)而至於爲「約定的」(conventional)。因此人們不僅是創造言語乃簡直是生活在言語中。有言語然後人心之社會性(sociality or collectivity of consciousness)乃建立了。所以有言語卽有社會，有社會亦必須有類似言語一類的交通表示。因此在文化的產物上乃有所謂「言語界」(realm of language)。於此所謂言語界却和論理學上的言語範圍(universe of discourse)不同。言語範圍只是有了言語界以後的一種說明這個言語界比「事實界」(actual world)有些地方較大又有些地方較小。因爲言語的界域有時竟超出現實的事物以外，所以藉助於言語的力量人們的想像力反而增加。普通心理學上論到抽象觀念(abstract idea)總以爲人心有這種抽繹(abstraction)能力。其實都是就最粗淺形式的抽象觀念而言。至於較高級的抽象觀念却無不由於訓練而得，所謂訓練就是讀書、談話、辯論等教育方法。而這些教育又無不以言語文字爲憑藉。所以言語的功用足以助長人們的想像能力、理解能力、與抽象能力。哲學家對於這一點只知從反面來看，以爲言語不能完全表述人類的奧妙高深思想。關於這一點我已另有說明。現在我是從社會學見地來說，專限於言語助長思想一方面。我以爲把現實的知識擴充到「詭幻」(illusion)的境界有不少地方是由言語而致。康德(Kant)的第一批判中講「超驗的辯說」(transcendental dialectics)說到理智的擴充及於不適用的地方。其實這種詭幻的邏輯(logic of illuston)就是因概念而把理智擴充到作「出位之思」了。倘使沒有那樣的幾個概念作前提，則決不會致此。這些概念又都同時是個言語上的符號，每一個符號由人們比較隨意賦以內容。所以邏輯上一個名詞有內延外包，因此概念遂都變爲「可以分析的」(analyzable)。於是分析之工作乃得以成立。其實須知分析總是在「綜合」(synthesis)之後，所以我們可冒險的說綜合是先於分析，且分析之目的在於解剖舊的綜合而另造一新的綜合。因爲知識之根本作用就在於綜合，概念就是綜合的結果。所以分析不是知識之根本目的，乃只是達到另一綜合的手段而已。且須知既是綜合先於分析，所以在知識上則是「幻」(illusion)多於眞。所求的眞理並不是積極地發見眞實乃只是消極地破除幻誤。人類的知識乃是任不斷地製造幻誤又從而解破之。除了科學知識一部分外我們至今天爲止還不敢說這樣的破除幻誤的工作已有多大的進步。關於實驗科學當在下文另行討論。此處所說的只是關於「非實驗的知識」(non-experimental knowledge)。這一類的知識不是由其對象的性質所決定却是由其知識本身的性質所決定。須知所謂「決定」是較「限制」更深一些。認識論的學者們 (epistemologists) 自康德 (Kant) 以來都是有功於知識之限制 (limitation of knowledge) 之發見。我今天想更進一步來討論到「知識對於實在之決定」(epistemic determination of reality)。爲甚麼這樣說呢？就是發見了知識本身的限制以後勢必對於對相認識爲是不可知的 (unknowable) 或至少是不能完全知道的。於是便入了不可知論 (agnosticism) 與現象論 (phenominalism) 了。我現在暫且不討論這一點，即不取超越的存在 (theory of transcendence) 之立場而取內在的存在 (theory of immanence) 之立場。換言之，即不講知識對面的對相而止講知識中的對相。因此我不得不注重於知識本身之性質而以爲這個性質就決定其中對相的性質。這種主張並不是主觀主義 (subjectivism) 亦不是唯用主義 (pragmatism)。因爲主觀主義是把「所知」(the known)納於「知者」(knower)之中。唯用主義是講知識與「實用」(utility)相一致。我現在的企圖却依然是從客觀主義 (objectivism) 的立場由知識社會學 (sociology of knowledge) 以論知識中實在之構成。這樣的構成雖大體上是由知識的自身性質來決定，然而却仍是客觀的與現實的。現在請從心理學方面更詳細言之。

心理學家(如 G. F. Stout)有所謂「知的綜合」(noetic synthesis)。斯氏說：『所謂知之綜合余意卽指有關於所指之某一個對象上各種呈顯的因素之結合；換言之，卽某一思想中之諸特殊分子之綜合。藉知之綜合，各種複雜之心理單位如知覺，觀念及概念於是生出矣。』(By noetic synthesis I mean that union of presentational elements which is involved in their reference to a single object; or in other words, in their combination as specifying constituents of the thought. It is by noetic synthesis that those complex psychical units come into being which we call percepts, ideas, and concepts. 見 Analytic Psychology Vol. II. P. 1.)

可見知覺（percept）與概念以及觀念皆是個「複合物」(complex)，自無疑了。這種複合物的構成自有種種決定力 (determinations)。康德注重其空間時間的架格一方面。這一方面固然是很重要的。但心理方面換言之卽根據生理作用或具有生物意義的心理作用亦同樣有決定的力量。試分述之。

先就知覺而言知覺背後有其「圍場」(field)，其所以「結成」(integrated)爲一個知覺 (one percept)不僅在客觀的外界上有自然的關係，亦不僅在主觀方面有行動(action)作藉助使其與他物相分別，乃在知覺本身上有固定的結構 (intrinsic structure)。此卽所謂全形 (configuration) 乃是格局心理學派(gestalt psychologists) 之貢獻了。可見是有所謂「知覺的構型」(perceptual pattern)。至於概念方面則亦有概念的構型(conceptual pattern)。概念的構型確都隱然爲知覺的構型所左右。須知所有的概念大部分都是從知覺的構型中抽出來的。心理學家名之爲「抽出者」(educts)。由抽出而又回頭來加以推定乃有所謂「推定者」(the referend)。概念之發生不外乎如此。所以論概念不能不論知覺。因爲概念只是心理的統攝作用由知覺順推而上的更進一步本是極自然的並不是截然兩段互不相干。在這樣的各級構型上有一個一貫的意義，就是基於生物的要求。所以心理學家說：『所有之構型皆有生物的意義。』(All these patterns are of biological significance (見 J. H. Parsons, An Introduction to the Theory of Perception P. 41)。但他所說的還是最低級的構型

(the lower levels)。這些低級的再「結合」(integrate) 起來便成高級的，由低級而至高級其生物的意義是一貫的。所以就是最高級心理上的概念亦必有其「神經的基礎」(neurological basis)。即如概念之「單一性」(unity or unitaryness) 乃是爲了「便利」(convenience) 起見，溯至最後的根底未嘗不可追至神經的「整合作用」(integrative function)，甚且及於或有或無的原則 (law of all or none)。所以我們的概念當然是文化的「造物」(cultural artifact)。「社會的遺產」(social heritage) 具有歷史的意義 (historical significance)，但其根底倘追溯到最後勢必亦發見其仍具有生物的要求在內。這種生物的要求在大體上已早爲康特所窺見。我們今天研究知識自是不能外乎他的線路，不過必須更推進一步而擴及於文化社會方面罷了。這種生物的要求有其本身的性質。因此遂決定了概念本身的性質，而概念 (concept in general) 之普汎的性質遂浸透了每個各別概念的性質。明白了這個緣故便知道文化系統以及思想傳說等知識的統系凡建築在概念上的莫不受概念本身性質的影響，詳言之，即無不是最後可以推到生物的要求上。

所謂生物的要求並不是生存的要求 (existential demand or demand for existence)。有些學者(例如 K. Mannheim) 只把「生存境況」(existential situation) 視爲決定思想的因素。這是太狹義了。須知生物一生出來首先要「調訓」(adjust) 其身體機括 (bodily mechanism)。試以說話一事爲例。小孩初生是不會說話的。但其發音機括與聽受機括則是天生在那裏。他必須先自己調順之配合之 (co-ordinate) 與整理之 (articulate)。於是方能發出一定的聲音。所以生物第一件事是調整他自己身上(即有機體上)的各種機關。正好像一個人在一個船上他必先學如何使用舵，如何使用槳，如何拋錨，如何掛帆，以及使舵與使槳的如何連絡等。這些舵、錨、帆都是天然之具，在船上的人雖能使用之，却同時必受其限制。決不能想把帆當作翅翼而要飛上天去。但却又不因舵帆之不能助我們高飛而即使我們對於行走有所失望，我們藉其力仍可以行動。換言之，即可以達到我們要行動的目的。古代的柏拉圖 (Plato) 看見這個道理；中國的荀子亦看見這個道理。他們二人的話我雖不完全贊成，却亦可借來助我這個說明。荀子主張有「性」與「僞」之分。所謂性即是「自然的」(natural) 之義，所謂僞卽是「造作的」(artificial)之義。自然的就是「本有的」(innate)，而造作的則是加上去的(additive)。從分析上看自是應該發見兩者的「分界」(demarcation)。這是作學問的工夫。至於實際則須知二者總是不能分散的(inseparable)。換言之，卽總是合在一起的。倘若用實在與假現之對立(the antithesis of reality and appearance)來講，而以爲自然的乃是實在，凡加上去的都是假現，則我們所取的態度便顯然與傳統哲學有大大不同。傳統哲學對於這個問題大概總不免拘束在三個方式之下。第一是以爲實在永遠在假現以外，由假現求不到實在。第二是以爲假現就是實在不勞他求。第三是以爲假現與實在只是看法的不同：從各個事物單獨存在來看，一切都是假現，而從絕對來看又皆實在的表現。這三種學說都是由從事於研究邏輯而得到的。殊不知據我看邏輯只能助我們在形式方面對於思想之可能的形式有所明瞭。却不能對於眞正的問題給我們以具體的結論。所以由邏輯而進到形而上學並不是我們研究宇宙問題時所應採取的唯一條路。因此我贊成柏拉圖的話。他以爲我們對於外界正好像一個人困在洞(cave)中，所見自是爲洞穴所限。我以爲不僅所看見的是受洞穴的限制，並且洞內的情形亦同時映在所看見者之中。由前言之卽是限制，由後言之乃是決定。決定與限制本是一件事，不過認識論的學者往往只注重限制，遂致把知識的性質弄得太簡單了。須知這樣把主觀上內部結構的若干性質竟投射到客觀的外界上混入於所見中乃是康德的一個大貢獻。我今天依然是順着這條路線而進，所以說到實在與假現之關係，我是主張二者混合相成。在假現中有實在，實在不離假現，唯其如此乃始有學問。學問之爲事就在於設法分析這個混雜物以澈究其中的分別，不然倘使照上述三種說法，則勢必只有形而上學，而科學便無資格去探究實在了。換言之，卽科學所探究的實在不是眞正的實在了。而依我所見，却只有科學能接近於實在。因爲科學同時承認有假現與迷蒙。至於形而上學反並不能眞打入「實在」之中。卡那魄(R. Carnap)以爲形而上學的言辭(metaphysical proposition)都是無意義的並不是沒有見地。他這一派的立論根據想來和我此說亦出於同樣理由。不過我並不以此爲貶視形而上學而以爲可以廢除，我還認爲不但可以存留且在人類文化上有很重要的地位。這都是本文全篇所要論述的，但在此處却不能用一言半語就說完了。我現在願重言以申明之的就是無論科學與形而上學都不外乎是知識，不過種類不同罷了。既都是知識則必先討論知識的性質。論到知識必以概念爲始，因爲必有概念方成知識。概念以上的心理作用在心理學上當要仔細研究與討論，但在知識論則沒有太大的必要。所以「論知識」(Theory of knowledge)不是「論心」(Theory of mind)。因爲「心」或「覺」(consciousness) 在意義上是與「知」並不完全相同的，這是我們在開始的時候所應知道的。但概念以上的知覺作用却亦決不是與概念無關，所以本節討論概念亦必須牽涉到關於知覺的性質之闡明與敍述。本節的目的就在說明概念的構型是以知覺的構型以及記憶的構型 (engramic pattern) 爲根底。在無形中受其影響爲所左右。所以一切心理作用雖發展最高級如概念與推理亦都含有其根底在生物的要求上。所謂生物的要求是指由機體而發出來的活動而言。有機體的構造既是如此，則其所發出來的活動必是如彼，而其所得的結果又必是如此。這其間雖不必用因果律來解釋，但却不能不用「制限」 (condition) 這一個概念來說明。我所謂具有生物的意義乃是指此而說的，決不像那些馬克斯派 (Marxists) 只把決定因素限於在社會生活中生存的要求，因爲如果不從生物的要求來着眼，把生物的意義認爲是統貫一切各級心理的根底，則對於高級心理作用的思想與推理決不能說明其何以必爲社會文化的因素所決定之故。所以我此書不是對於思想與學說之社會性一派的主張有所反對，乃是想擴充一層而建立一個完全的知識論。這個知識論首先討論概念之性質，而在本節則專研究概念與知覺之關係，至於下段才開始論到概念與概念之關係。

在討論概念與概念之關係以前，必先說一說概念在其本身上有社會性。因爲概念的形成有待於與他心相交通，所謂與他心相交通就是互相受有影響。社會科學家對於「社會的」一辭嘗有下列的界說：『「社會的」一辭指一羣以內之各生機體相互間發生之影響及其反應。」(By 'social' is meant those influence exerted by organisms of the group upon each other, and those responses which are made to other organisms as a result of those influences. 見 J. F. Markey, The Symbolic Process. P. 27)。

不過須知這種社會的交互作用(social interaction)並不只是「現在同時的」(contemporaneous)，且復有歷史性。換言以明之，即所受的影響不僅是同時存在的他人言行，而乃是歷史上傳下來的各種風俗、傳說、思想以及其他生活方式。這些在社會學上未嘗不可勉強名之曰社會態度(social attitude)。須知個人之社會的態度都是由於風俗傳說與思想等文化構型所養成，而同時這種文化構型又即存在於各個人之社會的態度中並不能離了個人而存在。個人之社會心理換言之即個人心理之社會性亦就在其社會的態度上表現。因此有些學者把個人的「自我」(self) 亦認為由於人心之有社會性而成。這就是米德(G. H. Mead) 的一個大貢獻。詳細說明見於其書 (Mind, Self and Society)，茲不贅述。其說的發源却是始於杜威 (J. Dewey)，杜氏把人心的作用直認為就是「表徵的功能」(symbolic functioning)，在實際上已把思想等於言語作用 (verbalization)。所以他自稱為社會的行為派主義 (social behaviorism)，不過我的意思以為於此當須作進一步的分析。我們如果把「心」(mind)「覺」(consciousness) 與「思」(thinking) 各加以分別，則必見在概念的知識 (conceptual knowledge) 以外，尚有「直覺的知道」(intuitive awareness)。至於講到概念則須知他必有一個特點：就是必須附麗在一個符號上，這個所附者 (the attachent) 反能影響其本身的性質。所以概念與知覺不同就在知覺是現實的，換言之即是休謨 (Hume) 所說的「活潑的」(vivid)，而概念不然。休謨以為義念 (idea) 是知覺淡了褪了而後變成的，其活潑性便失了。換言之，即是不在面前了。用這種說明來解釋概念的起源是不夠的。因為不是知覺淡了始變為觀念，乃只是知覺一旦離了原來境況的對象便不得不附在另一個東西上，不然他便騰飛了，無影無蹤消滅了。他所附麗的那個東西必須具有「形」(figure) 與音以及姿勢甚且伴有「情調」(accompanionate feeling)。並且形音與動作等等又形成一個連結的反應 (associative reflex)。在其中是視的、聽的與說的 (visual-auditory-vocal chain)，相連在一起。凡此都是行為派心理學家所已經詳論過的了，我們不必複述。在此我所要說的只是：知覺而一超越了（即騰飛了）其現實的對象則必變為概念，而同時須知概念而只留為一個「心影」，則是站不住的。換言之，即是自身不能久存的。於是必須有所附麗，至此則概念乃成功了。他所附的就是所謂符號，符號是記憶的標識（memory-sign）。每一個記號爲了記憶的便利起見，都在於喚起一個反應。不過概念所喚起的反應除了所伴隨的身體上內部動作以外，却有心理的了解。我們須知心的了解與身的隱動乃是不可分的。行爲派心理學家的大貢獻就在於此。但其推至極端，其太過亦由於此。在此處唯用派如杜威與米德遂接上了。他們刪去其極端的地方而從社會力（social force）加以補充。我今天要詳細討論其目的不在敘述他們的學說，而在於想說明概念在知識上是最根本的，苟不明概念之性質與其構成則決不能建立一個有價值的知識論。

我在上面已經說明知識論與心理學不同。心理學所研究的是思想（思維）作用（thinking activity or thinking process）。而知識論則是思想（thought）。思想就寄附在概念上，故論思想必以概念爲始，離了概念則思想便不能成立。不過歷來把邏輯亦認爲是思想之學（sciences of thought）。邏輯與知識論的不同是大家所都曉得的，但却仍有一部分學者想把知識縮小而只限於邏輯上的若干基本問題。我則以爲這並不是一個正當的辦法，所以我專從概念之性質這一點上首先討論起來。

根據上述的討論我們便知道心理作用的思維（thinking as mental activity）是與已附在概念上的思想（thought embodied in concepts）大有區別。我們現在就要研究這個附麗的關係，詳言之即思維的活動附在固定的符號上用以表現其自己。這個寄附的關係很足以限制思維活動的本身，這便是普通所謂言語與思想的關係。這個關係有兩方面：一是言語助長思想；一是言語限制思想。這兩方面都有社會性，現在先從其限制一方面討論之。

例如心理學家所說的概念性質所謂單一性（unity）固定性等等，又如邏輯家所說的「名辭」（term）之性質所謂內包與外延（intension and extension）以及其負面性（negativity），都可解釋爲思維作用（即活動）必須自己託附在符號上的自然結果。甚至於定義（definition）以及傳統上所謂三條思想律（即同一律矛盾律與排中律）亦都可以作這樣的解釋。要明此理必先承認思維作用在心理狀態上只是流動而已。即只是一個流

(flux) 或一個動 (act)，只現一次並無重複，正好像我們走路一樣·，就走而言本只是動而已，但其所走的路雖已經過而仍存留不過只是痕迹 (trace) 罷了。思想在能動方面 (active phase) 只是一個動作自不待言，而在其客觀方面即所成就的方面却就是那個動作所留下來的痕迹。我們却把這種痕迹拿來再組織一下，這個再組織便是那個更進一步的思想作用。現在把其能動方面的動作完全放在一旁而不去討論，乃專就其痕迹一方面來說。固不論這種痕迹是初次所遺留的抑或第二、三次對於初次痕迹再組織一番而後又留下的。總之，除了能動方面便是其所成的方面。須知這個所成的方面，換言之，即是其遺留的痕迹却是對於以後再起的能動方面思維作用加以限制，換言之，即是有以左右之。科學家伯蘭基曼 (P. W. Bridgman) 亦早見到這一點，所以他說：『語言與經驗之分別乃在語言從生的模型中分出許多小枝而凍結之·，此過程中產生之結果自與經驗各殊，但亦有用。』『巧於用字句以表白自己之經驗及觀念，亦爲危險之舉。因將經驗分析爲靜的碎片，每易使人認爲經驗即爲此種靜的碎片之所合成，更因之而認爲一滿意之言語上之分析即可將整個情勢包括無遺矣。』("An essential distinction between language and experience is that language separates out from the living matrix little bundles and freezes them; in doing this it produces some thing totally unlike experience, but nevertheless useful." "Too great facility in finding the words to express all one's experiences and ideas involves, I believe, a particular danger. For success in making a sufficiently good analysis of experience into static bits may easily lead to the belief that experience is actually composed of such static bits, and this in turn may lead to the belief that a satisfactory verbal analysis, when once found, is the unique and complete expression of the whole situation." 見 The Nature of Physical Theory. P. 24)。

在此處好像他所說的是只指言語，其實「言語」與「符號」以及「概念」這三個觀念 (notion) 是不可分的。在表示一方面我們稱之爲符號·，在心理一方面則稱之爲概念·，而在他人相交通或對自己而說出則名之曰言語。在實際上三者乃是一件東西，而普通所謂思想亦就大概與這個東西相應。於此可知這樣的作用乃是把現實經驗從流動而化爲靜止，從渾淪而化爲段落，從一片而化爲許多小塊。法國大哲學家柏格森（H. Bergson）早看到這一點了。我們爲便利起見名這樣的作用爲柏氏所發見的理智工作（intellectual operation）。但須知這樣的工作在一方面固然是理智之本性（natural tendency），而在他方面却又是由於其內有必然性（inherent necessity）。第一是必須附託在表示的形式（expressional form）上。第二是必須是由於有社會的交互作用對於個人心意有所訓練，使個人的思想（way of thinking）或思想的態度（thinking-attitude）在無形中受了其所處的社會環境（social melieu）之影響。但於此所謂社會環境不僅指同時代的現在而言，乃兼含有歷史上傳下來的。所以不妨不稱之爲社會環境而名之曰文化境況。人們理智的發展決不只是率其自然的趨勢而前進，乃實亦同時由於這個文化作用在一方面助長之，在他方面限制之。所以理智的發展形成今天學術成就的狀態乃是由於訓練的結果。而訓練是由於教育，根本上就是社會文化的功用。這一點便是柏格森所忽略的了。

我現在要作補充的說明就在於想把理智的本然傾向與其受文化限制的性質連合在一起而說明之。我在上文已說過思想的結果造成「所思」，所思就是心中思維的活動所留的痕迹。不過我所謂痕迹係取廣義並不如西門（R. Semon）所說的 engram 或 engraphic modification。因爲他所說的只是限於有機體上，而我則願意把這個名詞使其不僅含有有機體上的印迹並且同時亦含有一切能以留下來的，例如聲音文字等具有客觀的形相的。這些可以留下來的在心理方面是概念。因爲必須把思想裝在概念內然後方能保留下去。所以思想而達到成爲概念的那個階段始乃有客觀性，即是所謂客觀化了。而那個作邏輯對象的思想並不是「汎說的思想」(thought at large) 乃只是已經客觀化了的思想，換言之即以言語而形成而表現的思想（thought in the form of linguistic expression）。而這些表現就是我所說的那個「保留者」。後來的思想都是以這些遺下來的保留者爲工具爲材料從事於另外構造，在這個當中社會的要素便插進去了。

總之我要重言以申明之的就是我這種知識論與傳統的知識論(epistemology in the traditional fashion)不

同。因爲傳統的舊式知識論大部分是注意在知識之有效性(validity)這一問題上。換言之，卽是想解決「知」與「所知」之關係，亦就是追究知識與其對象之相干(relevance)與否之問題。而我現在却不限於在這一點上研究。我以爲知識論倘要自成一個獨立的學問勢必把知的作用(knowing process)卽思維活動(thinking activity)抽出來交給心理學去研究便不去管了。同時又須把知識的「對象」本身再抽出來交給哲學去研究，讓哲學去追問這個對象是外物眞象抑或只是心影。我們現在研究的乃是知識其自身(knowledge itself)，這個知識本身乃是「第三種東西」(tertium quid)，亦可以說是知識活動與知識對象所混合產生的雜種。但我們必須承認其爲一種獨立的存在。在此處好像懷特海德(A. N. Whitehead)很有烱眼，他主張「命題」(proposition)在「存在界」(realm of existence)有特別的地位(peculiar status)。我現在所說雖不完全和他一樣，但亦以爲非把知識從「能知」與「所知」兩端中抽離出來，認爲是個第三種的存在者，則決不能達到建立眞正知識論的目的。由此須知知識論不是心理學亦不是哲學。要之，向來是把知識當作一個「關係」，可名曰關係說(relational theory of knowledge)。而我則不然，乃視知識爲一個結果(resultant)。因此使可不專注意在關係中的關係者(relata)，而把「關係」使其獨立起來成爲構造(construction)遂變爲第三種的存在者，則自是所謂結果了。採取這個態度以後方能進而討論知識上各種要素。

現在就請更詳細一層討論定義與思想律。因爲我們目的在說明概念與概念之關係，故莫若用定義與思想律爲例證，則自較明切而便當。普通學者對於定義往往有一個疑問。就是問我們是界定事物呢，還是界定名辭呢？(do we define things or words?)於是有些學者又以爲實際的定義(real definition)是對於事物下定義，而名義的定義(verbal definition)是對於名辭下定義。我則以爲此問題與此種回答都沒有鞭辟近裏。除了一部分的名義的定義完全等於同義語(synonymous term)可以不討論以外，須知所有的定義都是對於概念而施。我在上文已說過，概念與符號以及言語在實際上是差不多一件東西。這一類的思想既必須以概念爲寄託，則自不能離開符號與言語。我們名這一類的思想爲概念化的思想，則所有的規則便都是所以使其爲概念化的軌道。

定義亦就是這種規則之一。不但依此規則可以把本來混淆的思想化爲明切固定的概念，並且同時可以使所有的概念形成一個系統，在其中各個概念因爲互相規定的緣故，反而得更明切與固定。所以定義就是把一個未分明未辨晰的概念使其加入（即配入）於已明切的諸概念之一組(a set of concepts)中，因此乃致此未分明的概念遂得着分明與固定。在未作這樣的工作以前，我們必須承認先就有一個已知的概念組。我們不妨名之爲概念之地圖(a map of concepts)。不過在人生經驗上這樣一組一組的概念系統却是有無數的。不但互不相涉，甚且有時是衝突的。在此處所以補此一句的緣故，就是怕讀者誤會以爲人生經驗上只有一個唯一的概念組。換言以明之，我們可以說相連的概念組成一個網(network)。在這個網中各概念互相連結，我又名此曰概念之網。不過各概念在網中並非都居於同等地位，乃是有些在高級地位，有些在低級地位，就是有些包含其他，而有些却是被包含的。這樣便把這個網變爲一個「層系」(hierarchy)。有上有下有左有右好像人之譜系(genealogy)一樣。但有些高級概念我們名之曰基本概念(basic concept)。普通用此名詞所指並不全同：有的是指最普通最抽象的，有的則指最初的最始的，這些問題容在後面討論。現在姑舉邏輯教科書的一例以表明概念之網所以形成。普通邏輯教科書上有論名辭之內包外延的圖表如下：

人	e	d	c	b	a
動物	d	c	b	a	
植物	c	b	a		
生物	b	a			
物	a				

在上表中a為有形物(corporality)即「體」(body)，b為生命性(vitality)即生命(life)，c為滋生性(vegetability)，d為感受性(sensibility)即情感(sentence)，e為理性(rationality)即理智(reason)在傳統邏輯上把人之定義定為有理性的動物就是根據這一張表，而這樣定義的演成又是由有「邏輯的區分」logical division)，所以邏輯的區分與定義在傳統邏輯上是密切相連的，是相倚靠的，而區分的基礎在我看來是建立於否定原則(law of negation)。試以下列的表式明之：

- Being
  - non-living
  - living being
    - non-animate
    - animate being
      - non-human
      - human being

在此可見完全以其負面名辭(negative term)為其反對者(opposite)，於是其區分成為對分(dichotomous division)。這種對分就是應用一條原則曰：每一個概念都有其負面或反面，這個負面或否定原則在邏輯上是一個最根本的原則。倘使沒有了這個原則則概念與概念之間的關係便無法成立。我們名這種因概念間的關係而推定其關係曰符號的運算(symbolic operation)亦即是邏輯的推算(logical caculas)。這種演算是根據幾條預設的基本原則。除了否定原則以外尚有自同原則(law of identity)或立原則(law of disjunction)與並立原則(law of conjunction)等等。就中自同原則是不變的。此外用否定原則與或定原則可以推出並定原則來。至於所謂相涵原則(law of implication)亦可以從這兩個原則推出來。這樣似乎否定原則是最根本的了。不過我們須知在否定原則以外另添上一個排中原則，於是兩價系統的邏輯便成立了。倘若抽去排中原則又可有所謂三價系統或多價系統 three-valued or many-valued system) 而否定原則便不是唯一的重要者了。於是我們在現代邏輯上得到一個極大的收獲：就是所有的基本原則都有「方便性」(conventionality)。從一方面來說各原則都有同等重要的，但另從一方面來說却可選擇一、二個最基本的，而把其他作為次要的或是從而推演出來的，且這樣的選擇又可以隨意爲之，這便顯示這些基本假設是具有「人爲性」(manipulative nature)。因此我們對於邏輯之性質便不必採取形而上學的說明以爲這是理性之自身發展 (self-development of reason)。現代邏輯的這樣進步反很足以助我在本書上的這種主張。不過現代的邏輯學者却有一個弊病：就是往往忽略概念之性質，以致對於邏輯之根本性質不能弄得十分清楚。本篇所要特別加以說明的緣故就在於想藉此表明概念之爲何物。須知這些原則都是基於概念之特性而出來的。概念之特性在上文已言之，就是單一性固定性與顯明分界性（卽無中間階段性）等等。而同一原則否定原則並立原則以及矛盾原則等無一不是無依據這些特性而出來的。我們爲便利起見可名這些特性爲概念之符號性 (symbolic character of concept)。而實際上概念就是符號；離了符號不能有明切清楚的概念。這些原則既由概念之特性而來則因爲概念之特性是屬於符號的，必致這些原則亦只是屬於符號的了。換言之，卽只是因爲表現概念之間之關係而始建立出來的。有了這樣的若干原則則概念與概念之間便有了關係，從此「可推性」(deductibility) 便成立了。由概念與概念之間有關係遂致可以互相推出；同時由互相可以推出而又決定其關係。所謂邏輯的運算（或稱演算）就是這樣的一回事，但其根本上假使概念之特性不是單一，不是固定，不是顯分，同時又不是附在符號上，則決不會致此。所以我們討論邏輯千萬不可把概念之特性拋開或忽視。

至於現代邏輯學家以爲邏輯是對付「命題」而不在乎「辭端」(term) 便好像對我此說有所反駁，因爲辭端是一個概念而命題不是概念。我對於此種疑惑有一個辨解。我以爲凡可以用一個符號來表現的都是一個概念。如云孔子是中國人，這未嘗不可算是一個概念。其中孔子是一個概念，中國人又是一個概念。普通對於孔子是一個概念很容易明白而對於孔子是中國人之一命題亦可成爲一個概念却不明白。其實只須把孔子這個概念亦化作命題就會了解了。孔子這個概念可以化作「在周末有一個學者叫作孔子」一命題。因此我們便知每一個概念苟加以分析都可以化爲命題。而一切概念沒有不可分析的，除了特別情形下的基本假定不在其例。因此我們更可知命題與概念不是像時流的邏輯家那樣所想像的有鴻溝之隔離。再舉一個例以明之。例如因果 (causality) 不能不說是一個概念，但分析之則必見其中包含意義甚多甚且牽涉及時間。由是觀之，概念而經過分析使其舖張開來就自然變爲命題；同時命題而要凝縮（condensed）起來歸結在一個名稱下便成爲概念。但概念與命題却是同等重要的、決不會只有命題而沒有概念，而亦決不會只有概念而沒有命題。因爲命題是概念與概念之連結，概念決不會孤立的。概念間有連結有關係則必即有命題，有命題則其中有概念。這正類似「關係」與「關係者」之相連一樣，有關係者必有關係；有關係亦有關係者。因爲說話必須避免重複與累墜。例如第一句是：「凡事前後必然相繼起的就是因果，」而第二句是：「因果不是自然的法則乃是由經驗以積成的心理習慣」。在第二句中的因果一個名辭就是代表第一句的幾個句子，倘若改爲：「凡事前後相繼起的就是因果不是自然的法則乃是由經驗積成的心理習慣則未免太累墜了。」可見概念大部分就是命題的「簡稱」（shorthand expression）。又如邏輯上「相涵」是一個概念，而化爲命題即是 If a then b。「或立」是一個概念而化爲命題即是 either a or b。可見概念與命題本是可互換的（interchangeable）。可惜一般時流邏輯家好像以爲邏輯只注重命題而不注重概念，在我看來不免有知二五而不知一十之遺憾了。

現代邏輯把概念當作「類」（class）來解釋，對於我上述的說明反有幫助。須知類的內容不限於相同的分子。我們可以自由分類（free classification）。即一個分子可以隨意使其屬於那一類。在此所謂類即與普通所說的種類在意義上並不相同。在此所謂類只是便於隸屬的一個範圍之符號。其中「分子」（member）亦與尋常不同，所以在這樣的類中其分子可多可少可同可異。並且小類可以套入於大類內。許多的類又可以合成一個類。由此很足見概念之特性就是這樣的。至於現代邏輯所以改用類來解釋又不外乎因爲他更方便些。我們從其爲方便計一點上看，便可見邏輯不啻是一套「把戲」（game）。這一套把戲是應乎文化的需要而起的，關於這一點我在拙作知識與文化一書中「論邏輯」一章言之甚詳，今此不想複述了。

我現在討論邏輯在證明概念是連繫成一個網形，在這個網中我們可以隨意地（arbitrarily）任擇一點作基礎點（或起始點）便形成一個系統。我們名之曰選擇系統（selective system），有人則稱爲隨意系統。我以爲「隨意」一辭恐有誤解故避去不用爲宜。因爲在實際上我們人類對於這樣的選擇不是完全隨意的，其故是由於我們人類必須以自己的知覺構型作爲概念之托底。換言之，即概念之構成在隱伏中（即無形中）是受知覺構型的影響。最易見的莫如空間性與時間性，這是康德最大的發見亦就是他的千古不磨的貢獻。詳論此層自有他的大著，本書無重述的必要。但根據此理便知我們選擇若干概念作爲最基本的假設 (postulate) 時候不是任何概念都可拿來充數的，却是只有有限的若干個而已。因此我們的選擇系統亦是有限的（即只有若干個）而不是無限的。以下我當進一步討論就中最大最有勢力的那幾個（三個）選擇系統，我名之曰知識系統。因爲這些系統，都是由一套概念而組成的，每一個之中都有基本概念。詳細討論當在下章，現在且總括一下：即須知我們的知識有三個因素：

一、生物性質的知覺構型 (biological perceptual pattern)。

二、純形式的概念表格 (pure formal conceptual scheme)。

三、社會文化的功能決定 (social-cultural functional determination)。

這三個因素亦可以說三「層」(realm) 並不是互相獨立的。我在上文已說過概念的構成在暗中爲知覺構型所左右；在概念之適用 (application) 却又受文化決定的影響。所以這三層是互相浸透的。以往的學者有人只看概念之純形式性，有人只看見經驗的重要性，有人想把社會力作統一的說明。我現在調和起來俾建立一個較完全的知識論，試舉一例如司馬特 (H. R. Smart) 說：「數學邏輯常與某種信仰理論相結合 (Russell) 或爲意志之武斷的行爲，可以使邏輯及純數學之論證的眞理與現實世界互相聯繫 (J. Royce)。」("Mathematical logic is always associated with some theory of belief (Mr. Russell), or an arbitrary act of will (J. Royce), by which to relate the demonstrative truths of logic and pure mathematics to the real world." 見 The Philosophical Presupposition of Mathematical Logic, P. 98)。

在這段話中足見邏輯不是自足的，可惜我們只見到這一點爲止，而未能有進一步的說明。我則從概念說到邏輯，所以邏輯在知識論上的地位反而明白了。

第二章　三種知識系統

我在上章已說過人類知識必附寄在概念上。概念與概念相連結就成爲命題，同時一個命題又可凝縮了變爲一個概念，於是我們所有的就是概念與其關係，專講其關係的是邏輯。因爲概念的內容有關於實際所以邏輯管不着了。邏輯所管的固然只是其關係，但尤其只是形式的關係 (formal relation)；此外尚有實際的關係 (material relation) 則不是在邏輯所能對付的範圍以內。不過知識論必須較邏輯爲廣汎些，於是知識論便必須既講概念的關係又講概念的自身，且所講的關係亦必包含實際的關係。

由是觀之，概念因爲有與其他概念的關係，遂致互相通連而成爲一個網形的東西，此點在上文已說過了。在這兩個網形的互相連絡中我們可以任擇一個或兩個概念認爲最基本的，而使其他的，因爲相通相連的緣故，都變爲這些基本的所引生出來的。於是由基本的與引生的便合成一個系統。在理論上我們雖可說任何概念都可被選擇出來，認定其爲基本，用以推演其他，但事實上却並不是如此。因爲人類總是離不了生物的立場，同時亦離不了社會文化的環境，所以這樣的知識系統乃是有限的。我在本章上即想論述幾個大的系統，並不是說除了這幾個以外便一個也沒有了。不過我爲在論述的便利計一概從略，我今名之曰知識系統(knowledge-system)。如果有人不願此名而稱之曰「觀點」 (view-point) 亦未嘗不可，不過似乎太廣汎不及系統來得嚴整些，現今只討論這幾個大的系統而已。這幾個大的系統就是(1)常識系統，(2)科學系統，(3)形而上學系統。

須知現在所列的三種只是就其純粹型式 (pure type) 而言，在實際上却沒有純粹的。並且須知在歷史上亦不是常識系統發生最早而其他兩系統在後。我們從科學史上必見科學思想的種子早在古代就有了，並且從人類學上研究人類對於外界事物的操縱例如火之發明是原始人類已早有的。所以科學知識系統亦不能算是最後起的，不過在最初決分辨不出來，因爲這幾個知識系統在實際上總是混雜在一起的。不僅科學的萌芽是藏在常識中，形而上學的思想態度在最初的宗教中已見之；並且即在現代科學不能不算發達了，然而除了物理化學等等以外其他科學仍不脫常識的影響。至於形而上學亦何嘗能完全與常識離開呢！所以這三個知識系統在實際上並不能完全分開獨立。現在我爲了講述明白起見，暫認定其爲各自存在的東西。這完全是爲了論述的便利，切不可誤會以爲實際早就是如此。換言之，本書所講的只是純粹的型式，而實際所存的却不是這樣的純粹。並且倘就我們人生而言，尤其是每一個系統對付每一種需要。人有種種的需要自同時亦必具有種種不同的系統，斷不會只許僅由一個系統以對付一切。所以在人生上尤其各個系統同時存在，並且混雜在一起。恐怕讀者對於三個知識系統的性質不明白，所以先說明性質，至於其發展情形在後面或許再論述之。

先述常識系統請先聲明兩點：第一，是所謂常識，在英文是 common sense 或 common sense knowledge。在其中有 sense 一字顯然是以知覺的知識 (perceptual knowledge) 爲主。因爲常識不有嚴密的組織，同時又不會十分抽象，所以常識總是由官覺得來。換言之，常識不啻是官感知覺的擴充與放大。第二，是一班人往往誤會常識不能稱爲知識系統。我則以爲常識在範圍上雖沒有一定，並且各民族因爲其文化發展不相同，其常識有其不同，然而其中却未嘗不有一個一定的骨架。就其有一定的骨架而言，所以常識亦確乎是一個知識系統。每一個知識系統總有一、二個概念作其支配概念 (dominant concepts)。我願意用物理學上的坐標系 (co-ordinated system) 來作比喻。一個知識系統就是一個坐標系就中以少數的與支配的概念作其軸線 (axis)。在常識的系統中以下列三個概念爲軸。這些概念在邏輯上謂之曰設準，就是指其不待證明而先卽設立而言。三個概念是(1)物之概念，(2)我之概念，(3)要之概念。先講物之概念。

所謂物係取廣義，卽可以枚數的，並不分有生命以及人造的與自然的。凡塊然一件一件的都就是物。在英文 thing 就是取這樣廣義的。至于一塊東西 (a bit of matter) 則近於「原質」(material)。在常識上却不限於有這樣的意義。他如英文 solid entity 亦是一個一個東西又有近於死物的樣子。拉丁文 res 的意義就很廣汎，並有包括「事」的意義在內，較 entitas 不同，因爲後者有存在(existence)的意思。這些文字上的意思本不在我今討論範圍以內，但因爲常識與言語有密切關係，所以不能不說一說。總之，物之概念是一個獨立的物體 (isolated body) 而言，在經驗上乃是一個「結」(knot)，亦可以說是一個單位 (unit)。須知在粗樸的經驗 (naive experience) 上，並沒有組織，但一有了組織便就有了單位。單位是固定的獨立的，即是所謂物。物之最大特徵是不因時間空間與其他各物的關係而有自身的變化。這種物在自然界例如一塊石頭在人造界例如一把椅子在生物界例如一棵樹，石頭可以由上海搬到北平，但其性質並不變化。一棵樹亦未嘗不可由此處移植到他處。我們名此種與外界斷絕干係曰「自成一體性」(individuality)。須知我們的經驗本是渾然一片的，從這個渾然一片之中凝結成爲若干固定性，這就是把經驗組織起來了。常識乃是組織我們渾然的經驗的一個方法 (way)。關於這一點我的主張和丁格爾 (H. Dingle) 大體相同。丁氏在其書由科學到哲學 (Through Science to Philosophy) 上，就以爲我們對於經驗有幾種調整方法。常識與科學都各是就中之一種，他的用語是 correlation 或 rational correlation 正就是我所謂組織與調整。此字正譯不妨爲「聯結」，就把經驗上散漫的與渾淪的而使聯結起來成爲若干的固定單位。在常識上這個固定的結子便是所謂物。物是有「原子性的」(atomic)，所謂原子性就是指一個獨立體 (independent entity) 而言，並不限於是不可分的。

這樣從渾散的經驗中化成若干結體是從那裏起的呢？我解答這個問題以爲有幾點可說。第一是就在知覺上有配置 (architecture in perceptual object)。關於這個緣故的解釋有伯洛德 (C. D. Broad) 的多方隸屬說 (theory of multiple inherence)。用這樣的方法我們可以偵得「外在的據點」(the external reference)。我則以爲僅就知覺而把知覺當作純粹的靜觀則決是不夠的。須知我們對於一個東西而見其輪廓並不能純由於知覺必須用行動爲之幫助。我們看見一個棹子而與一個椅子是各爲一件相並列而不相連合決不能純由於視覺。這個道理在二百年以前柏克萊 (G. Berkeley) 已早就見到了。晚近斯屈朗 (C. A. Strong) 更進一步把一切感覺都與動作相連結。可謂一大貢獻（見其書 Essays on the Natural Origin of the Mind）。所以我們要講這個緣故必須在「外的附結」(external inherence) 以外，尙承認有「內的連帶」(internal jointure)。並且這個

三五

外的與內的又是混合在一起的，說到這裏便連到第二點了。伯朗侠德 (B. Blanshard) 在其思想之性質（The Nature of Thought, vol. I, Chap. III) 上亦就說：「較連帶卓越，連帶運動，連帶改變更重要者乃連帶實用。」(But more important, probably, than joint prominence, joint movement, or joint change, is joint utitity. P. 129)。

關於這一點我願名之曰實用的方便 (practical convenience)。就是我們把散漫與渾然的經驗使其「結爲若干體」(fashioned into groups)，乃是爲了易於對付。如果不把經驗化爲若干固定單位則對於經驗的重複 (repetition) 便無法應付了。同時又失去了連續性 (continuity)。因爲這個緣故我們乃把自如的經驗在其上結成若干固定點，使其繼續存在，遂致可以重複，這樣在行爲上有了很大的方便，所以物之概念亦是由於實用上方便而成。

這一點又復與第三點有關係，第三點我名之曰符號的代表作用 (symbolic representation)。就是一個東西，必有一個名稱。東西縱使有時很複雜而名稱本身總是簡單的。因此，這件東西的單一性 (unity) 反而依靠於其名稱了。這個東西與其他物的分界亦往往就靠着其名稱，因爲在名稱上是有不同的，在我的舊著（知識與文化）上曾提出言語文字與思想的關係。這樣的關係在像中國那樣的象形文字上尤爲易見。往往一個字就是一個物相的大約縮形；同時一個字只有一個音。像中國這樣的又象形又單音的文字很足以助長思想上對於對象附以單一性與固定性。所以在思想未發達的時代人們，容易把名稱（名字）即當作實物。其故就在外界事物的輪廓與其分明的界定全靠着名稱。本來是有物方有名，而實際乃變成有名始有物。老子以名之發生爲萬物分化之始是有道理的，因爲命名 (naming) 就是把對象的顯著點 (distinct point) 提出加以輪廓，於是這一個東西便顯然與其他東西不同而分出界限來了。由於這樣的劃界遂致每一個對象因爲其名稱是固定的乃變爲可以把捉的 (tangible) 了。所以物之概念之養成，實有所藉助於名稱之固定性與單一性，故我以爲在這一點上言語的力量是很大的。第四點是人心之自然傾向 (natural tendency)。因爲人心爲感知外界總是向前而衝，向前衝動必有所「捉」grasp）。本於這樣的情形遂把所捉的都認爲是固體的、不變的、一個一個的。這個情形由兒童心理學可以得到參考。法國兒童心理學家畢哀其（J. Piaget）論兒童心理之特點以爲有數點：第一是實物主義（realism），就是所見的都認爲實在而不知道尚有一個「見者」的主觀我；第二是活物主義（animism），就是把一切物都認爲我一樣都能動都能說的；第三是造物主義（artificialism），即一切東西都是製造出來的。和這三點相貫通的有所謂渾淪主義（syncretism），其說詳見他的三本大作（The Child's Conception of the World; Judgement and Reasoning in the Child; The Language and Thought of the Child）。詳細敘述非此處所宜。此處所要說的只在於藉此證明我們用兒童心理之自然傾向便可稍稍窺見人心之自然傾向。而原始人（即初民社會）之心理趨向與知識態度却有些正與兒童相似，足證這是人類的心之初發動時必要的階段，所以我說這是人心之自然趨勢。

但說到此便自然牽涉到第二個概念了。須知兒童以一切所見都是實在的初與其自我中心性（ego-centricity）的心理絕不相背；不但不背，並且相助。我以爲物之一個一個性往往是由於我模模糊糊覺得自己是一個。我有單一性遂以爲物有整全性，我的單一性初不必有顯然的自覺。但因爲我總是有動作的。動作自然會形成動作者作爲其單位，所以物的個性大半是由於把對自己情形投射出去而成的。心理學家（例如 J. M. Baldwin）有所謂直接比附（immediate analogy）之說。我則願名爲內省的比附（introspective analogy）。這種思維方法是常識的主要特徵，就是凡事都以徵諸一己而推斷。對於他人之心理亦完全以自己的心理相忖度。把自己對於自己的覺得一一都推到所見所聞的對象上以爲用了解自己的方法就可以了解外物，這種以自己經驗以及自己對於所經驗者的解釋作比附來了解外間一切事物乃是常識的唯一方法。

這個方法與上述三個支配概念合爲一組乃是常識之特性。我們可以名這樣的一套爲常識之思維態度或方法。但這樣態度與方法又回過頭來把人們的心理範圍住了，牢困住了，使人只在其中活動，這便是習而成性。我們名這樣鑄成的心理爲常識的心性（common sense mentality）。須知這種常識的心性有人特強有人特弱。

那些特強的人便無法接收形而上學的思想，因為形而上學思想方式在其主要點上是與常識大大相反的。老子說：「下士問道則大笑之」。所謂下士就是指那些常識的思想態度鑄成其根性的人，這類人因為其心性與常識打成一片，所以無法再容納他種思想態度了。不過根據常識亦有其哲學，我們名之曰常識哲學。從「物」這一個概念特別注重起來便推演成為亞里斯多德的「自然種類」(natural kinds) 說以及其他粗淺的唯物論 (materialism in the crude form)。從「我」這一概念便又推演出「靈魂」(psyche) 的各種學說。關於這一點有 E. Rehde, Payche 一書專論希臘時代的這一方面的信仰。從「要」這一個概念又推演出來目的論 (teleology) 的哲理。這些哲學思想不是本書所欲詳論，現在只想藉此證明我在上文所說的那句話：這三個知識系統在實際上本是混雜在一起的而已。

復次，我們又須討論科學知識系統的特性。我以為科學這個知識系統亦有幾個根本的概念作其柱石。就中有一個最顯著的乃是關係之概念 (the notion of relation)。而這個概念又是不能下定義的，不能證明或推證的，必須先假定有了他然後一切方為可能。換一句話說，就是他不從一切而出，而一切却必與他相連結而始出。關於科學之性質與科學方法之性質學者們很有些不同的意見，我現在不願一一列舉加以評論。不過就中有人主張科學總是偏於在數量方面。注重這一點恐怕學者們亦都一致提及，只是各人所說略有輕重而已。有一個學者說：「科學乃在量的範疇下想像世界之試圖……當吾等言科學觀察準確，吾人不過謂其依數量標準而進行思想也。」(Science is the attempt to conceive of the world under the category of quantity……When we say that scientific observation is exact, we mean no more than that it is conceived in terms of quantitative measurement." 見 M. Oakeshott, Experience and its Modes, P. 176)。

於此所謂數量在我看來實在太狹了，須知量是總與「數」(number) 相聯的。但數乃是表示「類」(class) 或「羣」(group)。這些都是「人為的」(human creation)。以前學者往往以量來解釋數，又以數來表現量。現在則都知道量雖不必離開數，然却亦不限於以數來表現他。於是數之概念亦同為太狹了。因此我主張在這些概念（即量與數以及類與測度等等）之根底上實更潛伏有一個更根本原始的概念。我名之曰關係或關係的秩序(relational order)。因為我這樣主張可以把物理學、天文學等都能包括在內，不然只把數學當作科學的代表，這是不十分妥當。學者把數學認為抽象科學。至於物理學不過應用數學而已。我們只能說愈應用數學的則其科學性便愈高，却不能說數學是科學之最高峯。根據此義，所以科學總離不了數量的方面(quantitative aspect of the natural occurrence)，但不專關於數量的本身，因此我們討論科學便不能不把科學方法另題別論。關於數量我已經說過，這是人造的東西，他只是人們用以測定對象時所據的工具或方法，數學便和邏輯一樣都不能成為實證科學(positive science)。現在且把數學暫置不論可也。

至於關係這個概念就是說在一個複合體 complex)之中如其可以分析，則其所得的結果無論有多少「項目」(item)而這些項目總是有關係的(related in some way or other)。所以一說到關係勢必連及到「全體」(whole)與「部分」(part)等概念。我們可大膽的說，凡可以分析的必是其中含有關係的。普通所謂因果，其實就是因果的關係(causal relation)。所謂函數(function)亦只是函數的關係(functional relation)。所謂系列(series)亦就不外乎系列的關係(serial relation)。可見普通所謂歸納法是求有以決定因果的關係；統計法是決定「相關點」(correlation)以求得着函數的關係；至於測量則是決定系列的關係。總之，倘使不預先設有關係這個概念則一切皆無由進行了。而關係這個概念却是最先有的(primordial)，不是「規定的」(definitive)。此外其他概念如秩序(order)結構(structure)綿續(continuity)等等無一不是必須與關係這個概念相結合在一起的。至於空間時間在科學上只是系列的秩序(serial order)而已。必須由測量而定，亦是離不了關係這個概念在暗中支配着。所以空間時間在科學上只是關係的架格(relational framework)。不過讀者須知我今說關係這個概念是最根本的，並不是主張只有這一個概念孤立在上，一切都從他演出，乃只是說其他許多概念都必須與他相結合而形成一個聯系。我在上文已經說過了，概念總是有連帶性的；一個概念總須與其他相連結。我名此為概念之合羣性。一羣概念形成一組，我們又可名之曰概念羣。在科學這個知識系統上我們覺得一個概念羣，即以關係這個概念作這個概念羣的代表。用英文來表示就是 R-group of concepts。至於常識的那個知識系統則是 T-group of concepts。因爲亦是一羣的概念而不只是一個而已。下文我將要論述 B-group of concepts，這就是形而上學的那個知識系統了。

形而上學這個知識系統是以「有」或「體」(Being) 爲其根本概念。關於這個概念有兩個分派，一個是演化「底質」(substratum)。一個是推變爲「絕對」或「全體」(totality)。這乃是中國與西方的哲學分歧點，從底質這個概念遂產生「本體」(substance)這個概念來。但在中國方面除了老子有「有物混成先天地生」一類的話以外，大概都不向這一方面去發展。而在西洋哲學卻始終離不了這個 substance 概念。最近雖有廢去此概念的運動，然而我們必須知道此觀念可廢，而 Being 這個概念則決不可廢。因爲倘一廢除則形而上學便沒有了。須知於此所謂「有」是把「有」當作一個範疇來使用。有些哲學是以「經驗」作基本的出發點，但這種的哲學依然是把經驗即認爲「有」。於是我們分爲「起始的有」與「最終的有」。這兩個往往就是一個，正好像一個連環其兩端是互相接着的。講經驗亦必說到經驗之分化，而同時由經驗之分化又必顯示這個原始的經驗，所謂絕對不一定是最後的，因爲在哲學上最後的必同時就是最初的。論到這些點不必在此處當俟另章述之。總之，一切形而上學系統決無一個能離開「有」這個概念。

我現在要討論這三種知識系統的對象了。須知這三個知識系統所依據的材料 (data) 是同一的，換言之，即我們對於同一的材料而由不同的三個知識系統來對付之知理之。其結果卻又演成不同的三個界域，在三個不同的界域中所得的結果遂又形成三種不同的實在。先就常識來說「物」這個概念是由感覺的渾然一片 (sense-manifold) 中劃出來 (carve out) 而造成的這個造作純是由於對付的方便，這種方便是由於生物的利用與心理上的簡括 (shorthand) 以及社會的「習成」(convention)，只有這樣才會現出便利來。所以這樣的造作乃是爲了便利。其他和「物」這個概念相連的或相關的亦都是爲了便利而始成。把這些爲了便利而造出來的又推到外界去，於是便成一個界域，我名之曰方便界 (realm of convenience)。其所得的結果只是「個人的責任」

(personal reality)，卽對於一個有生命的人與有社交的人是實在的。離了這樣的人便沒有實在了。科學則不然：科學所得的實在我名之曰「事實的責任」(factual reality)，因爲科學只限於一個界域中，這個界域我名之曰事實界(realm of facts)。於此所謂事實我是取懷特海德的解釋。他把事實認爲是抽出來的，所以事實這個概念與「抽繹」(abstraction)這個概念是不可分的。詳言之，卽科學對於本然的「事」(event)上抽出「事實」來。在事的界域(realm of events)上又造成一個事實的界域。這個事實的界域在科學看來以爲是實在的。至於形而上學卻又是在另一個界域中的，這個界域我名之曰理想界(realm of ideals)。形而上學是把理想當作實在，其目的就在於造出來「理想的實在」(ideal reality)。本文主旨在討論形而上學的性質，關於這一點自當詳細在後面說明之。並且在下章中更要說明形而上學的實在並不是最後的實在(ultimate reality)的緣故。要之，這三個知識系統所對付的界域是不同的，換言之，卽在不同的界域中各自稱霸，且其所造成的實在亦是不同的。須知這樣的「實在之造成」(making of reality)是隨着知識系統而定的。其所恃的工具與方法亦各有不同。在常識系統上所恃的工具是知覺的辨別(perceptual discrimination)，而其方法則是比附法，在上文已言之。在科學這個系統上所恃的工具是理智的分析工夫(intellectual analysis)，其方法是測度與實驗。至於形而上學則恃「透智」(insight)，而其方法就是所謂對演法(dialectics)。透智（或稱徹悟）是否有這樣的一個東西，在常識與科學看來，却是大大的一個疑問。我們倘使認爲沒有，則一切形而上學的知識從那裏得來便無法解釋了。本來這種透智只是神祕的直覺(mystic intuition)。有種種的程度不同，在本身實是沒有甚麼可研究可分析的。不過只是用以輔佐形而上學的知識之造成而已。形而上學的知識是另一套知識，這一套知識所以存在自有其文化上的需要爲背境，並不是純由這種神祕的直覺得來的。所以我說這種智慧只是作爲輔助之用而已。因此之故，本文只討論形而上學這一套知識之性質，而不去多費工夫在這種透智之研究或說明上。

就文化的需要講，這三種知識系統都是應付文化的需要方面纔能造出這樣的三種界域來。常識系統上的方便界就是由常識的知識系統所構成的實在，我名之曰常識的實在(common sense reality)。在文化上是很有其用處的。科學所造成的事實界淺見之徒以為本然的自然(the nature as such)，殊不知只是由於抽繹而成。這樣抽繹以成的顯然是求有以滿足人類某一方面的文化需要。換言之，即人類對付自然，了解自然，與解釋自然，乃是文化的一「方面」(phase)。不過常識與科學都有關於自然的，尤其是科學完全在對付自然。至於形而上學則大大不同。從表面上看，似乎哲學亦大講世界觀，講宇宙的本體(本質)，與宇宙的構造，以及萬物的進化等等，而其實際我看來，他的領域依然只限於文化方面。在這一方面包括道德社會與政治，我對於這個範圍用一個簡稱就是Sep或S-e-p，就中S是社會的第一字母；e是倫理的第一字母；p是政治的第一字母。我所以如此稱謂的緣故乃是因為這三者在實際混成一體(an integrated whole)，乃是不可分開的。一班學者往往不明此義，以為講到社會便可以與倫理沒有干涉，講到政治又以為可以與社會不必相涉。實在是一個大錯誤，須知文化雖是一個複雜體，但其中每一方面則與其他各方面都有密切的連合。不過我們普通用「文化」這個概念或名詞的時候卻不限定是指社會、政治、道德三方面的凝一而言。因為尚有物質文明以及宗教等等是亦包括在內的。我現在用這個道德社會政治的合一體作為文化中的某一範圍。我以為形而上學的知識在實際上是只在這個範圍內活動着的。關於這一點當然要在下章詳論，現在只是提綱挈領一說，以明形而上學的知識與科學常識兩知識系統所領的界域不相同而已。

我現在更要說明這三個知識系統都是基於知覺(simple apprehension)而出來的緣故。要討論三個系統與知覺之關係勢必又牽涉到其與言語之關係，我還要再進而說明這三個系統之混合與配置的狀態，因為這三個乃是互相關聯的。

先說三個系統之與知覺相關，我以為三者都具有知覺的基礎。換言之，即我們苟追溯其根底都可以找到其基礎是在知覺上。常識這個知識系統上所有的支配概念都是有根底建築在知覺上，已是很顯然可見的了。即以物之構成而言，物之單一體與固體性是由於知覺上有「勻合性」(configuration)，或稱之為勻合的構型 configurative pattern），同時又有行動爲之幇助。斯屈朗用「感」與「動」之合一說明知覺乃是最有眼光的，他說：「知覺爲以下二因素之連帶的產物：感覺與行動。」「根據如此之合作及結合，所有感覺皆已鎔化滙合，而其性質上之分殊化爲簡單，故直覺上之所與止爲一空汎的全體而已。」（sense data are the joint product of two factors, sentience and action (motor response)." "By this co-operation in determining movement, this integration, sensations become fused, or summed, and their variety of quality is simplified away, so that the datum intuited is only a vague whole. 見 C. A. Strong, Essays on the Natural Origin of the Mind, P. 73）。

因爲我們每一個視野都是一個渾括的整全者，如以行動來作輔助，遂把我們所「縮成者」（contraction 這是柏格森的用語）又投射到外界去，乃成所謂固體物（body）之概念。所以常識系統的基礎依然是出於知覺上，科學的知識系統亦何嘗不然，心理學家告訴我們說：「自覺意識之存在有如關係，且惟在關係存在之下方始存在也。」（Consciousness exists as relations and exists only in the sense that relations exist." 見 E. G. Boring, The Physical Dimensions of Consciousness p. 222）。

這就是說對於關係的覺認(apprehension of relation）乃是人心的最基本的工能（primary function）。柏格森（H. Bergson）亦早見透到這一點上，他說：『吾人可謂任何天賦的知識，無論其爲本能或理智，第一對於事物，第二對於關係。』(Let us say that whatever, in instinct and intelligence, is innate knowledge, bears in the first case on things and in the second on relations. 見 Bergson, Creative Evolution. P. 148）。

關於這些道理因爲已有學者討論過了，所以本書除了引證他們的話幾段以外，似乎不必多說，因爲已經是很明白的道理了。

至於形而上學的知識系統上的概念亦是在初步的認知上有其根據似乎不甚顯明，但苟一說破亦是很容易見到的。須知我們對於感官所呈現的無不認爲是存在於外邊的，於是感官所見便自然包括有「存在」的意思在內，桑他耶那名此作用爲「動物的相信」(animal faith)，另外的學者則名之曰「根本的相信」(primitive credulity)（如 H. H. Price)，或「本能的相信」(instinctive belief)（如 W. T. Stace)。桑他耶那說：『所有知識，即對於立定的及部份敍述的客觀對象之信仰，根據本字之原義言之，即爲物質之相信。』(All knowledge, being faith in an object posited and partially described, is belief in substance, in the etymological sence of this word. 見 G. Santayana, Scepticism and Animal Faith, P. 182)。

不過這種「存在」(existence)的觀念都是關於「殊特」(particular)的。我們對於所有的印象（或表相）都是本於動物的相信而皆附以存在，換言之即認爲存在於外界的。一個印象所指示的當然只是一個殊特的存在者，亞里斯多德所以有 particular substance 之說，關於這一點在言語上很可顯出，容下段再說。我們更可進一步把殊特的表相或知覺抽去而只留這個「存在」的意義，於是便造成一個概念曰「普通的存在」(the universal existent or existence in general)。在這裏遂把「有」(Being)這個概念建立起來了。希臘古代的潘曼尼德斯(Parmenides)說：『惟「有」存在，「非有」不存在且亦不能想像。』(Only Being is, Not-Being is not and cannot be thought 見 Fr. 4, 6f)。就是說明這個概念的。他所謂「有」就是「充實」(plenum)，換言之，即是沒有空虛，這個道理很易明白。苟其他一切物的特殊物相抽去而只剩了普汎的存在，則這個普汎的存在斷不會其中仍含有「不存在」。所以黑格兒(Hegel)把「純有」(pure being)就等於「無」(nothing)，因爲所謂無並不是說無有，乃是只指無性質與無分別(no determination, no qualification)而言。

就上述各點而觀之，可見這三種知識系統都有甚深的根底插在最初步的心理（即知覺作用）上。常識系統的初步心理基礎是「抓」(grasping)，科學系統則是「引」(eduction)，形而上學系統則是「信」(belief)。從這三個基本點發展出來，遂各自爲獨立的系統。須知初步的心理是個人的，而發展的系統則不是個人的(impersonal)，乃是多數人心理因交通而積聚以成，便是所謂社會的或文化的。關於這一個容在下文詳說罷。現在只是明三個系統在基礎上是有心理的根據而在其發展上卻是完全屬於文化範圍了。

現在我們要討論這三個知識系統與言語之關係。因為言語是表示知識與思想的唯一工具。這三種知識系統無論如何總得藉言語來表示出來，於是我們所要討論的便應當分兩方面：第一、是從言語的性質與情形上我們能不能看出這三個系統的不同性質來。第二、是三個系統既都與言語有關，其關係是不是都是一樣的。關於這一方面我以為在言語上正可以見出這三個不同的系統來，至於第二方面我主張三個系統之與言語的關係頗有不同。請先講第一點。言語的成分不外乎「字」(words) 與「名」(names)。名總是指一個物或人，而物之單一性與固定性便由其名而成，換言之，即物有名，遂致物脫離了時空上的固定位置：在彼處的那個東西就是在此處的這個東西，只須在時間上不同罷了。同樣在此時的這個東西就是在彼時的那個東西，只須在空間上位置變化罷了。這樣的情形是依靠着名稱之同一而成的，這便很足以表示常識系統的性質。所以我們可以說言語的情形有大部分就是常識的知識系統之映出。至於言語的格構亦有些足以反映形而上學系統與科學系統的。沒有一句話是沒有「主格」(the substantive) 的。邏輯上名之曰主謂系統 (subject predicate system) 的實只是因為言語上有主格而始成立。這個主格根本上與知覺上的「動物相信」是相一致的。梅林奴斯基論初民言語的語格以為有所謂「真正的範疇」。其言曰：『有多種真正範疇為文法分部之基礎及模型……語言之構造反射出原始人及幼孩對於週圍環境之實際態度所生出之真正範疇。』『現時吾人再重述原始人之「人」、「動物」、「事」總範疇之性質……此種範疇大略相當於物質之範疇，則甚為明顯。』 (There are, real categories on which the grammatical division are based and moulded……Language in its structure mirrors the real categories derived from practical attitudes of the child and of primitive or natural man to the surrounding world."

"Now let us restate the nature of this general category in which primitive mind places persons, animals and things……It is clear at once that this category roughly corresponds to that of substance especially to the Aristotelian ousia." 見 B. Malinowski, The Problem of Meaning in Primitive Language, in C. K. Ogden and J. A. Richards, The Meaning of Meaning P. 503)。

他這些我以爲甚爲探源知本，我尤其同意於他所說的言語結構是表示初民的「實用世界觀」(practical Weltanschauung)。我因此亦主張我們研究言語我們便可在言語的結構上吐露出一些消息來表示初民與兒童對於外界環境的了解或解釋究竟是甚麼樣子。可見言語的結構是我們的知識系統的表現，而決不是反映眞正外界的條理。根據此理我對於羅素近著所說不能同意，他說：『余相信從言語結構之研究吾人可獲得關於宇宙條理之許多知識。』(I believe that, partly by means of the study of syntax, we can arrive at considerable knowledge concerning the structure of the world. 見 B. Russell, An Enquiry into Meaning and Truth. P. 458)。

但我則以爲言語的結構並不是表現宇宙的條理，乃只是表示人們對於宇宙條理的看法。這種看法可以名之爲最粗淺的宇宙觀。於此雖用宇宙觀一辭，却不含有很深的哲學意義。換言之，宇宙條理的本身依然只是在知識上的，所以我主張言語的結構實表現這三種知識系統之混雜的、含渾的、與粗淺的形式(mixe l,confused, & orude form)。須知這三種知識系統並不是完全分開獨立的，在實際上有互相混雜的地方，亦有互相衝突的地方，亦有並行不悖的地方，亦有看上去分別不出來的地方，關於這一點當在下文再說罷。總之，我們在言語上從其結構與言語格來看便可見我們所造的知識系之特性充分表現在其中。

接着便是第二個問題，試問言語與這三個知識系統究竟是否都有同樣的關係？這個問題的答覆從上文所言亦可推得。就是言語雖表現這三個知識系統的混合狀態，但其中究不能沒有重輕大小之不同。顯然可見者是言語與常識的知識系統大部分相合，亦可以說百分之八十是相符合的。至於科學的知識系統其關係便不如此。試先舉幾個字爲例。例如空間與時間，在文字上是同樣的字，而科學上其意義却完全與常識不同，幾乎可以說是完全兩回事了。又如「動」(motion)這個概念在科學上亦與常識上的完全不同。最近更有"action"這樣的一個概念。如果以常識上這個字義來相推測，則必定陷於錯誤了（關於此字詳見 A. S. Eddington, Space, Time and Gravitation p. 147-8）。可見在科學上一切名詞皆有其自己的意義。這些名詞的自己意義是根據其系統而得來的。如果不入於其系統中而只取其二、三名詞照通常的意思去了解之，無不錯誤的。可見普通謂科學只是精確的常識或常識中之精微準確者，這乃是不對的。科學自最初的開始即由於不相信常識而並非專補常識之不足。因此之故，科學對於言語亦深感其不足，尤其是普通言語往往一個字有幾個意思。這是科學所想有以力避之的了。

科學總想把一個名詞只許有一個意思。但這樣却不是隨便把一個字義使其限定。縱使故意限定之亦必限制不了。故我以為科學所以能如此完全由於把這些名詞都「歸依」（refer to）在其所立的系統下，然後方能限定其意義。因為科學所立的系統與常識不同，所以對於與常識相近的言語往往感覺到不便利，形而上學的知識系統更是如此。言語的性質與形而上學的知識系統更覺得為遠，這是學者們所容易承認的。關於形而上學的性質在下章中還要詳細討論，所以現在只能略略說說而已。一班人總以為用言語不能表達形而上學的真理，但這仍不外乎一個粗淺的意見。又有人（如新實在論派）以為哲學非用言語來表現不可，凡不用言語來表現的就是不說理。不說理就不能是哲學，因為哲學是講理的，我則以為此兩說均有偏枯的地方。形而上學的知識內容當然不容易用言語來說出，但却亦不能完全不用言語（即廢棄言語）。同時須知言語所能說，縱使千千萬萬，並且天花亂墜，而終不能透入形而上學的真髓。佛家有「以指見月，而指非月」之說頗能見到此意。須知月固非指，但月又不離指，因為離指即無由見月，所以形而上學的知識並不能離言語。但我們用言語對於形而上的對象說來說去終久說不到鞭辟近裏。此即指非月之說也。神秘的直覺派與實在論的說理派兩皆有失，即坐此故，在此點亦正吐露形而上的知識與言語之關係的消息了。可見形而上學的系統對於言語之不滿在表面上好像與科學相同，而實際上却性質並不一樣，質言之，即科學對於言語只認為不足，而形而上學則以為是根本上沒有辦法，不過又無法離開他而已。其故是因為言語是大部分表示人類的願望（wish），亦可以說「表示」

(expression) 居多而「說明」‘explanation) 居少，所以從科學的立場來看總是不夠的。關於這一點卡那魄(R. Carnap) 一派所提倡的「物理主義」(physicalism)大足供我們參考。至於形而上學却又不反對表示，不過不是直截了當的表示，乃是用矛盾的看法（即對演法）來表示，所以形而上學對於言語亦是採取矛盾的態度，即一方面要言語同時他方面又不要言語。我們根據這三個系統之與言語的關係，便可知道言語之性質是甚麼與其特點在那裏了。

討論言語即畢當然會牽涉到邏輯方面。我現在不願討論關於邏輯的全部問題，而先提出眞理問題來說一說，主要點在於察看這三個系統對於眞僞問題之關係如何，因爲討論眞理之性質有時勢必涉及邏輯，故在本章不專討論邏輯。

「眞」(truth) 這個概念在各學者間所用的意義與其範圍的廣狹很有不同。例如羅素在其最近的著述上主張眞之概念較「知識」這個概念反而爲廣，在我則以爲大不然。譬如我初次乍看見一個狗，我說這是狗，在羅素一派新實在論派以爲這個命題是眞的。在我則以爲這個命題是眞與否還沒有決定。倘使我再看一下，看出來乃是羊，或另有他人告訴我這是羊，在這時乃才有眞僞問題。倘使「這是狗」這個命題成立了，則「這是羊」這個命題不能同時成立，所以一個孤立的經驗在其本身上決不發生眞僞問題。因此我主張眞理是有問題性的(problematic)。沒有問題即無所謂眞與不眞。現在他們在一個命題上講眞與不眞，則顯然於此所謂眞，乃與我的意思完全不同。據我的意思「眞」與「成立」(valid) 應分爲二，成立完全限於「方式」(formal) 一方面。在維特根斯坦(Wittgenstein)的「眞理函數」('Truth-function)系統中所謂眞亦只是「成立」的意思。且其中的基礎命題（如p～p等）亦無所謂眞與不眞並成立與不成立亦有些不同，只能說是「建說」(assertion)而已。如果讀者承認眞與成立與建說（即說出）是三個不同的概念，或本段所討論的只是關於眞，而與成立與建說不大相干。因爲眞是一個具體的概念不完全是屬於形式的。換言之，即是一個知識上的問題而不完全是屬於邏輯的。所以專從邏輯方面講眞理，在一方面是把這個概念縮小了，同時在他方面又把這個概念放大了。以上是講眞這個概念與邏輯之關係，請卽接着來講眞與經驗之關係。假使我們的經驗都是一個一個孤立的，我以爲就一個單獨的經驗來說，他只是「如是如是」(so and so) 而已，無所謂眞。羅素有所謂基礎經驗 (basic experience)，倘使基礎經驗就指原子經驗 (atomic experience) 而言，這便是全犯了休謨的錯誤 (Humean fallacy)。休氏把每一個印相 (impression) 都認爲是獨立的，倘使所認爲原子經驗就是休氏的所謂印相，則我們必見其不能存在。而羅素又主張有所謂基礎命題 (basic proposition)，似與基礎經驗相應，我以爲這裏却很有問題，如說這個橘子，在命題的形式上誠然是單純的。單純的就可算作基礎的，但是知識上却並不單純，因爲「這」乃是知覺上的事，而橘子却是一個概念。用「是」把「這」與「橘子」連綴起來，乃是判斷，所以沒有知識而不是判斷。須知判斷總是用概念 (with concept) 來判定的。但概念又不能獨立，因爲概念一孤立了，便失其意義，所以概念是繫其上下左右的關係 (contextual relation) 而才能定其內容。換言之，概念必在概念羣 (group of concepts) 之中，方能顯出其性質來。如果在說這是個橘子一命題時，我們對於橘子這個概念不先把他列入於關於植物的諸概念之一羣中，不先把他列入於關於食物的諸概念之一羣中，則我們對於這個命題必定毫無所了解。便等於說這是個 x，因爲 x 是無意義的，須知橘子這個概念僅有其本身則必是無意義的，必須加入於植物諸概念的系中，然後方能明橘子之所以爲橘子，而不是非橘子。我們必須先已經知道關於植物的諸概念，卽橘子亦在其中，然後我們看見一個具體某物（卽是「這」），我們方可判斷這是個橘子。所以在判斷的形式上是很單純的，但在知識的系統上却牽連甚大甚廣。有人講不自覺的心理 (the unconscious) 作一個比喻，說我們的心正好像大海中一個礁，只有其尖頭出在水面，而大部却沒於水中看不見。這就是說浮出的部分是屬於自覺的心理，而看不見的部分是屬於不自覺的心理界域。我現在亦願用這個比喻來說明知識之「連續體」(continuum)，在人心中的情形。知識亦好像大海中的一個礁。只有當前知覺上的辨認是那個浮在水面上的尖頭，而却連着一個很大很長的一個根底，這就是記憶的倉庫。在記憶的倉庫中所堆積的並不只是個人本身的經驗，乃兼有其所屬的民族的文化。並且須知在記憶的倉庫中所堆積的決不能是知覺，而只能是由知覺留下的痕迹所變成的概念。我雖不是說只有概念能堆積上去，但確以爲若不有在記憶中先組成一個概念連續體則決不會有認識（即再識）。其實當前的知覺亦無不是再認（recognition）。不過再認的「再」字容易使人誤會。不妨即稱爲認識。因爲不必重新看見方爲再認。譬如我們從來沒有看見人力車，今天初次看見，但我們却常常看見馬車，馬車有輪、有篷、有把、有座位，都與人力車相同。我們根據這些部分的熟知（即已知）亦可以認定人力車是個甚麽東西。可見知覺決不只是當前的感覺。柏拉圖在二十年以前已早反對此種以知識即爲感覺的議論了，現在無再駁斥之必要。總之當前的知覺而要變爲知識，則必與已經存在於心中（即記憶中）的知識之堆積體（accumulative body）相通方能成功，這就是所謂已知明未知。凡未知必須與已知相配合然後方能成爲新知。現在又可從反面舉一個例來說，譬如說「蘇格拉地是希臘的大哲學家」這句話在一百年前的中國農人聽了完全不能懂，因爲他們不知道有一個民族叫希臘；更不知有一種學問叫哲學；同時他還不會相信蘇格拉地是一個人名，因爲四個字的人名是少有的。即在今日我們要完全懂得這句話亦必須先了解哲學是怎樣的一門哲學，希臘是怎樣的一個國家。倘使我們對於這些沒有甚深的了解，便難保不把蘇格拉地亦誤認作是看相的或算命的，因爲現在報上的廣告有許多看相算命的自稱爲哲學家。可見知識如果都切作「片斷的」（fragmentary），沒有連系，則決會失其功能。總之無論再認也好，判斷也好，用喬卿（H. H. Joachim, 見其書 The Nature of Truth 的話稱之爲可懂性（concievability）也好，終須以未知而配入於已知之中方能成爲知。這個配入作用（s ibsu nption）是很重要的，所謂配入就是用已知的一些概念來作參考系統（system of reference），而由這個參考系統來決定這個新加入者的性質。我名這樣參考系統爲解釋系統（interpretative systems），因爲雖其自身不是專爲解釋別的而始成立，卻可用以解釋別的。兩個人說話互相討論而能彼此相懂的緣故就因爲大家所用的參考系統相同，換言之，即大家同在一個文化氛圍之中。嚴格來說每一個人有一個參考系統，由其過去的經驗而造成。但此種參考系統却與他人的並不完全相異，倘使都在一個民族文化的氛圍中。故現實的參考系統究竟有多少，我們不能決定亦不必決定。例如一個藝術家與一個物理學家說起話來，彼此就會不懂。一個宗教家與一個政治家討論起來，亦會無法取得一致，這些都是由於他們的現實的參考系統不大相同之故。但須知他們彼此之間却決不能完全不懂其故乃是由於他們除了依據各人的現實的參考系統以外，尙須依據一個在人性上大致相同的較大參考系統。這種較大的參考系統就是我今所說的那三個知識系統。一個藝術家所以至少能懂一些物理學家的話，不是依據其自己的專門知識系統乃是根據普通的常識，因爲在常識這個系統中有些是與科學上的相通的。這樣較大的系統與各人實際所據的現實系統有甚麼不同呢？照上文所講亦可以推知。現實的系統不僅隨着各人的文化境況而異，並且其中所包含的可以只是一些普通概念，而這個較大的系統則不然，其中必有幾個基本設準 (fundamental postulates) 都是先驗的 (a prior)，在此所謂先驗的是完全取康特的意思。是使知識（或稱經驗）所以爲可能之義，而與現今邏輯家所謂先驗不相同，在上文已經列舉了一些基本設準，各爲一個知識系統的棟梁或骨骼，現在無重述之必要。總之，要討論知識的眞與不眞決不能不牽涉到知識的系統。

所謂眞僞就是知識的對與不對，當然是知識論上的概念，亦就是知識論上的問題。現在學者門專從邏輯來講便把意義弄歪曲了。我以爲在邏輯上只有「形式的符合」(formal consistency)，凡在形式上符合的可算是「成立」（即有效），則眞不眞的問題則關乎具體的知識，決不只限於知識之純粹形式一方面而已。所以「眞」這一個概念是關於知識論而不關於邏輯，這一點既明，然後我們方可討論眞的標準與眞如何決定。

我以爲「眞」是隨着知識系統而定的，這並不是說由知識而始創出眞來乃是說知識系統既各有界域，界域不同則眞亦必有多種。就常識這個知識系統來說，其所通行的界域是方便界，在這個界域內只要是方便，常識決不會發見其不眞，所以可以說在常識上是愈方便則愈眞，於是方便就是眞之標準了。因爲常識是把方便當作「實在」，愈方便乃是愈接近於實在，而科學則不然。在上文已提出，科學所認爲「實在」的是事實，事實並不是自然乃是抽出的實在 (the abstract real)。換言之，即在整個渾然一片的自然中抽出若干單位。柏格森稱之爲「自封系統」(a closed system)。例如壺中盛水置於爐上二十分鐘後必沸，不管在這個室內抑或在那個廊下，甚至於在另外很遠的地方都是如此。遂成為一個事實，須知這種事實是在整個兒的宇宙中抽出不能算為自然，乃仍是科學的成果。所以事實是不離科學的，有些人以為事實本身先自存在，這乃是一種倒溯的想像，同時科學亦不離事實，事實與科學是互相倚靠的，科學愈研究則事實愈出現。所以在我看來，科學上發見 (discovery) 與發明 (invention) 只有程度上之分別決無性質的不同。一切發見都含有發明的成分在內，同時發明亦是無不根據事實的。因此我主張「事實的實在」與科學的成果是同存在的 (coexist)。至於說到真則科學上所謂真顯然與常識上的大不相同。在科學上可以說愈是事實便愈真，這句話決不可誤解為愈是自然愈真。事實當然不是非自然的然而却不是純自然的。總之在科學上事實的出現（即新事實的發見）就是真理的發掘。

至於形而上學則又與科學不同更是顯然易見了。形而上學的系統決與事實無干，任有何等如鐵一般的事實存在於眼前，形而上學總可採取另外的解釋把他「解釋丟了」(explain away)，所以形而上學的對象決不是事實，形而上學的知識系統就是在事實以外另想造出一個界域來。我在上文已說過，這是理想界，理想界之存在是靠着「較好」(better) 這個概念，倘沒有這個概念則理想界決不會成立。因為較好並不是表示個人「希望」(hope) 與願望 (wish)，乃是改變現狀，就是把現狀重新組織一番，或另行組織一番。我們認為這個另行組織的狀態乃比現在已然既成的狀態為好。我此說和一個美國學者 (A. P. Brogan) 所說的差不甚多。他以為較好是個根本價值概念 (fundamental valueuniversal)，而好與壞由此決定。所謂此物是好的，就等於說有此物比無此物為好，此物是壞的亦就等於說此物的不存在反比此物存在為好。我的意思雖不必像他那樣嚴格，然總以為好壞完全是比較的 (comparative)。所謂此物是好的，乃是說此物比其他一切物為好，此物是壞的亦就是說在一切物中此物不如他們。所以好壞決不是專就一物事一的本身，而必同時連及其背境。因此方有比較。根據此義，我不稱形而上學知識系統所占領的界域為價值 (value) 之界域，而稱之為理想界。按「理想」一辭照字典上有下列的一說：『理想指一種令人滿足之概念言之，又指本身完美者言之，因此可用之以爲評斷實際成就之標準。』(a conception of what, if attained, would fully satisfy; of what is perfect of its kind, and in consequence, is the standard by which actual achievement is to be judged" 見 Encyclopaedia of Religion and Ethics, vol. VII, p. 86)。

我的意思却以爲不必取後半段，我以爲把理想當作「模範」乃是西方人受了柏拉圖的傳統之影響。我們不必高懸一個模範以爲其在原始已固然成立了，只到後來逐漸退化乃有虧於原狀。我以爲倘使另取「進化」(progress)的觀點，依然可以說明理想之所以存在。所以我們只須把理想訓爲「可以實現而尚未實現，且如果實現必較實現爲滿足的」就行了。關於理想的討論下章尙須再提，現在不必多說。總之，這個可以實現而尙未實現起來比現狀爲佳的，決不能在事實界內求之，既必須另成一界，則不必以事實來決定之。關於價值學上一切爭論都由於學者們不明白這個分別，硬要在事實中尋求價值，倘使我們把理想界使其獨立，同時又使其縮小只限於文化與人事方面而與自然無涉，我想一切紛糾自會減消了。因此我不承認形而上學是解決宇宙眞相之學，乃只是與社會政治道德諸思想同其性質，不過專爲道德社會政治立一個超越的理論之根據而已。所以這樣限於在文化方面的理想無所謂眞乃只有好，換言之，卽形而上學的知識系統上眞就是好，愈好就是愈眞。

由是觀之，眞的性質是隨知識系統而不同，在常識上眞就是便(truth as convenience)。未有便（便利）而不眞者，亦無法發見有眞而不便者，有眞而不便者必待科學而後發見。在科學上眞就是實(truth as fact)，未有實（事實）而不眞者，亦未有眞而不實者。有眞而不實者必待形而上學乃可窺見。在形而上學上眞就是好(truth as good)。未有好而不眞者，亦未有眞而不好者。有眞而不好者必自他種知識系統以觀之而後成。

無奈學者不察對於眞僞之標準遂立有種種學說，殊不知倘不分領域而想以一個標準統括一切方面，恐怕是困難很多的。好在近來學者已有一點確是進步了，就是不把眞與善美並列視爲價值之一種。萊亞德說：『哲學上傳統習慣爲將價值看成眞，美與善……余意此係一種錯誤……其所包括之眞，實不能視爲一種價值。』

(The orthodox tradition in philosophy classifies values into truth, beauty and goodness,……This procedure I thinkis, mistaken……It includes truth which is not, properly speaking, a value at all. 見 J. Laird, A Study in Realism, P. 125)。

所以本文討論真並不涉及價值論。據我所見價值問題必須在知識問題以外另行討論，此外我們又須知思想上一切爭論與知識上一切矛盾例如自由與必然之爭，本體與現象之爭，以及唯心唯物等等，都是由於不分別知識系統爲三，而想由一個系統總括其他．遂生此紛糾。所以我說思想上的困難問題大半是由於這三個系統的混淆與亂雜而起。總之本章暫以知識問題爲限。而我今所提出的知識論確又與傳統的有些不同，大概知識總不外乎四點，曰：能知 (knowes)，所知 (known)，知的作用 (knowing)，以及知識 (knowledge)。誠如最近一個美國學者所說：『大略言之，知者按知的作用，發生作用於所知，以產生知識。』(Roughly speaking, the knower operates upon the known in a manner called knowing to produce knowledge. 見 A. C. Benjamin, An Introduction to the Philosophy of Science, P. 47)。

傳統的知識論如果偏於心理學方面便只注重在知的作用。如果偏於哲學方面則注重在能知。如果偏於科學方面則又專注重在所知。總而言之，他們不以知識作起點，總是不從知的作用來着眼即從所知來着眼。這便是我與他們不同的所在。我是專注重於知識，須知知識是個產物，並且不是個人的產物，乃是集合的產物。所以我講的這樣的知識論天然包括知識社會學在內。

本章所要講的大體已經說完了，尚餘一點補充的聲明請述之如下。我想必有人對於這樣把知識系統分爲三種提出疑問，以爲必致歷史知識沒有適當的地位安插了。我回答此問題甚爲簡捷，即我決不承認歷史知識是在常識科學形而上學三種系統以外的另一知識系統。如歷史一辭是採取廣義的，指凡含有時間性（即過去的時間包括在現在中）者而言，則一切知識皆有歷史性，因爲凡當前現在的知識無不包含有過去的知識，從記憶中喚起以爲之參證，不過我亦知道普通所謂歷史是採取狹義的即指對於過去事件之知識。但須知過去的事件與對於過去事件之知識却是兩事。過去事件的本身是瞬起卽逝，並不存在，所留的只是遺跡而已。文字記載亦爲遺跡之一，這些遺跡無論如何總是斷片的，要把這些都造成一片必須加以想像。所以歷史的知識是事實與想像交織而成，因爲仍不外乎是一種解釋的知識，不能認爲是純粹的描寫。至於這種解釋其所根據的系統又依然只是常識系統與科學系統以及形而上學系統。歷史研究上亦必須有若干設準，例如舊式歷史學承認大人物的意志。秦始皇要統一天下；拿破崙要建立帝國。這個「要」就是一個設準根據常識的知識系統而無條件設立的。卽所謂他人有心，余忖度之。新式史學則不注重於此，而只求事件在彼時的眞相，愈近於眞相愈好，這便是採取科學的知識系統以爲其出發點了。至於所謂史觀不拘唯心史觀或惟物史觀則又顯然是取形而上學的觀點。舊式史學對於史實是視爲人事用史家自己的行爲與他人的行爲作比附以解釋之；新式史學則視爲純粹的現象；史觀派又把歷史當作意義（significance）來讀。這個情形一經說破，無不立曉，似無待多論。總之，歷史知識就在這三個知識系統中，並不是另外獨立的一個系統。

總而言之，知識不是臨摹或拓寫，乃是「造作」(construction)，亦可以說是「再組織」(reorganization)。這三個系統乃是再組織時所用的各種標準。歷史知識就是依這三個標準對於已過事件的再組織。

第三章　形而上學之性質

照上章所言，形而上學是一個知識系統。本章將專詳述這個系統之內容。

形而上學的前身是宗教。這句話不是只說形而上學由宗教而出，須知在古代一切文化，尤其是關乎知識這一方面，無不是起源於宗教。說宗教就包括文化的全體似乎不是太過。我在上章稱那個知識系統爲形而上學的知識系統不免有些簡略，其實應該名曰宗教形而上學知識系統。而我所以把宗教二字略去亦有些微意。就是我願意把宗教作一個較廣的名詞，就中關於知識一方面卻是形而上學爲主。我們可以武斷地說，在宗教的整體中凡關於知識的我們統可歸之於形而上學；除此以外尙有其他方面我們則逕稱之爲宗教。所以宗教與形而上學直是一件東西，因爲二者是分不開的。

我們姑且談一談宗教之起源，人類活在這個世界上確有與其他生物不同的地方。就是人類總有些感覺到這個世界不是自自然然容易生活下去的。在自然環境方面有嚴寒奇冷；有暴風與大雨；有洪水與猛獸；有疾病，在在都對於生命作不斷的威嚇。在人事環境方面有爭鬬，有奴役，有強弱長幼的不平等，有因制度而生的強制，有因習慣而成的硬化性在在都使人自會覺得生活並不是順利與圓滑的。我作此說並不是像叔本華（Schopenhauer）和印度佛教思想那樣，認人生只是一個悲劇。不過人們在人生這條道路走，不是平坦則是絕對的事實。爲了對付這個不平坦的人生道路在物質方面人們的努力是造房屋以禦寒，造衣服以遮體，造舟車以代步，等等，用補天然的缺陷。這些現且不論，至於精神方面尙必須有法子能以安慰自己。精神的安慰與物資的製造是不可分開的。沒有精神的安慰亦斷不會有法從事於利用物資以遂人生，所以宗教是人類入世之初的第一個要件。只有後來文化進步了，資生之具發達了，思想變爲複雜了，人性大部分改變了，只是宗教之功用乃漸漸弛鬆了。在初民時代宗教是最要緊的。如何利用天然要靠宗教，如何維繫人倫要靠宗教，如何分功合作（在經濟方面）要靠宗教，如何服從指揮（在政治方面）要靠宗教，甚至於理解一切亦全靠宗教。所以我最佩服的是迭更孫的那一句話：即『人藉宗教之力使其在現世界內感到安慰。』(Man by his religion has been made at home in the world 見 G. L. Dickinson, The Greek View of Life, P. 4.)。人們住在這個多難的世界裏如何能得心理上安慰使其發生生活的勇氣則在於把自己倚靠在一個另外的東西，同時感覺這個東西的能力比自己大得多多。從具體上講，這個比自己能力大的同時爲自己所倚靠的，在兒童則是父母；在家庭是祖宗；在部落是圖騰；在文化發達些的社會是神（如希臘的神話上 Zeus, Demeter, Poseidon 等等）。而從抽象來講，則是等於全宇宙的托底，是等於自然界全體，是在自然界中同時又超乎自然的本體。由前之說是宗教；由後之說是形而上學。但我們必須知道這個在自己以外的另外東西是本不分具體的與抽象的。有時明明是具體的而其實却暗含有抽象的意義在內。有時明明是抽象的却寄託在具體的之上。所以我們把這個能力比自己大而爲自己所倚靠的另外東西分爲具體的與抽象的乃是很易引人誤會。因爲具體與抽象這兩方面在實際上本是混在一起的。因此我們可以說沒有一個宗教而不暗含有形而上學的觀念；同時亦沒有一個形而上學的思想而不附麗在宗教上的。現在且用中國人對於「天」的觀念作一個實例以說明之。從卜辭及書經上看，我們知道在「天」字以前，就有「帝」字，有時稱爲「上帝」，更有時「天」與「帝」兩字同時使用。用帝字的時代至少這個字是兼指其祖宗。須知這個祖宗並不必是具體的人乃是一個民族的祖先，只在神話與傳說上的。祖宗崇拜是維繫人羣的團結的一個方法，就是祖宗作爲一個羣之統一性的徽識。於是這個徽識（即符號）所暗中指示的便由「原始」而移到「全體」。換言之，即由爲具體的漸變爲抽象，變到抽象以後本來是指人事的遂於暗中又移到指示天然的了。所以後來「帝」字使用漸少而天字使用漸多。在表面上似乎是指頭上蒼蒼的大空（即西文所謂 heaven），其實乃是指有主宰性的宇宙或全自然界（即西文所謂 nature）。我們用此例證明宗教必須有那麼一個東西，而這個東西却同時是具體的又是抽象的。世人往往對於此點有些誤會，以爲講抽象的神是神學或形而上學，而講具體的神是宗教。殊不知二者不可分，並且在根本上是混合在一起的。

因此我們知道民族的祖先，社會的整體，宗教的神，與形而上學的本體，乃是由一個根本要求而生的，亦可以說在實際上只是一個東西。因為人類非有這樣的一個東西在其心中作主宰，使不能安然生活下去。我在上章分知識為三方面：即第一是為了當前的便利「即實踐的順利」而得的知識，其取得則由於擬仕；第二是為了使用天然而得的知識，其取得則由於分析與實驗；第三是為了安然生活而得的知識，其取得則由於建立信心。所以最後一種知識是為了立信而尋出理由來。在表面上講的條條有理，而在骨子裏却是志在信仰。因為沒有了這樣信仰人類便不能安然生活下去。人們決不樂意永久在煩悶與苦惱中，必須在這個世界中尋出一個理由來使自己得着生活下去的勇氣。有了這個安慰，於是對於自然界的可怕，社會組織的不平，都可視若無睹。這便是改變心理，這種心理作用其功用大極了。我在監獄六個月對於此事很有經驗。外界的環境可以假定其是不變的，但人們得因對於他的解釋不同，遂有不同的應付。在監獄中本來是很苦的，但你若解釋為是愛國志士人人所應受的，則不但不以為苦反而心中坦然了。如你更解釋為死在獄中不是屈服反是倔強，則並在獄中餓死病死亦都不怕了。如果解釋為總可出來，俟出來後總可報復，則必定對於一時的屈辱滿不在乎了。可是人生在世上最重要的是在於對環境的解釋。解釋可有種種不同，如認為環境不可一日居立刻就想自殺，如認為現在雖苦而將來有希望，則自然會耐性忍着等候。如本是無可奈何又不能不安之若素則決不能無「說」（即理由）。我們對於這個世界確有些是無可奈何，然又確不能不安之若素，則我們決不可不尋出個理由來用以使自己有勇氣得生活下去。這種尋找理由是為了得感情的滿足，情感的滿足不是僅在情感一方面，乃同時造成態度的轉換，能度轉換了在行為上就有變化，所以「知」與「行」根本上是一件事，知的影響首先及於「性情」(disposition)。宋儒所謂變化氣質就是現代倫理學上所謂的鑄造品格，鑄造品格之道有由於純由讀書的。蘇格拉地所主張的知識即道德就是指此。所以讀書多的人比不讀書的人性格有不同。中國讀書人傳統辦法是讀書養氣，可見尋找理由雖是在知識方面而其實乃在引起態度是屬於行為方面的。所以形而上學的知識不僅是在內容上，在題目上，與常識及科學不同，並且在其自身的性質上就確有其獨有的特色。詳言之，形而上學這種知識其本身是正如荀子所言的「君子之學也入乎耳，著乎心，布乎四體，形乎動靜，端而言，蝡而動，一以爲法則」。這種知識不僅是知道了就完事，乃是知道以後自然而然在自己的身上起了氣質的轉化。在這裏所謂學習就是修養。換言之，知即是「化」，乃是自己化自己，使自己在性格上心理上起變化。

雖然這種知識不是無界限的。對於外界的自然事物這樣的知識是不適用的。所以我們決不可以爲形而上學的知識是最高的知識與最眞的知識，而把科學加以輕視。我在上文已經說過，這乃是兩種不同的知識，不能互相代替或抵消。所以形而上學的知識只限於在上文所說的那個理想界域內，所謂尋找理由亦只是在理想界域以內行之。我們名此種尋找理由爲「理由化」(rationalization)。我們可以說理想之界域同時就是理由化之範圍(Sphere of rationalization)。所由形而上學的問題都是在理由化之範圍內由「實際推理」(material logic)上「不一致」(inconsistency)而演成的。所謂問題之解決亦就只是從「理由推演」(ratiocination)上把不一致的地方或矛盾的地方排除了。從他種知識系統(例如科學的知識系統)來看，可以說這些問題都是「假問題」(pseudo-problem)。並且這些解決亦都是「假解決」(pseudo-solution)。因爲假解決是對於事實並未起有變化。換言之，即變化不起於對象上，而只起於主觀上。例如把H_2與O相加而變爲水，這是事實上起變化，因爲由氣體變爲液體在物性上大不相同。但如我們把水認爲是萬物之本體或認爲只是一種現象。在此處水之爲水並無變化，而我們對於他的觀點却有了變化。這個變化的作用就在於由此可引起我們應付他的不同態度。我嘗舉一個淺近的例就是譬如兩個人都看見一個黃色圓形物，一個人認爲是橘子，拿起就吃；一個人認爲是皮球，拿着就拍。在「乍見」(first glance)上對象並無兩樣，而在對付的態度上則大有不同。因必須有對付的態度，遂致人類幾乎可以說沒有純知與靜觀，任何思想與知辨皆附帶有兩方面：一是對付客觀之主觀的態度；二是主觀自身因此種應付而起的變化。我名此爲知辨之反回作用，就好像一道光線射出去以後，就反回來射到自己身上。任何知識都有這樣的作用，得使知者自身起變化，這一點已爲唯用論早就發見了。現在用不着我再來詳述。所以科學知識如果「當作訓練」(as discipline)亦是對於學科學的人自身上起作用，不過形而上學這一類的知識却和科學有不同，就是表面上亦和科學知識一樣，好像是對於實在有所掘發而其實乃是只注重在所引起的主觀態度。換言之，卽用所引起的主觀態度決定其客觀上的所見。所以形而上學是以修養爲知識，或可說知識與修養是一件事。則與科學那樣可以附帶修養絕有不同了。我因此勉強把科學知識與形而上學知識分爲對外的知識與對內的知識。不過形而上學知識在表面上亦未嘗不是對外的，因爲其探究乃是最終極的實在，這個實在至少是超乎主觀的心理而獨立存在的。而同時在科學方面亦不能完全沒有對內的功用。所以我說對外與對內是勉強而分但未嘗不可藉此以明二者之性質。

在這個差別以外，尙有另外的一種分別，或可說這個另外的分別就是從上述的那個演生出來的。這一點就是因爲形而上學知識是「非實驗的」(non-experimental)。所以同時必是「歷史的」(historical)。在此所謂歷史的是指其性質與問題以及所用的一切概念都是從「傳統」(tradition)而來而言，詳言之，卽其性質是由傳統而決定，其問題是由傳統而傳遺下來的，其所用的概念是都早有其根源在傳統上的，所謂「傳統」這一個概念是在文化學(science of culture)上的。一講到傳統就不能不講到文化的體系與派別。因爲文化是一個「連續體」(continuum)。文化之連續性(the cultural continuity)在形而上學的知識系統上表現出來比在科學與常識兩系統爲更顯明。卽一種文化之所以有其特性亦是從其形而上學這一方面表現出來比較更厲害些。所以我們可以說形而上學知識所用的名詞(卽概念)與所提的問題都是表現那個文化的傳統的。一個民族的文化大統只能在其形而上學知識系統中求之，因此我主張研究哲學倘使採取外在的觀點則必須研究人類學。卽以人類學來看哲學，把哲學史作爲人類學的題目材料。在哲學史上可以使我們看出概念之相因襲與問題之轉變出。在這些上却有一個連貫的背境卽是那個具有特性的文化之流。現在姑舉一例，例如西洋哲學上的主要概念(如本體與心靈及自然等類)大部份起源於希臘。而希臘哲學上這些概念又都有其根源在最初的宗教上。關於這一點有孔福德(F. M. Cornford)的由宗教到哲學(From Religion to Philosophy)一書述之最詳。此書爲治哲學者所不可不讀的，書中頗採取法國社會學家杜爾幹(Durkheim)之「集合觀念」(collective representation)

說：全書精神之論點甚多頗望讀者通讀之此處不煩引。倘使用孔福德之法以研究中國哲學則所得結果必十分相同。如「天」，如「道」，如「理」，如「德」，如「性」，等等概念在根本上是同時屬於形而上的，又屬於倫理的。這個同時屬於形而上的又屬於倫理的就是宗教的或「半宗教的」(quasi-religions)。在此我們遂不能不再一提所謂集合觀念是甚麼。杜爾幹說：「語言之所表示者，卽整個社會將其所經驗事實重復表現而出之。各種概念，與語言中各種成分相對待者，卽其集合的再表現也。」(What it (language) (expresses is the manner in which society as a whole represents the facts of experience. The ideas which correspond to the diverse elements of language are thus collective representions. 見 Elementary Forms of Religious Life. P. 434)。

在此使我們知道所謂集合觀念根本只是個符號文字言話，須知文字言語在一方面是社會的產物，在他面卽不啻就是社會。因為社會與言語是「同存在的」(co-existentive)。但言語文字却總有些「魔力」(magic power)。在初民間是如此，而在文化的民族仍不免有這種遺跡。所以言語文字是有神秘性的，具有「神秘力」的文字言語是以關於形而上學知識這一方面為最。這一類知識中的概念(卽代表這些概念的名詞)。如中國的「天」「道」「理」等等都有「集合的情緒」(collective sentiment)附着連帶在一起。我們一聽見「天」字的音看見「天」字的形自然而然會起一種崇敬之感與畏敬之情。我們一聽見「理」字的音看見「理」字的形，自然而然會起一種井井有條之感，同時會有一種安分之覺悟。所以天與理在表面是講客觀的實在而實際上却只是主旨在於用這些概念而喚起主觀上某種生活態度。因為所要喚起的態度是在文化上為社會所需要的。現在所舉的例只是關於中國思想上的，然而在西洋哲學又何嘗不然。如(Good)這個字自會令人心中起一種企求，如(Reason)這個字自會使人心中起一種合適恰當之感。對於這些字決不會有猥褻之感，而只有尊敬的情緒。西方文字雖是拼音，然而其音與其所拼成的字形依然會附有這樣神秘性。這樣神秘性却是有社會的背境，杜爾幹所以研究社會必須研究宗教，則其故可以長思了。

這種具有神祕力的概念所表示的乃是一種「秩序」(Order)，我名之曰「混合性的秩序」(syncretic order)。因為只是一個秩序，而在天則為「神的秩序」(divine order)，就是一切都是神所安排，表現神的意志；而在事物則為「自然的秩序」，就是自然界一切的樣相然變化都由此而定；而在人身上則為「倫理的秩序」即本人覺得安身立命率由這樣秩序而始成立；在人與人之關係上則為「社會的秩序」，即社會的組織有分功，有互助，有長幼之別，有男女之分，各盡其職，全靠着這個秩序，並且靠着對於這個秩序之自覺。因為是混合性的所以凡形而上學知識上的概念都有些宗教性質，同時因為具有宗教性質，所以又都有道德（即倫理）性質。但須知凡是關於個人道德無不是以社會關係為背境，換言之，即沒有不是主旨在於維持某種社會秩序的。因此我嘗說宗教，形而上學，道德，社會思想，政治理論這些乃是一組。在這樣的一組上最能表示民族的特性，即一個民族文化所以異於其他民族的地方，因為這樣的一組沒有不是傳統的，換言之，即沒有不是從其歷史上傳下來的。

我們必須更進一步要說明何以道德的秩序必連及神的秩序。拉須達爾(H. Rashdall)說得最好：「形而上學的真理之固守及影響大衆者，即吾人所謂之宗教。」(The way in which metaphysical truths have been held by and have impressed the great mass of men is in the form of what we call religion.)。

又說：人民之道德永遠密與宗教相聯(The morality of a people has always been very closely connected with its religion. 見 The Theory of Good and Evil, vol. II, P. 251)。

而在著者的看法，却是以為道德之目的乃在於維持社會秩序，而道德必有「制裁」(sanction)。道德是內的制裁即是所謂良心，而良心之鑄成則有待於宗教的陶養。在宗教的陶養中，形而上學的一套理論（即上文所謂理由化）却是很需要的。因為人類知識一開必會自己提出疑問，可是「懷疑論」(Asceptïcism) 是人類之安然生活下去的大敵，人類要在這個世界安然生活下去必須自己先破除自己所創造的懷疑論。每有一「問」一起來必立刻有一個答案。這個答案不一定是這個問題的真解決縱使是一個暫時的解決，亦是不可缺少的。因為人類決不會只有問題而不同時擬有答案的。於是有些問題的解決並不是對於這個問題的本身，換言之，卽問題本身並未得解決，但對於這個問題的看法，換言之，卽何以提起這樣問題的態度却有個解決。我所謂眞解決就是指「事實的解決」(factual solution) 而言。至於這種看法上的解決乃是由解釋而得的解決(solution by interpretation)。亦就是所謂「把他解釋光了」(explaining away)。把問題解釋光了自然疑就去掉了。疑去掉了則心上便會得到一種平坦，這種心的平坦就會給人以新傾向 (new orientation)。這個新傾向起於性情上與行爲上實亦是一個眞解決。所以純粹理論問題與其解決在表面上完全屬於思辨的，而在實際上仍是有其作用及於實踐方面，形而上學所有的問題與其答案都是有這樣性質的。

我們現在再從概念上加以研究而證明上說。我嘗說這些概念都是「複合的單一體」(unitary complex)。在膚淺的人從日常習慣的觀點來說，總是把這些概念當作「單純的名相」(simple notion)，其實其所以爲單純的之故只是靠着其符號性。因爲其爲符號（卽在符號上）是單純的，所以才會有其單純性，至於其指示的內容 (denotational content) 却是非常複雜。所以這些概念無不是「可分析的」。從分析的結果可以得各種不同的方面與觀念，其所以能分析的緣故乃是由於其本身原來就混合的，並且可以說是異質的混合物 (heterogeneous whole)。說到此處我們又必須重提到概念在文化上的地位。論到概念之性質已在上章中詳敍了，現在再重新提一提乃是注重在說明文化的精神本寄托在概念上。須知每一個比較發達的文化必須有幾個特別概念爲其所寄托的所在。換言之，卽必有若干概念是代表這個文化的特性，例如在希臘文化上一些概念(phusis, psyche, nous, eidos, eusia, eros, logos 等等）都是與其文化全體有不可分的關係。歐洲各國因爲已經吸收希臘文化變爲其自己的文化，所以對於這些概念非常親切諳熟，好像是尋常家飯一樣，這是由於與日常生活打成一片的緣故。至於中國雖則歐化東漸已有數十年的歷史，但始終尚未把他織入到不可分開的地步，所以中國人對於這些概念縱有譯名，而決不會眞正了解。因爲了解這樣的概念雖只一個亦需同時了解其文化全體，倘使對於其文化無眞正的了解則對於這樣的概念縱使只是一個亦決不會完全了解。同樣在中國情形亦然。例如「天」「道」

「理」「仁」等等概念決不能有適當的外國翻譯，外國人只看譯名亦決不會懂，例如「天」可以譯為 God，又可譯為 Nature，又可譯為 universe，故譯為 heaven 不足以盡之。「道」可以譯為 principle，又可譯為 oughtiness，又可譯為 necessity，又可譯為 law，又可譯為 determination，又可譯為 process，故專譯為 way 不足以盡之。「理」亦然，可譯為 order 或 essence 或 reason 或 rationality 或 intelligibility 或 function 或 structure 等等，不必一一列舉了。反之即在西洋哲學上不必論希臘的專門語，即英文如 Spirit, Life, Being, Becoming 等等，亦決無法得到很切當的翻譯。可見文字(即概念的寄托者)實與文化之特性相密結，這個事實極為顯而易見。一班人對於這個事實亦早有看到的地方但却未見有人加以切當的說明。我不敏想給這樣的事實一個很好的解釋，我以為就是概念在其本質上本係樊亨格 (H. Vaihinger) 所謂的「架空構造」(fictional construct)，可惜樊氏在其書 (The Philosophy of "As If") 上僅從心理學(即思想之心理學一方面來說明，而未參以文化與社會的見地。我以為要說明這個架空的構造之由來，從上溯可以說到生物方面而涉及生理學，換言之，即生物為了生存的必要而在自己的有機體上就發生了這樣的作用。若往下推又可以追至社會組織即所謂「集合心」(collective mind) 其本身亦就是這些概念上表現出來。這些概念(即是架空的構造)便是從若干方面(或要素)集合起來的，可以名之為「集合者」。現在我請舉幾個例以明其為拼湊的合一(即異質的合一)之故。

例如「空間」「時間」「主觀」「客觀」都是由拼合而成的單一概念。我在知識與文化書中已經詳細列舉出來了。至於「有」(Being)(或「體」(substance) 與「因果」(causality) 等概念，亦何嘗不是如此呢？關於「因果」不想細說，現在只講「有」，須知「有」這個概念在表面上好像是單一的，而其實却是由幾方面拼湊而合成，試列舉之，第一是在心理方面我們有「當前」(presentation) 之感，又有充實之感 (sense of fill-ness)，所謂當前之感是覺得有個東西當前把當前作為「張本」(data) 而不僅是那個東西而已。我們當前覺得有個東西同時必亦覺那個東西立於我們面前，這個立於面前之覺着便是當前之感，至於充實之感就是在覺着上不會有空虛的，何以言之？如我們覺着沒有白色東西在面前，而實際上依然是覺着有個東西不過這東西是一遍黑色罷了。因此我們決不會覺得絕對或完全的「無有」(nothing)，沒有這個就有那個，這樣遂使我們在覺着上有個充實之感，就是永遠不會有眞空。換言之，卽只會有形相的變化而不會有完全的虛無，從這兩種感覺使我們在心理上自然而然會生出來「有」與「體」之概念。第二是在言語方面。歐洲言語系統上的動詞"is"、(to be) 本來會變爲"exist"。這乃是他們在言語上的習慣並無理由可講。但因爲如此所以把每一句都使其暗中含有「存在」，如云「鬼是紅的」，則鬼是存在的（卽有鬼）早已在暗中假定在那兒了。倘使鬼不存在（卽不有鬼）則決不能對於鬼加以形容。可見把一切可以形容的都隱然推定有個存在者爲其前提或在其背後，這就是因爲「是」字暗含「有」字的意思在內。殊不知這只在西方爲然，而在中國則決不會如此。中國文中等於英文"is"的有「是」與「爲」，此外尚有「者也」。我在另一篇文章（見知識與文化之附錄）上嘗暢論之以爲這些文字都不含有「存在」的意思。可見這個暗含存在的意義只是由於西方文言的習慣而起，並且由於這一點而更轉出第二點來。就是在西方言語體系上決不可把「主語」(the subject) 缺少。如果無主語卽不能成一辭，因此一轉遂把主語認爲是自立者，而一切謂云之語都是依附於他的，換言之，卽依存者，從這個自存與依存之別而決定主與謂之分別。同時由主與謂之分別反而把自存與依存之界限劃定。所以西方言語系統上既不能缺少主語卽不能缺少自存者，一切謂云都是說那個自存的東西。既把那個東西認爲自己存在，換言之，卽是「有」，則隱然把「有」這個概念與「體」這個概念合而爲一了。所以在言語系統上西方可以發生「有」與「體」之兩概念。但在中國却並不是如此。第三，這是在邏輯方面我們必須用「同一律」方可推理，這是傳統邏輯的說法，但新式邏輯並不承認這個律則是不可缺少的。我則以爲如果把「否定」(negation) 拿來作個補助便可顯出在形而上學一類的知識上同一律實是必要的。斯披諾剎 (Spinoza) 以爲 all determinations are negation；黑格兒 (Hegal) 則主張 all negations are determination。在這裏使我們知道沒有否定便不會顯出肯定，但有肯定必有其自身的同一。這並不是思想之律則，因爲他並沒有左右思想的力量，並不像一個軌道那樣。但雖不是律則而却是「背境」(ground)。思想必須以此爲背境，從這樣的「邏輯需要」(logical demand)上乃生出來。這一點在「有」與「體」之概念。第四，是宗教方面，我們必定以覺着有個比我們自己大的東西爲我們所倚靠，這一點在上文已經說過了，似乎不必贅述。總之，「有」與「體」之概念是由於要求而生這種要求，我來之曰「綜合要求」(synthetic demand)，就是由心理上的要求與邏輯上的要求以及言語與宗教上的要求而合成爲這樣的一個要求。這個綜合的單一要求是起於文化的前後關係(cultural contextual structure)上，故我又可名之曰文化的要求(cultural demand)。所謂文化的要求其目的與用處是在於滿足文化結構上某種需要，或從反面來說卽是補充文化結構上的某種空隙或缺陷。其存在是依其需要而定，因爲文化是一個連續體好像水那樣流傳下去則這些概念必同時具有歷史性，換言之，卽必都是傳流下來的。在此處便又牽涉到概念內容之沿革與變遷之問題了。一個概念之內容往往因時代推移與文化的轉變而致有相當的變化。有時一個概念(a)與另外的這一個概念(b)相結合，又有時與另外的那一個概念(c)相連。這些都是所謂概念之變遷。關於這一方面黑格兒派的學者實有獨眼。因爲概念之變遷卽等於歷史之進展，歷史之進展卽等於文化之開發。所以黑格兒派的學者把哲學與歷史認爲是同一的。克魯企(B. Croce)說：『哲學與歷史，非兩種形態而爲一單一形態；非彼此互相影響而相同者也。』(Philosophy and history are not two forms, they are one sole form; they are not mutually conditioned, but identical." 見Logic, p. 324)。不過這種說法很不清楚。照黑格兒的原義是把哲學史(卽哲學思想之發展形迹)當作一個「意典」的自己發展，其詳見其哲學史講義序論(P. 1-49)。這乃是以其一家的自己學說來解釋思想的史迹，我對於此說終嫌其神秘色彩太濃，所以我願意從另一方面來說明這個同一的事實。照我看法，我承認每一個概念都與其他概念組成連鎖，並沒有孤立不變的。這一點是與黑格兒派相同。我又承認一個概念其內容既是爲其他概念所左右所決定，則決會因時代不同與文化轉變而有變化，這又是與黑格兒派大體相彷彿的。我又承認人們的思想是以所謂「純粹概念」(pure concept)爲骨幹的，這又是與黑格兒派有些相同的地方，最後一點卽黑格兒亦只是承康德的統緒。康氏以爲倘沒有這些範疇則思想決不會成立。我的意思關於這一點已在知識與文化書中表示一些就是我主張純粹概念（或稱之爲範疇）與經驗的概念並不需要有嚴格的區別，只須把經驗的概念而賦以「設準的性質」(postulational nature) 則他即會變爲範疇。這只看其需要如何而定。且其需要是出於那個時代的文化背境。因此我把一切概念都歸之於「文化的起源」(cultural origin)。這裏當然包含有社會的作用在內。此說使和杜爾幹有些相同了，以上是說我與黑格兒派相類似的地方；但尙有極大的分歧點，就是我不贊成把這樣的發展認爲只是一個意典的自身展開。這種學說不但太神祕了並且亦沒有方法加以證明。

現在我要從幾個實例上證明上述的主張。先把上述的主張再簡括一下人類的知識並不是只有一種用途，不僅是解決困難，並且還有其他作用。唯用論者 (pragmatists) 專注重在困難的解決，以爲能解決便有用處，有用處即是眞，我的意思却以爲在解決事實上或實際環境上的困難以外，尙有一種，我名之曰「文化的滿足」(cultural satisfaction)。所謂文化的滿足在實際上却包括事實困難的解決在內。所以我說文化的滿足並不是把困難的解決除外，唯用論者有時亦從生物學的立場，以爲是有機體的適應，這還是範圍不大。我所說的文化滿足當然必須包括適應在內却不限於適應，因爲適應說對於理論知識之本身價值 (The intrinsic value of the theoretical knowledge) 甚少肯定或承認。但我却很以爲理論知識之價值就在其理論本身上不必外求。因爲理論本身就是有作用的，換言之，就是文化其本身。所以我曾在前書以文化滿足爲文化標準而解釋眞與不眞之問題，其實凡文化上的決不會不給人們以若干滿足，果爾則眞與不眞之問題在形而上學知識系統上只是程度問題，這便是形而上學系統與科學常識二者不同的所在了。因爲照嚴格來講，科學與常識上眞與不眞決不能以程度的大小作爲解決，而在形而上學系統上則不然，即沒有全眞亦沒有全不眞（全僞）。所有的只是程度上有大有小而已。所以所謂文化滿足這個名詞的涵義是比事實上困難的解決與機體上適應的得當二者都廣汎得多，而文化滿足那個標準亦只能用在有程度問題的眞理上。

關於舉例我現在只說一個，例如英國經驗派的思想從表面上好像只是一種哲學思想，其實暗中與文化全體有關。試詳言之，原來經驗論的原始本義有二：一是一切知識都是從官感經驗而得來；二是只有從經驗上證明的知識方爲可靠，其論據只限於知識論，乃後來自然推演出來範圍就廣了。其實涵有着的他種意義亦就多了。第一是「反權威主義」(anti-authoritarianism)，既然主張知識的來源只有官感經驗則對於他人之說亦必以本人經驗爲印證，倘使經驗上不能有印證，雖其說出於極大的權威亦不能相信。於是權威主義便推倒了。第二是個人主義(individualism)，因爲官感經驗無不是屬於個人的，故最後以個人爲準爲憑，於是個人便成爲最後的或最根本的了。第三是人性(human nature)之發見，這乃是從個人主義自然而演成的，因爲既以個人爲歸宿則每個人必須大同小異。倘使沒有這個人性上的大致相同，則人與人之間便無法溝通，而共同的世界亦就沒有了，我們現在確有個共同世界，又確有人與人的相通，則我們必須承認人性在大體上是相彷彿的，這便是人有恆性。第四是所謂功利主義(utilitarianism)，這個學說就是從發覺人有恆性而推論出來的，其詳希望參看E. Halevy, The Growth of Philosophical Radicalism與Stephen, L., The English Utilitarians兩書，本章無敍述之必要。總之，從這裏自然會聯起許多的概念，換言之，卽許多的概念由此而生。例如「社會契約」(social contract)是由個人爲最根本與人性大致相同這兩個概念而推出來的。但由社會契約却又推出「社會平等」這個概念來，由社會平等又引出「民主主義」這個理論來。(民主主義不是一個政治制度乃是一種「文明」，這一點中國人自清末到現在很少了解，所以生了不少的誤解。)可見在最初只是經驗論本只限於經驗問題，後來愈聯起愈廣便連及到其他方面去了。連到人生態度與社會組織以及政治制度上去了。我今舉此實例就在於想說明一切形而上學思想都是志在於喚起所需要的其他概念，關於這一點乃是本章的中心，請詳言之。

我們須知事實上實際所有的並不是形而上學乃只是各種形而上學學說(或思想)。而在這些學說思想中我們可以加以分析，我個人分析的結果，乃發見任何學說思想其中都有兩部分。第一部分我名之曰「起首論點」(initial argument)；第二部分稱之爲「演出論點」(derivative argument)。二者性質當然不同，而最可見者是起首論點總是簡單的；演出論點却可有許多許多，並且範圍不限於在形而上學內可以伸張到倫理方面、社會方面、政治方面、以及宗教方面，所以本篇所說的演出論點是取廣義的，換言之，卽指從起首論點以推演出來的而言，因爲我在上章已經說過，形而上學的知識本來與倫理、宗教、社會、政治等是結成一組的。所以起首論點在形而上學思想範圍內，而其所由推引出來的演出論點則可遍及於宗教倫理社會政治各範圍。

論到起首論點我以爲必須具有一個性質（或條件）就是必須是「不可疑的」(indubitable)，換言之，卽「不可爭議的」(indisputable)，因爲必須如此方能使人起信。因爲要使人堅信不能懷疑，所以這種論點必須是「自明的」(self-evident)，這個自明的與不可疑的原是一件事，但凡自明的必又是由「直覺」得來而不由於證明或推定。須知直覺有兩種：一種是直見，卽經驗的或官感的直覺(perceptual intuition)；另一種我名之曰「邏輯的直覺」(logical intuition)，卽前文所謂「洞見」，不過洞見有深淺之別，處此所說只是那個淺些罷了。現在所說由直覺得來乃是指邏輯的直覺而言，決與經驗的直覺無干，這種由直覺得來的自明眞理其實不是「眞理」(Truth)乃是一句「老實話」(truism)。凡是老實話在本身上並無多大意思。舉例以明之：如說「孔子是聖人」這句話有意義但如說「孔子是孔子」這句話便沒有多大意思了。但確實可以說，並且說了沒有人不承認，這句話等於A＝A乃是這一句老實話。須知我們說「A就是A」並不是「白說」或「廢話」乃亦是有意思的，不過其意思不在本身而在於決定或準量其他的說話，這種用途我名之曰設準的使用(postulative use)。就好像幾何學上的「公理」(Axiom)一樣，雖不限定其本身都是不可證明的，但至少必須承認其本身在此處是不需證明的（卽無證明之必要）。凡是老實話就是一看就明白，人人看了很少不同意的，換一句話來說，卽凡是在水平綫上的人一看就自然會承認的。一個形而上學學說要使人起信仰（卽使人相信其說話爲眞理）則必須用一個自明的公理（卽老實話）爲前提（卽起首論點），現在我且舉幾個比較顯明的例子，例如笛卡兒(Descartes)之"cogito ergo sum"（我思故我在），柏克萊(Berkeley)之"esse est percipi"（有卽被知）這是頂容易看出來的。此外如斯披諾剎(Spinoza)之Deus sive natura亦然，至於其關於「本體之定義」如下：『本體者乃存於自己而又由自己以想之者也。』(By substance I understand that which is in itself and is conceived through itself)。這是根據他的「自因」之說其言曰：『所謂自因卽指質本素中含有生存。』(By cause of itself, I undrstand that, whose essence involves existence)。這些都不過是「疊說」(tautology)而已。萊伯尼志 (Leibniz) 亦然，他說：『單一本體指質之無個別部份者言之。希臘文 monad 指單一言之。……各處皆須有單一本體，否則卽無混合本體。』(Simple substance is that which has no parts. Monad is a Greek word which signifies unity……There must necessarily be simple substances everywhere, because without simple substances there could be no compound substances)。

在此以外尙有不少：例如唯物論以「占空間」(extendedness) 訓爲「物體」(body)，又如唯心論以「動作」(act) 卽視爲「心」，須知占空間與動作是不可否認的。而物與心則歧義甚多，不是那樣容易講的了，這便是以最淺明的來襯托那個最高深的，其意只在使人容易相信那個高深而不易明白的。所以有人批評形而上學只是玩弄文字的把戲(playing with words)。其實這個批評一半是對的，但須知其用途却亦甚大，質言之，卽其效果不在那些文字的本身而在於其及文化上的響影，我名此爲「文化上的效果」(cultural consequence) 或在文化功用上之效果(consequence in the cultural function)。這種文化的效果由何以表現呢？就是由於能產生出許多的演出論點在形而上學範圍以外，亦就是只有起首論點是在形而上學範圍內，而其所產生的演出論點乃擴張到倫理社會政治諸方面。於是便有了文化上的功用了，換言之卽影響人的做人態度與處世態度，又影響到其社會關係與其政治信仰。我們對於一個形而上學學說要判別其文化的影響有多大只須看他能產生演出論點有多少，能產生愈多則其影響力愈大，所以我以「產生力」(productivenss) 而決定其功用的大小，那些產生力小的其結果便只限於一個形而上學的學說，因爲他的影響不大，所以我們亦無由判決其是否眞理。說到此眞又牽涉到眞理問題了。我以爲形而上學上所謂眞理與科學上所謂眞理完全是兩件事，前已言之了。現在再一提起乃是想用文化的效果來作補充的說明。照我的意見以爲在形而上學的知識上直無所謂眞與不眞，換言之，卽眞不眞這兩個概念直不能用於形而上學的知識上，因爲這種形而上學的知識旣無憑據可拿出看一看，又不可用實驗來證明。所有的「論證」(demonstration)不外乎訴諸邏輯。於是有人便主張以「諧和」(coherence)爲定眞僞的標準，但我以爲此不過程度問題而已。須知任何學說思想在邏輯的歷程上（即所以立論的推進上）其論點的互相關聯總是有相當的接合，所以任何學說總得在某些程度是諧和的，斷無完全不諧和的，而可以成立。果眞如此則眞與不眞之別便變爲程度之差，好像十與十一之分別了，因此又有人主張以「效用」(utility)來定之，這是所謂唯用論，我和此派主張並不完全相同，在這一派的人中只有杜威見到「社會的因素」(social factor)之重要。乾姆士提出唯用的觀點固然是很有價值的，他以爲上帝與物質同其意義，就文化的功用來講，這當然是對的。不過我以爲上帝有他的功用，物質另有他的功用，其爲有功用固是相同，而功用則並非一種。因此我不贊成把唯用的觀點用着剃刀，以爲凡沒有用途的即可不成爲問題，須知在文化上幾乎可以說沒有一個概念沒有一個思想是沒有功用的。不過各各不同，或各當一方而已。所以不見得多元論比一元論在人生上較有活力，不見得「主意說」(voluntarianism)比「主智說」(intellectalism)「更有貢獻」（按乾氏原文爲promise more），原只是各有各的用處罷了，所以我不贊成以效用來眞定僞，就是因爲就文化上講，可以說從無沒有用處的東西，不過用處不同而已。則決不能以用處的有無即等於眞僞，此說之弊病使與前說（諧合說）相等了。所以我們在此可以作一個小小的結論：就是在一個思想之「連串」(chain)上（即許多概念連成一串）決不能就其關聯的結點（即連鎖處）上以斷定其眞與不眞。因爲他旣成了一連串，則其間總有邏輯的連鎖，同時我們亦不能就其功用來分別眞僞，因爲論點有起首與演出之別。就起首論點而言，沒有一個不是直接的；至於演出論點則功用雖大。然亦不能即移轉到起首論點上去。因此我主張就形而上學的知識來說，不必講眞僞；同時亦沒有法子講眞僞，於是我們現在即不再提這個眞僞問題了。此處所討論的遂只限於起首論點與演出論點之關係。

演出論點與起首論點之關係實有多種，一班人以爲「推理」(inference)之方式只有三段論法，我現在要提醒大家的就是我在此篇所說的這種關係決不是那樣簡單。一個思想與另一思想之連結就是所謂推理之連鎖(chains of reasoning)亦稱爲邏輯的接聯(logical connection)。在邏輯學家總以爲是由形式來決定，殊不知在這種「形式的決定」(formal determination)以外尙有所謂「實際的決定」(real determination)在其背後，有以左右之，且卽以形式的決定而言，亦決不止一種。其實於普通所謂三段論法以外，尙有多種，例如所謂「直線推理」(linear inference)亦是一個方式，我現在把這些略略舉出來。第一是比附式的推理(analogical inference or inference by analogy)，第二是正反式的推理(dialectical inference)，第三是類似三段的推理(quasi-syllogistic or non-syllogistic inference)；第四是三段論中的「弱式的推理」(weak mode of syllogism)。這種弱式比較上少用所以特別提出，因其結論很可以與前提不相緊接，至於尙有所謂「實質包涵」(material implication)，我未列入，因爲在形而上學的推理上這種「鬆散的接涵」(lose entailment)實不使用，總之，就在形式方面亦饒有多種「變化的可能」(alternatives)。我們可以任擇一種以達到我們所希望的演出論點推演出來的目的，所以由起首論點而推至演出論點，這其間的推引關係決不是單純由形式邏輯來決定，須知邏輯的用處只在給人以範圍，不許出此範圍，至於在其中則未嘗不容有多種的不同。例如由a前提可得b c d e f五種結論，b最有力，c亦可以說，d並無矛盾，e則不能成立，f則與前提相反。於是決定究竟爲b爲c爲d則不能專靠邏輯的形式了。不過如果要是e或是f則又不可能。這種不可能便是邏輯所示人的範圍，範圍就是界限。所以我以爲邏輯只能在形式方面告訴我們以界限之所在，而決不能在界限以內（卽與界限無關）而告訴我們以具體的內容。因此，我們對於思想之打結處必見其在形式的決定以外尙有實際的決定。這個實際的決定卽同時決定何種形式之被採用。所謂實際的決定並且又是一個複雜的，決不僅僅是感情的作用，這便是我在上文所說與唯用論派不同所在了。這一派的論點是注重在凡思想必有其目的而同時人們的興趣亦足以左右之。「目的」與「興趣」之說在我未嘗不承認，不過我以爲卻不足以盡之。因爲目的與興趣是從個人心理來立說的，勢必把集合的一方面忽略了。但我此說又與孟漢姆之「境況決定」(situational determination）亦有些不同，他固然把歷史的因素打算進去了，但却沒有把思想自身的發展加進去。所以我用實際決定一名詞就是意在表示不限於目前環境，不限於歷史趨勢，不限於社會地位的心理（卽所謂觀念形態），不限於個人興趣，而乃却是這些的總和之綜合的結果。因此我名爲「文化的需要」。至於滿足此需要我則名之曰文化的滿足。須知這些都是複雜的，換言之，卽由雜多而成的單一，再換言之，卽凡文化上起了一個需要，其性質必是綜合的；而若有一個滿足亦必是綜合的。不過這兩個雖皆是綜合的，却並不是不可分析的，倘分析起來又必見這兩個亦不必完全相同。所謂實際決定就是說決定於文化的需要，而旣決定了以後卽得着一個文化的滿足。

須知現在所說的是關於形而上學的知識，這類知識更有一個特點：就是所用的概念全是抽象概念，這些抽象概念又有一個特點：就是其「所指的」（the referend）同時可有多個，我名此爲所指內容之雜多（variety of the denotational content）。關於此點郭令蕪（R. G. Collingwood）在其哲學方法論（An Essay on Philosophical Method）一書上提出「種類之混重」（the overlap of classes）確有眞見地。亦正是與我所說相同。他說在一個類中分若干種（specific classes under a genus）照普通邏輯辦法必須使這些種互相排外（mutually excluded），否則便無須這樣分類了。此理至淺無用多說，但哲學上的概念不然，這個概念與那個概念並沒有界限可分，我現在卽用郭氏此說於哲學抽象概念之所指的內容上。一個抽象概念就是一個類而其所指的許多意義就是其中分出來的許多種。所以一個概念能維持其統一性（或單一性）卽由於其內容雖包含有多種意義（卽多個所指）而這些意義却又互相「混重」（overlapping）以致不能有清楚的劃界，於是我們可以歸納來說就是在哲學上的抽象概念都有兩個性質：（一）是所指的不是一個而是多個；（二）是這些所指的却又彼此分不清楚卽不能劃出一個界限來。根據這兩個性質則在推論上自然會產生所謂「意義之游移」（shifting of meaning）。在普通邏輯上意義有游移是一種「錯誤」（fallacy），而游移又往往由於界限分不清，故不劃清界限亦是一種錯誤。但在形而上學一類的知識上却決不能認爲是錯誤，因爲形而上學上所有的概念大概都是如此的，倘使認爲錯誤則勢必大部分哲學都歸於不能成立了。於是哲學便不可能了。反對哲學的人固然亦可主張把哲學「廢棄」了。其實這乃是誤會，我不知所謂廢棄是指何而言，如果說把他拋棄在嚴格思想（卽科學）以外，這原無問題，因爲哲學本不在科學範圍以內，二者完全是性質絕不相同的兩個東西，如果說把他從文化的全體奪去其地位，我則以爲這是辦不到的。所以卡那魄一派的邏輯實證論者（logical positivists）主張「形而上學之廢棄」（elimination of metaphysics）在其本身上一個不淸楚的標語，至於形而上學上的概念與科學上的概念其性質有很大不同這本是大家所公認的，却不曾因此遂致把形而上學變爲廢物，一點用處全沒有了。邏輯實證論派又主張形而上學的性質是等於詩與文，這亦是誤會，須知只有一點是形而上學與文學相同，就是在文學上概念的涵義愈雜多愈不分淸楚愈好，因爲可以愈引起多種不同的情感；而在哲學上概念亦是以愈混括得多愈顯得奧妙。這一點是相同，但却有很不相同的地方須知詩文只是「表現」（expression）。表現就是把情感意志甚至於其他種種凡在心內的表示出來而已。實證論以爲形而上學上的命題只是表現，這亦由於不了解形而上學的性質，我以爲形而上學却是「推理」。在此處可見形而上學的對象是原理原則，而與科學絕無兩樣。所以我們可以說形而上學有像文學的地方，亦有像科學的地方，但決不可因爲像文學就說他是文學，同樣亦決不可因爲像科學說他是科學，這些話似乎說得太遠了，現在仍得回到原處。我之所以要提到抽象概念之這兩種特性就是在於想用此來說明在形而上學的思想界起首論點之引出那些演出論點，就是由於概念本身有游移之可能性。詳言之，就是由於在起首論點上所用的那些抽象概念其所指的有多種，而這多種之間，又無分明的界限可以劃淸。所以起首論點與演出論點之間便自然而然會有很大的距離。總之，所謂意義之游移在普通是犯了錯誤而在形而上學的思想界則並不算一回事，因爲完全避免是不可能的。不僅如此，並且就靠這個概念之欠缺分淸性乃能把一個大統系架立起來成爲一個整全的而顯其玄妙高深，所以在起首論點之宕開而引出許多演出論點的時候，這個概念之多含性是最有用的。這一點正是形而上學知識之特徵。以此之故，一個形而上學系統的建立，其影響便可廣大被及於人生各方面，例如宗教的信仰方面！倫理的做人方面，社會政治的處羣方面等。總之，形而上學上無論何種系統總須把其起首論點弄得明白簡單使人一看即自然承認，然後因爲槪念包含多數意義的緣故，又使其自然推演開來，成爲許多許多的演出論點，至此乃完成其眞正的使命。所以只有起首論點而不產生演出論點，這決是不行的。因此我敢大膽主張起首論點在實際上乃是倒裝上去的。所謂倒裝是指其因爲用作論證的緣故，乃把他列在開始，而實際上並不是原來如此的。因爲在人心上於不知不覺之中早潛伏有那些演出論點的糢糊輪廓在那裏了。根據此理我們又可以說所謂起首論點只是「證明」(proof)而不是「原始的命題」(protocal proposition)。此處所謂證明並不是指普通邏輯書上的名理分析而言，乃是在推理上繞一個大灣子的辦法，就是在於證明其所要建立的主張，所以我稱之爲證明係取廣義不可誤會。總之，心理上是在後的，而邏輯上是在前的，後來學者對於心理一層不重視，遂致誤會以爲起首論點眞是原始的了。

討論至此，大體已算完了。尚餘一個問題不能不附帶一言，這個問題是：能不能有個「離形而上學的哲學」(philosophy without metaphysics)？要解決這個問題勢必把上文所提到的知識具有三種傾向那一點重新再略述一下。我曾說過知識的作用有三方面：(一)是求「確」(exactness 即精準)故由於辨別；(二)是求「定」(certainty 即確定)故必使得以立；(三)是求「便」故必須「執」(即抓)得住。從求確的傾向而加以推進使其大發展便演成科學，就是科學知識系統了。從求定的傾向而加以推進使其發展出來便造成形而上學，這就是形而上學知識系統。至於求便的傾向之演成常識系統更不待言。總之，這都是從原始即有的三種萌芽而後來加以推進方始發展成功的。所以就傾向而言，乃是一個知識作用上所同時並具的。而就其發展出來的系統而言，却是三個獨立的東西，須知並不是有三種獨立的知識作用。因爲每一個知識作用(every single act of knowing)都同時具有這樣三個傾向，這三個並不分離，只是等到形成知識系統時，乃始可有分離。所以在實際上沒有科學而不含有常識；亦沒有科學而不牽涉到形而上學。形而上學與常識之關係亦是如此，再詳言之，即因執而遂得到「有」(having)，因「確」而乃得到「準」；因定而能得到「信」。這三個傾向完全是相連合在一起的。每一個知識作用都具有這三個並不能分開，我們根據這個意義便可以對於上述問題有一個回答，就是說如果所謂離形而上學的哲學是一種知識，則這個知識決不能不屬於科學系統之內。因爲離了科學的知識系統必是別無依據。所以離形而上學的哲學當然是可能的（即可以成立的），因爲他只是科學之一種。但這種科學却決不能取形而上學而代之。所以我們同時儘管可以有離形而上學的哲學，而對於形而上學却不能因此便加以廢棄，總之成立離形而上學的哲學不過在形而上學以外再添上一個哲學罷了。我的回答可以簡括如下：即離形而上學的哲學決可成立，但却不能替代形而上學。至於形而上學不能廢棄之故已經說過，便不贅了。

第四章　思想與社會組織

我想在本章上解決一個問題，這個問題就是：理論思想在社會構造上居於何等地位？所謂理論思想就是指形而上學的宇宙理論與道德學的人生觀等等，而所謂社會構造上之「地位」(constituental rôle) 就是指這些思想的「社會功用」(social function)。因爲在前數章上我所討論的都是社會力如何影響思想，換言之，即人們的理論知識在那些地方是由社會所左右的，這些社會的決定力之討論是先設立了社會，而後講其及於思想之力量與限制，現在所要討論的卻是正與其相反。就是由思想而說到社會，亦就是說到社會受思想所左右的地方，必須如此我們的研究方能兩方面都顧到。

我在上文已曾提出一點，這是不可不在本章上先行聲明的，就是所謂形而上學的宇宙理論道德學上的人生觀，宗教上的神學與社會組織上的理論以及政治原理上的學說完全合爲一組的。因爲在其中有邏輯上推理的「連結」(connectons)，而在這個連結之背後乃又有文化上需要的完整。換言之，即出文化之完整力 (intogrative process) 所使然，使其不能不互相連結而形成一組。我們今天所謂思想亦就是指這一組的思想。所以倘使把話分開來說，則可說形而上學等思想究竟在實際人生上關於造成社會組織一方面是否亦有其功用，我們大可研究一下，這種研究在以往好像還沒有人專心去做過，或則是因爲這個問題未曾被人重視亦未可知。

思想與社會之關係向來研究這個問題的是所謂知識社會學，本書前數章亦是從知識社會學的立場來說明一切理論知識都有其社會的決定。不過本書不純限於以社會學爲立場，而同時亦顧到知識論之獨立性，本書前數章所論的思想與社會之關係，就其思想被決定而言，自是屬於被動方面 (passive phase)。現在卻須一轉而達到主動方面 (active phase)。我願意先說一句話：就是講這個主動方面必須是在講這個被動方面而後，苟不把被動方面講清楚則決不會把主動方面的性質弄明白的。因爲著者不採取唯物論的觀點，遂致所謂被動與主動都只是分析上的便利而實際上思想與社會結構是永遠交織在一起的，就是交織便互相受影響，所謂被動與主動就是分析這個互相影響與互相倚靠的情形以後而始見的。至於唯物論則根本上不承認這個互相影響而主張片面的倚靠，尤其時流所謂的「機械的唯物論」是把思想認作腦中活動的副現象。本書對於此說之駁斥不想多述，因為敍述起來便深入心理學與形而上學的內容，而與本書性質不甚相合。原來本書的目的只想限於討論知識與社會之關係。

說到互相影響一點亦復淺而易見，從初基上舉例而言，例如言語。我們實無法決定言語在先抑或社會在先。可以說有社會便有言語，不過言語的樣式與其發達很有不同的情形。僅就一點而言，言語總是與概念相結合，言語所傳達的不是個人獨有的知覺，乃是可以共通的概念。例如所謂「人」就不是指那一個人，而乃是可通稱於一切人的。從言語與概念之合一而觀，即可說社會既然不能離言語則社會便是建築在概念上。因為概念是互相交通的心上傳具，必須等到個人的心發達到有了概念那個階段，社會心方能成立。社會心成立了反使社會組織依靠這個社會心。這並不是唯心論切不可誤會，這乃是講社會組織之心理的基礎。

例如財產乃是一個概念型 (conceptual pattern)。必須有了「所有」(ownership) 這個概念方能有「財產」(property) 概念。這個概念含有許多意義，例如我所有，他人不許動用；他人動用必須先得我的許可；如不得我的許可我則可取回；倘使弄壞了必須賠償；他人所有，我亦不得動用；各人所有大家互相公認；等等。這些意義不是孤立的乃是互相連繫的。因此遂反映出來一個整個兒的社會制度。在此我們的討論又引出一個新名詞來曰「制度」(institution)。須知一個社會組織其實就是一個各種制度相連合相重疊的總制度，亦可以說「社會」這個總體是一個大的制度其中卻包含有許多許多的制度。例如家庭與學校都是一個制度，公司又是一個制度。但家庭學校與公司都在國家內，而「國家」本身則是一個制度。在現代已開化的社會中，人們的生活，都寄托在這些制度上。所謂成功者就是適應於這些制度而得宜的人們；至於那些不適應於這些制度的人便是為社會所淘汰的失敗者了。所以美國的社會學家研究社會心理學時特別注重在制度與個人行為之關係。他們有所謂「制度的行爲」(institutional behavior)一個怪名詞。就是說個人的行爲制度所鑄範。關於這一點非本書所欲討論。讀者如要詳知，可參考 F. H. Allport, Institutional Behavior 一書。至於我所以提到「制度」二字的緣故乃是因爲「制度」這個名詞不是偏於物質方面的。美國社會學家已早見到制度是離不了對於這個制度的概念(W. G. Sumner, Folkways, P. 53)。一個學校並不是專靠有一個校舍就可以成立。一個家庭亦不是只因爲有了父母二個肉體人身，這些物質的條件與有形的東西當然是不可缺的。缺少了就不能成立，但這只是必然的條件而不是充足的條件。有了校舍還必須開課；開課了還必須認眞來教授；認眞教授了還必須是有益於人類的科學。家庭亦然，父有作父親的責任，母有作母親的義務，然後方可享受對於父母的敬禮。可見任何制度不僅僅是一個物質文明， 須知任何物質文明都有其在心理方面的概念型作爲底本。這種概念型是一個系統，亦可說是一套，每一個人在其心中都有大致相同的一套概念。人之同化於社會就是由於把這樣的一套概念深深印在其個人的心上，變成了其性格上的一部份，卽中國人所謂「習與形成」是也。一個人作到了一個新的社會內，處處感着不便與不慣亦就是因爲本人預先沒有那個社會的映影或縮形似的一套概念，於不知不覺中潛伏其心上。 近代學者多注重所謂「性格學」「(characterology)。不過他們對於性格之研究多注重在「個性差異」一方面。例如德國的 Klages 與英國的 McDougall 等人都是列舉出來一個詳表，想從這裏推知一個人的特殊性格，我的意思則不然，我以爲「性格的造成」(character formation)之研究非從「社會力」着眼不能得其眞相。關於這一點我將在後邊再詳細論列。現在只提到性格的陶成是與制度有關。不僅一個學校教師是與一個公司職員在性格上有不同，並且在不同的家庭環境出身的人縱使同在一個職業中生活，而其性格亦會不然。恐怕這就是所謂「社會的善境學」(social ecology) 所想從事的了。明白了社會環境對於人性的決定力則我們便可不把物質文化與思想文化分爲兩橛，所以我們必須認爲文化界中凡在物質上一個有形的東西，同時必於心理上有其相符合的一個概念，不問這樣的概念是明顯的抑或是暗昧的。因爲倘使沒有這樣的概念則這個東西便不能使用，換言之，卽不復有文化的價值或文化的效用了。例如地下掘出來的廢墟龜片，我們雖自命爲了解其是個甚麼東西，其實因爲我們的社會已不使用這樣的卜筮了。我們對於這些東西的概念決與當時般人不同，所以可說我們並不能眞了解是個甚麼東西。英文有一個字曰“usage”這個字和「習慣」(habit) 頗爲相通，習慣的造成在心理學家研究起來只注重在其神經通路聯結上的機械作用。而我則以爲在此以外，我們還應注意到「觀念之聯合」(association of ideas)。觀念之聯合亦可由習慣而致；有固定的接續遂使思想有了一定的形態。這便是所謂思想之習慣的形態 (habitual mode of thinking)。在文化上所以不能把物質文明與思想文明分爲兩橛的緣故就在於物質文明上每一個東西都連有一套使用其物的方法。而這使用方法其本身卻是概念。亦可說是「概念的」，但我們須知凡概念都含有「規定的」(regulative) 性質。所以凡具有規定性的都不外乎表示「秩序」。我在上文已詳說過。社會的存在是靠着一種混合的秩序，這個秩序是有宗教性的，因爲非如此不會有神祕性令人覺着神聖不可侵犯；又是有理性的，因爲必須如此使人方覺得對，覺得說得通，覺得十分妥當；又是有政治性的，換言之，即藉「力量」來維持的，凡反對的都得受法律的制裁。所以這種秩序普通稱之爲「社會秩序」似乎太簡單了。其實同時是「神的秩序」，可以從形而上學向宇宙本體方面去發現之，同時又是自然的秩序，可以從物理方面去比附之。因爲非如此不能在人心上產生其信仰（即對於這個秩序的信心）及由信心而生的安適之感，我們如對此社會秩序單純看作政治上的統治關係便大錯了。西方人有一個字很足以表示此方面就是‘tradition’，此字向譯爲「傳說」，或「傳統」，我則以爲不如就用中國固有的「道統」二字來翻譯之。所謂道統就是文化的延續，不過意義並不如此簡單。一個民族的文化傳遞下去往往愈顯其特性，所以道統不僅包含社會制度，道德標準，並且還有思維態度與民族性格在內。現在我們的這個研究亦可說就是講道統的造成。

在講述道統所以維持以前請再作進一步的分析，須知與這個名辭相通的又有一個字即是所謂「風俗」(custom)。此字因須照西文原義來詮解，但中國有所謂「化民成俗」一句話卻正以表示此字之義。所以譯爲風俗是比較上說得過的。此字與前一字各表現不同的方面：就一個民族的文化之特別精神來說，這是所謂道統；而就這些文化（即生活樣式）爲一羣所公認，大家都自然而然依着去作，這便是所謂風俗。我所以願意在道統一名詞以外又提出風俗一名詞的緣故乃在於想藉此表明一個民族中（即一羣人中）個人所以能參與公共制度而依守社會秩序必須是由於有其「不自覺的承認」（unconscious recognition）。這就是中國所謂化民成俗的那個「化」字。西方學者關於這一點遂創有一種學說即所謂社會契約說（theory of social contract）。大概由霍布士（Hobbes）洛克（Locke）以迄盧騷（Rousseau），此說可謂完備。雖其前已有此種思想，從今天的科學來說，我們自然不能即把此說認爲可以解釋社會之起源。但須知此說在某一方面自有其不可磨滅的眞理，不能因其非社會起源之實況而短之。據我看，對於社會（即人之所以集合的羣體）之起源作實際描寫的說明是一件事，而分析社會中有某些不可缺少的要素或方面則又是一件事。一班民約論派的弊病即在併二者爲一談，而在我們卻可以承認後者而否認前者。須知否認前者並不影響於後者，反之承認後者亦與前者無連帶關係。僅就後者而言，社會契約說並不是主張人集爲羣正等於今天房客與房東結一個租房的契約一樣。須知這樣的契約只是在社會以內的事即只是在法律下的事，而與人與人之結成社會實不相同，所以社會契約說之眞理不在這些方面。此說之眞理實在於表明人們的集合（即結合爲一個羣），無論是何種形式（家庭也好，部落也好，國家也好），要其中有一點要素是不可缺少的：「曰互相的同意」是也。此就是所謂「同意說」(theory of consent)。盧騷在其書（民約論第一卷）上關於這一點頗有闡述，即縱使爲奴隸關係亦必基於同意。詳言之，壓迫者於對被壓迫者只在其武力超越之際可以支持一時，而決不能支持永久。要變爲較永久的關係，必須取得被壓迫者之同意，其取得的方法有多端，例如用欺騙，用勸化等，要而言之，即必使被壓迫者變爲自己甘心而後可。先從心理上使其自認渺小與卑弱；使自認命運是天定的；自己是天生就不如人的，換言之，即天生即應於被奴役的階級，然後使其生活習慣籠套囿在一個固定的形態之下，一旦破壞了其固定的軌範反而會覺得有些不便。這些固定習慣的養成是由於長期的薰陶以潛移默化之力把其心性鑄成爲一個定型。在這種情形之下自動的同意是由於習慣的養成，所以我以爲心理學家把自主的思索與習成的機括動作分爲截然不同的兩橛，在實際上不過是爲了研究便利計而已。倘使從社會心理着眼則決不能如此分得太劃淸。總之，社會關係的成立，終是離不了參加者的同意。不問其同意是由薰習而造成抑或由其自由而發動，因此我主張同意說在講社會造成的因果上是有不可磨滅的嫻眼。

關於這個道理倘可換一方面來說明之。我以爲社會之組織根本在有「分工」。所以法國社會學家把分工即等於社會全體，其所謂分工就是中國古書上所說的上下之分，長幼之別。所謂上下之分是有「事上者」又有「治下者」，即現今所說的「統治關係」。即小如一個家庭，成年的男子是上，女子和小孩是下。這種分別就是所謂社會秩序。社會秩序的建立在經濟方面是分工；在政治方面是指揮；在道德方面是敎化；而其實是一件事。用中國固有的言辭來表示之，即上下之分，長幼之別，其中包括有分工指揮與敎化。所以上下之分，長幼之別必須含有「是非之分」。以古代法研究著名的梅因 (Sir Henry Maine) 主張古代法反映古代社會是建立在所謂「社會身分」(social status) 上，至於近代則以契約而代替身分。其實不外乎說近代承認個人有獨立的人格，因爲必有自主的人格方能爲結契約的主體，我則以爲關於這一點，白芝浩 (W. Bagehot) 解說得很好。他說：『歷史所記載之最困難者不在第一步而在第二步。制法不難，變法難，建立不難，破除風俗實難，保存習慣不難，難在如何革新之而使之完善。』(The great difficulty which history records is not that of the first step, but that of the second step. What is most evident is not the difficulty of getting a fixed law, but getting out of a fixed law, not of cementing a cake of custom, but of breaking the cake of custom; not of making the first preservative habit; but of breaking through it and reaching something better. 見 Physics and Politics P. 53)。

這就是說人類於其結合的方式上造成了一個軌道以後，從此便不加思索永遠在這個軌道內運行了。關於打破固定的文化軌型一層我將在以後說明，現在因爲不是本章的目的，故暫行保留。須知「思索」(deliberation) 是比較麻煩的事情，在尋常人們總是不遇着大困難，決不肯十分用腦，一個制度如果能使在其中的人們雖不見得都感到圓滑，然而亦都不大感不便。因爲人們總是用「最少費力」(least resistence)之原則去適應之，則這個制度便立得住了。倘以爲這是由於習慣而成自然亦可，但決不可把同意這個要素忽略了。所謂同意卻不可完全照社會契約論者的那樣說法，而必須寬汎一些。我主張個人之對於社會，無論如何，其參加總有多少意念爲其成分，所以可名之曰「意念的參加」(ideational participation)。這個意念的參加即是所謂同意。至於同意之取得亦決不可依照社會契約論的解釋，因爲社會契約論者先假定有所謂自然人，而近代人類學與社會學早已證明並無其事，人總是在文化環境中；不同的文化環境鑄成不同的心性！縱使不是完全不同，至少總有些不一樣。我們既無法發見所謂自然人則這個假定即爲無必要。須知否認人性相同的自然人卻並不包含否認社會之有多少契約性。近代學者如 De Greef 與 Fouillée 等人未嘗不見則此。不過我的意見還和他們有些不同，他們總不免太偏於「有意的」(即意志主義 voluntarianism)與「人爲性」(artificiality)。我以爲這是從近代社會現象的觀察而出。倘使從古代社會而作比較的研究使不會如此。所以我以爲任何社會組織(即社會秩序)必同時有「說」。這個「說」字在英文有 explanation 與 interpretation 兩個字相當。前者是「弄得顯明」，後者是「使之懂得」。皆只能表示說字之一方面，而不能概其全。於是又有一個英文字是 justification 係謂使人覺得對，這個意思反而較近。但無論如何總不如中文的說字來得適當，說字與「悅」字相通。便有說得頭頭是道令人心悅誠服的意思。所以從說與悅字相通一點來看，自是與英文 justification 爲近了。因爲無論何種社會結構，例如權力之行使，人與人之服從關係等等，必同時附有「說」，在此所謂說頗與意大利社會學家潘萊陀(Pareto)所說的"derivatives"(此字可譯「飾詞」相似，不過意義的範圍亦有不同。)縱使最畸形或最不公平的社會結構例如專制與暴政亦必有一種說，雖則在實際上專制與暴政之存在並不靠於其說，但其說總仍是不可少的，這種說就是使這樣社會狀態之存在有其所以然的理由，致人們相信其所以致此，在道理上是必然的。關於專制與暴政的說(即飾詞)不是使被壓制者感覺有道理與是正當，乃是同時使壓制者施行其暴力時自身覺得有充分理由，不是不對。至於倘使能使被壓制者亦感覺到正當，這更是求之不得的了。可見凡一種社會情形都附有「說」，而且有所謂「通說」。換言之，即不是對於每個社會的特殊狀態故意造出一套的說法出來，乃是任何民族的文化中皆潛有一種通說。此處所謂一種不取嚴格的意思，並不是說只限於一種。在古代社會，宗教與類似宗教的禮俗即代表那樣的通說，所謂「傳統」與「傳說」亦就是指此。若拿中國爲例而來證明此點，則可說儒家的一套說法，在大體上則代表中國社會組織的通說。在此並不是說道家與墨家完全不與中國社會相干，須知道家與墨家依然是中國的傳統。從思想的內容來看，我們當然不能不承認儒道墨三家確有不同。但若拿來和西方思想作比較，則必見他們依然都是仍隸屬於東方思想特色之一範疇中。我們即可用東方思想特色一個名詞來表示中國社會所有的那個通說。所以所謂說並不是有統系的一種一組的理論，乃只是表示有一種傾向一種特色的那個一套不必十分聯貫的思想。在西文有 theories（理論）與 beliefs（信仰）兩個字亦可與「說」相當，不過亦都不及中文的說字來得能包含全義。因爲理論是偏於太有「邏輯的」色彩。關於這一點似乎潘萊陀主張那些飾詞是「非邏輯的」(non-logical)，我則不甚同意。我以爲其中並不是沒有推理的軌則，其實就中亦確有邏輯，不過其邏輯不與科學上的相同罷了。倘使用「外乎邏輯的」(extra-logical) 一語以形容之，雖比「非邏輯的」來得好些，然而亦不十分太切。總之這不是一個邏輯問題，如果必須牽涉到邏輯則我願把潘氏所說的 "logic of sentiment" 改爲 "logic of cultural determination"。不同的文化便自會有不同的想法，至於信仰則又太偏於心理的了。須知這種「說」所以能使人相信並不是完全出於個人的心理作用。專從心理方面來解釋這一點是不夠的，社會學家分心理方面的人性 (the psychological nature of man) 與文化方面的人性 (the cultural nature of man) 爲二，乃是有見地的。所以我們不能不把個人心理方面拋開另論。本來我們論思想如果把思想當作內容來看 (thought as content) 則思想便不是僅僅存於個人心中的東西乃是共存於各個人心中而互相傳播的，可名之曰 "intersubjective"。至於表現在有形物上（例如文字與書圖）則又更進而爲「客觀的」了。我們今天所講的思想就是這個傳流於各人心中而有「客觀的對相」的思想。因此信仰一辭亦是很不切的。倘使把信仰即指爲「所信」而言，就是指人們所信的對象。不過須知所以致人相信，必有不得不信之故。這個「故」就是理，凡相信必含有道理。但信仰一語在中文卻不有此涵意，因爲信仰不必包含「道理」，所以不及「說」來得好。此外社會學家又有一個名詞曰“mores”，此字向譯爲「民儀」。其實就是一個民族中一班人行爲之理論的標準。在中國可以說就是禮教，中國是用禮教來維持人心與社會。一班人批評他人行爲就是用禮教的標準，好像社會學家是主張一個社會必須有這樣所謂的民儀方能維持得住。此民儀一詞與我所說的說字亦頗有相通之點，不過我仍以爲民儀是偏於風俗規律，而說字則注重在理論。我所注重的不是道德標準，而是對於這樣道德標準的說明與解釋；不是一個民族所崇尙的行爲與品格以及制度，乃是對於這樣的行爲品格制度的理論；不是中國所通行的禮教乃是禮教背後的一套哲學思想。所以「說」字比民儀來得適當就是這個緣故。以上是用名詞來表示我所注重的那一點，以後當再從社會組織方面加以說明。

在敍述其與社會組織之關係以前，還得有幾點必須申說。在上文已說過了，任何社會組織與秩序必同時附有一種「說」，使人們在其中的會自己覺得如此方爲正當。此種說決不可認作非邏輯的，只可說是「非實驗的」(non-experimental)。因爲所有社會思想與政治理論以及道德學說本來就是不可實驗的，這便是我與潘氏意見有些不同的地方了。我所要說的是這種說雖不是純正屬於形而上學的本位範圍，然而至少都有些形而上的氣味，可以說是「半形而上的」(quas netaphysical)。或則稱之爲「類似形而上的」。因爲我們知道在任何社會思想、政治理論、道德原理、人生觀、宇宙觀等不外乎有若干基本概念，而這些概念在一方面是屬於社會或政治或宗教，而他方面則是屬於形而上學的。換言之，卽所有社會思想、政治理論、道德原理上的最高概念無不是有其根底在形而上學的範圍內。試就中國與西方思想二個例來言之。先言西方，這裏確有許多概念例如'God' 'Reason,' 'Good', 'Order'. Essence', 'Justice', 'Idea', 'Freedom', 'Reality', 'Peyche' (Soul) 等等，這不過姑舉若干而已，並非已盡。就中如 Justice 在表面上看來是個屬於社會方面的，但照柏拉圖講則牽涉到人性；又由人性而及於宇宙，遂變成爲一個形而上學的概念了。又如 'God' 這自是屬於宗教方面，但在實際上卻與人生道德的實踐有密切關係。總之，上述的這幾個概念無一不是貫串於社會、政治、道德、宗教各方面而皆與形而上學息息相通。至於中國方面更爲顯而易見。如「天」「道」「理」「命」「德」「仁」「性」「義」「禮」「人」「智」「元」等等。就中姑先以「仁」來論，「仁者愛人」則仁本與愛相通，不過愛是一種心理作用而仁則進爲一種心理上的品格，前者是動作，後者是性格。動作時發時止，性格則是固定而不易改。但性格上的仁亦不過是一種德而已。孔子卻把仁認爲一切德之根本。有了仁，自然會有勇智等等。這樣則仁便不限於爲一種德了，後來到程明道更有下列的話：

「仁者渾然與物同體」。

「仁者以天地萬物爲一體莫非己也」。

「天地之大德曰生。天地絪縕，萬物化醇。生之謂性，萬物之生意最可觀。此元者善之長也，斯所謂仁也。人與天地一物也，而人特自小之何哉！」

「仁者體也；義者用也。」

照上述各語來看，則顯然可見仁不僅是一個德目，乃竟是本體論上的一個概念了。換言之，即仁字到了宋儒便深奧起來變爲形而上學的名詞了。此外如「天」字，從其淺顯方面而言，自是指頭上的青天，有形可見，但一轉而具有深義，遂與全宇宙相當，且不是僅「所方的全宇宙」(natura naturata, nature as created)，乃並且是「能方的全宇宙」(natura naturans, nature as creative)。就前者言，其爲概念是屬於宇宙論；就後者言，則又是屬於本體論。要而言之，已深入於形而上學的本範圍了。但我在別處曾經提過天之概念在政治上亦有很大的作用。在尚書上有下列的話：

「有夏多罪，天命殛之」。

「天休於寧王，與我小邦周」。

「天乃大命文王殪戎殷」。

尚書與詩經上這一類尚多，總之，天不只是一個宗教上的名詞，乃同時亦是政治的運用上與家族的關係上不可缺少的一個概念。日人五米欣造在其儒教政治哲學上說：

「中國民族之宗教信念哲學思想家庭構造道德法則皆為政治性質的」。（七頁）

但我以為這並不足為中國之特色，亦不是因為中國人願意把宗教道德社會都使具有政治性。乃只是由於本來社會政治宗教道德以及形而上的思想是互相連合混雜在一起，天然形成一組。在這樣的一組中自會有若干概念而共通於彼此之間。既有共同的概念，即既有若干範疇是共同的，則自然會把他們連綴為一簇或一組。即在西方亦何嘗不是如此。故天字在一方面是宗教上的概念，而同時又是政治上的題目，並且在道德方面亦離不了他。我們從這一點（即社會政治宗教道德都有相共的概念）來看，便可知每一種文化其精神方面（因為我們將物質方面暫除開不論）必是建立在若干概念（即名詞）上，換言之，即這些概念連合起來使足以代表這個文化。在中國則「天」「道」「理」「命」「性」「德」等等名詞（即概念）就能完全代表所謂中國文化。並且乃是代表其全體，並不是把社會政治宗教道德各各分開而各別代表之。其實西方的一些名詞如上述的 Good, Reason, Essence, Idea 等等又何嘗不是能夠代表西方思想的全部呢？西方學者頗多有人承認柏拉圖的 'Ideas' 就是科學思想上「法則」的先身，以為科學思想是由此啓發出來的。可見凡一種文化都必有若干最高的最基本的概念為其骨幹，因為文化是個整個兒的，所以這些概念亦涉及各方面，並不限定在任何一方面。概念卻有種種不同的使用法，關於這一點我須得詳說。

概念有不同的使用遂致其含有不同的方面。我們往往以為概念是代表實物，不問其物是有形抑或無形，其實概念的用途並不限於此。這種代表實物的我們名之曰以概念當作東西 (concept as entity)，又名之曰概念之實體的用法 (the substantive use of concept)。至於此外卻另有把概念當作規範 (concept as regulative principle)，更有把概念當作方法(concept as methodological assumption)，更還有把概念當作所懸的理想或標準。例如在政治思想上本身決不討論到「善」（即如何是好），但處處必以好為標準為原則，以分析那一種政治制度為最可取。這使是隱然使用「善」與「理性」這兩個概念作為指導原理。因為我們倘使不承認人是有理性的，則對於政治制度之好壞決不能有選擇，亦決不能有辨別的能力。可見在政治思想上雖不公然論列這些概念（即理性與善以及條件等等），而卻並不是能離開這些概念的。換言之，即把這些概念依然當作範疇來隱然使用着。我在另一篇文章上曾經說過，不同的民族有不同的文化，並不是由於其在思想上所使用的範疇有太大的不同，乃只是對於範疇在其使用的時候，有輕重上的差別與結合上的相異。所以在政治思想上我們中國與西方有所不同，不在於那些當作範疇的概念是彼此相異，乃只是由於這些概念的結合上有些不同。例如西方政治思想雖是離不開「理性」與「善」等概念，但對於「自由」一概念總是不放棄的。而中國則不然，中國把「天」的思想加入於政治的標準內去，則自由問題便不能發生了（即無由發生）。凡此討論已越出本章的主旨，應該即此而止不復更進。總之因為有許多概念或當作範疇來使用，或當作題目來討論，或當作方法來應用，而卻是同一的或共同的，遂致社會思想政治理論宗教信仰道德標準與文化崇向而都自然會合於一。這個同一在我卻願名之為形而上的或類以形而上的，因此我主張形而上的思想乃是對於社會政治宗教道德諸思想之理由的加強。上文曾說，凡社會組織政治制度必附有說。此處所謂理由的加強就是把這些說使之深奧化與廣大化。質言之，即本來只限於社會政治的而使其擴大到人生與宇宙以及萬物。把對於宇宙與萬物的說明作為對於社會制度政治形式的辯護的理由。我所以嘗說形而上學一類的思想只是社會政治思想補充的與擴大的說明。沒有一個形而上學思想不要由天上而落下地來以切到實際的人生，並且這個人生不是單獨的個人乃是在社會中生活的。可見形而上學思想是對於這些「說」再製造一些說使其加大與加強。於是說與說相套合而成為系統的了。

現在回到本題，就是要問這個負有形而上思想在其背後的社會思想對於社會現實結構是何等的關係。照上文所說，讀者恐怕會有一個誤會，即以為著者對於歷史觀與社會觀是採取唯心的觀點。須知著者在此處卻充分承認唯物史觀，其詳請從容論之。

我所贊成的唯物史觀就是我所了解的唯物史觀。我所了解的唯物史觀，就是我以為唯物史觀應該是如此，不如此便不是眞正的唯物史觀。大家都知道此種學說爲馬克斯(K. Marx)所倡導，我以爲唯物史觀定當如此，或許就是馬氏所說的那個學說的眞相正未可知。但我卻不一定要主張我的說就是馬氏的原意，而他人的解說一概不對。關於唯物史觀的解釋從其全體來說，不是本章的目的，本章所要說的，只限於其與我上文所說的那個主張之關係而已。所謂唯物史觀是主張歷史上的變化（尤其是重大的變化），無不以物質條件爲其推動的原因。在此所謂物質條件是指經濟生活上生產方式之變化。嚴格來言，所謂「唯物」一詞與舊來一向使用的用語「唯物論」甚爲不同。因爲名詞在表面上一樣，而意義不同，遂致產生很大的誤解。照我們的解釋應該把「唯物」改爲「客觀」，但他們卻以爲「客觀」一詞沒有鬬爭性，所以毅然決然以「唯物」來代替之。其故乃由於我在下文所說的「學理與策略之合一」(the identity fo theory and tactics)。馬克斯本人就是如此：他處處要想使其所說變爲深刻的學理，同時又竭力要把他的學理變爲有力的策略（即社會革命運動的戰略）。因爲二者必須合一，遂致必有遷就。他們把很好很適當的「客觀」一語棄而不用，就是爲了遷就策略的緣故。至於列寧(Lenin)說唯物比客觀更深切更分析，乃只是一種辯護而已，沒有多少學理價值。馬克斯對於經濟上生產情形並不注重在生產技術的創新與生產資料（前者他曰生產力，後者他名曰生產條件），而只注重在生產關係，詳言之，社會組織上的生產方式。照這樣說，還只是注重於社會關係，他們以爲握住了這一點，則一切歷史上變化的關鍵便把握着了。誰不知道歷史是記載人事；所記載的卻不是人的尋常事件，如穿衣、吃飯、睡眠等等，乃是歷史家所認爲值得記載的與不得不記載的。用史學的術語來說，就是具有「歷史的意義」(historical significance)的，這些有歷史意義的事情或事件在歷史上記錄下來，只是「然」（即如此）而不知其「所以然」，要知其所以然必須加以說明，唯物史觀就是這樣說明之一種。不過照馬氏的原義來說，這種唯物史觀既是只注意生產之社會關係，則決不是後來學者所說的「經濟史觀」而只能名之曰「階級鬬爭史觀」。馬氏的意思似乎是說社會上生產關係一有變化則歷史上便會有一個大的事件。這一點我是承認的，這是講社會變化(social change)，不過社會學家對於社會變化一語是廣義的，而不限於革命一類的變化。因此我願意把革命一類的社會變化另名之曰「社會突變」。馬氏講社會變化其實在眞心上只是注重在這樣的突變，因爲他的目的在謀社會革命，這由於他總必得把學術上的眞理與活動家的戰略合而爲一。倘使把唯物的條件（所以說明歷史上變化的）只限於在有變化的社會歷程上，則唯物史觀便確是屬於史學，而不是屬於社會學，因爲所講的只是歷史上的事件並不僅是社會的結構。雖然我們必須承認二者有必然的關係，但在研究範圍上卻各有專屬，我們只能說研究歷史的人必須先充分有社會學的知識，不可以爲歷史學或歷史說明學就是社會學。在著者的立場以爲這樣解釋歷史至少在態度上是有價值的，不過照馬氏原義來解釋，應該是由階級的分立情形而決定社會結構的情形，由社會結構的情形而決定其社會的「上層建築物」思想內容，於是唯物史觀便自然而包含有所謂知識社會學了。因爲有這樣的一方面所以我們不能不把唯物史觀拿來與我的主張比較一下。

我們所要研究的就是要問：究竟是階級分立的情形決定上層建築物的思想信仰呢？還是社會結構當作一個整體 (societal structure as a whole) 的情形來決定思想信仰人生觀道德判斷法律觀念呢？說得淺一些，這二者之不同是一個直接一個間接，說得深一些，則二者不同卻太大了。如果是前者，則思想形態是反映階級，詳言之，則有產階級有一套思維方法與理論內容，而無產階級又另外有一套，二者絕不相同。如果是後者，則在決定者方面只有一個唯一的社會結構整體，例如中國社會有一套中國式的思想，而印度社會有一套印度式的思想，中國社會中的無產階級（或有產階級）並不與印度社會中的 產階級同其思想態度與運思方式。如果問我，說：你看馬克斯究竟主張那一種呢？我敢決然回答曰：他是主張前一種。其故是由於他必須把學理與策略合而爲一。倘使主張後者則在策略上無大用處，所以他的話有時好像是指後者而言，而實際上乃只是前者。關於這些問題容在他處討論之，現在不提了。今且只說我對於這個問題的態度，我主張二者都有，階級的利害反映在思想上，這是常有的，但卻不是必有的。社會結構影響思想更爲顯著，例如中國數千年來對於「忠」「孝」二字無論作何種解說總得看爲十分重要。這便是由於中國社會的結構以家庭爲本位的緣故，一旦由家庭本位變到個人本位則至少「孝」字在德目上便不是一個最基本最主要的了。所以我以爲對此問題當分別言之，即前者只是關於社會利益（social interest）；後者是由於社會基型（social pattern）。前者似無多討論的必要，請專就後者而言。我在知識與文化書中卽曾剖解此層，從兩點來說，第一點是由社會的現實結構乃發生更進一步的文化需要，於是有理論的主張出現，以應乎這個文化需要。這是從文化需要方面講理論知識與社會狀况之關係。第二點是每一種文化必有若干範疇在思想上使用着，因範疇的使用不同與其性質差別以及結合相異，遂形成不同的「思想軌型」（thought model）。這是從思想類型上以講知識相關論（epistomological relationism），這便變爲廣義的知識社會學了。現在我就根據這兩點來討論上述的後一問題。所謂社會結構的形態決定其上層建築物依然只是一句儱侗的話，我們必須加以分析。而據我分析後的所見，似乎內容頗爲複雜。就思想格局一項而論，馬克斯派都沒有人注意，而這一項卻決不可忽略。動物有感覺構造之不相同，這是人人共知的。但感覺構造上差異不太遠的動物們似乎可得比較上大約相同的感覺，人又何獨不然。在不同的文化環境中生長薰陶與適應而有數千百年歷史的民族，當然會有其自己的思想格局。個人既在其中生長發育則當然於無形中爲其思想格局所囿。兩種文化苟其思想格局的距離不太遠則在其中之一內的個人便容易了解其他之思想。倘使較遠便大費勁了。人類彼此思想相通其情形是如此，所以講到思想之「交通」（communication）上則有「接受」（reception）與「了解」（understanding）之不同。後者卽是所謂「懂」，倘使須看文句而通其意義卽可算了解。了解以後（卽懂了以後）不見得就會贊成。贊成一種思想就是把他接受過來。所以接受是比了解更深一步。接受必須在本人心上起一種感覺得這種思想正是我所要說的。我要如此主張而無法說出口來，卻被他道破，卽所謂搔着吾心之癢處，非認爲搔着我的癢處我決不會接受。能辦到這樣必須有兩個條件：卽第一是所謂境況上的需要或決定（situational determination）。關於此點在此不必多說。第二是思想格局的順適或無格格不入之情形。這兩個條件不是分開的，乃必須合在一起，方可成立。以上討論已似很多了，但卻仍不出由社會來決定思想之被動方面的關係，須知本章目的在於闡明由思想以影響社會之主動方面的關係。現在就述我對於這一點的意見而我所謂唯物史觀的眞正解釋，亦就包含在內。

我以爲思想之主動的影響及於實際社會只在於使社會歸於穩定之時，換言之，即只限於把社會使之平定化與秩序化，這句話當然有待於說明。但說明起來莫妙於從反面着手，從反面說即可說思想對於掀起社會變化是沒有太大力量的。這一點正是馬克斯派所謂唯物史觀的眞理，亦即是我所以贊成唯物史觀之故，不妨說這是我的主張中與唯物史觀相同的一點。馬氏詆毀以前的許多社會革命家的思想以爲只是空想，就是因爲他們不了解社會如有根本的變化必須等待客觀條件的成熟，客觀的條件如不具備而希圖社會革命便只是一種妄想而已。這一點正是馬克斯比一班革命思想家高明的地方。所以他自稱他這種主張爲科學的社會主義，亦正是他極力想把客觀性的冷苛眞理與主觀性的熱情希望合而爲一的地方。我說他是把學理與策略合爲一事亦就指此。這一方面在我卻認爲眞有見到，即「社會平衡」 social equilibrium) 必須自己有了破裂然後方能從思想方面加以搖動，乃可演成革命。倘使社會平衡尚能保持，換言之，即雖有波瀾而尚未至大失平均，則縱如何鼓吹革命，亦決不會眞使破壞作用爲之實現。這些地方已早爲馬克斯派所論列了，我無再述必要。我只從其另一方面來立論，以爲在掀起社會變化上，思想固然沒有多大力量，但在由混亂而至穩定之過程中，使社會仍恢復其平衡則思想把有其功能。這便是馬克斯派所未見到的，因此我主張所有的思想在其本質上總是「建立的」(constructive)。即破壞的思想，例如主張革命以及一切推翻現狀等等，其實仍不外乎想另立一更好的社會組織以代替之。所以仍然是建設的。只有純粹批評而無主張的思想是可說有些破壞性。換言之，即是「懷疑性」(sceptic)。這一種態度只在純粹學理上有之，亦可說眞正屬於科學一方面，而社會思想決不會如此。馬克斯主義雖自稱爲科學的，然在我們看來，卻不是科學的，因爲照我在上章所講科學知識只能成爲社會學而不能成爲社會主義，換言之，在科學上不能有「主義」(-ism)，有主義則是形而上學上的事。我在上文已說過，社會思想政治理論道德原理宗教信仰是與形而上學合爲一組的。因此社會思想如果深與一些，就成爲一種形而上學。在這一組的知識上，決不會只有分析與批評而無主張與理論。所以一切社會思想都是在本質上有建設性的，我現在接着講其及於穩定社會之作用。

我在上文曾提到概念格局，須知社會秩序總是反映在某某概念格局上。社會結構一有變化則對於概念格局必有相當的改變，例如中國自革命以後「君」字的概念變化了，自不必論；而即「天」字的概念亦變化了，「道」字的概念亦有相當的變化。比較上反而加強的乃是「理」字的概念。足見社會結構一有變化則對於反映以前社會的概念格局都得蒙相當的變化。經過變化以後的「新的概念格局」之造成，則大有助於社會重新組織上的安定化。因爲一個人們參與一個社會組織必須先對於其組織上的條理與其代表這些條理的概念有所承認。其故卽由於我在上文所述的那種同意。同意說的眞理我在上文已說過了，玆不再述。所謂同意就是贊同於我在上文所說的社會結構所附的「說」。西方人在此等處往往喜歡分析，總願把這樣的贊同分爲「心理的」(psychological)，「道德的」(moral) 與「邏輯的」(logical)。心理的是因爲其可愛而欲之 (praise)；道德的是因爲其「對」(right) 而贊之；邏輯的是因爲其「是」(true) 而是之，殊不知在社會思想一類的思想上就因爲其具有多少形而上的性質決無這樣分別的必要。換言之，在這種思想凡在邏輯上合理的就是在道德上應當的，同時亦就是心理上可欲的。所以孟子說可欲之謂善，在中國「善惡」就是「是非」。明白了這種分析沒有必要，然後方可知這種思想之在社會組織上的影響力。詳言之卽在這些思想上，心理的決定同時必就是道德的力量；而其道德的力量必又同時就是邏輯的合理。不是不可分析，乃只是三者必須連合在一起，就因爲這種知識不是可以實驗的，已在上文提過了。在這樣的非實驗的知識上而要證明其爲眞理則僅僅靠着形式邏輯上的所謂形式符合是決不行的。於是這種思想之所以爲眞必是帶着一股勁兒，這股勁兒是道德的，又是心理的。所以我嘗說在非實驗的知識上所謂眞其實就是「應該」(must)。「應該」這個概念本是在道德上的，但卻可在心理上發爲一種力量。孔子說仁者必有勇，就是指此。蘇格拉地以爲道德就是知識亦就是把知識認爲有種力量。王陽明的知行合一何嘗不是見到這一方面。不過我所注重的不在這一類的哲學理論，乃是把理性與實際社會組織融合在一起。至少可以說是組織社會時，理性是其中之一筋 (fabric)。在此則可說我此種主張是一種理性主義，不過理性主義在英文爲 rationalism 向來是與 empiricism（經驗主義）相對。如果照這樣講法便不甚相合了。我只主張在社會方面，換言之，即在人事上縱使非理的事情如殘殺暴虐黑暗等等，可以暢行一時，而終久不能維持不變。所以最後乃須講理，換言之，即講理仍得戰勝。從講理而言，故謂之曰理性主義，這可以說是東方式的理性主義。而與經驗主義相對的理性主義並不必有甚麼關聯。柏拉圖在數千年前已見到此。他以為人類之所以有文化就由於把蠻力變為理勸(from force to persuasion)而開始。須知只有蠻力決不會有組織，即組織一個團體(例如政黨)，心理的要素實居最重要地位，至於罰則與薪金完全不重要。於此可見人類之結合成羣體總得具有宗教性質的或類似宗教性質的。普通人以為宗教是迷信，無理可講，這是錯誤的。須知愈講理愈能起信，要人相信必須說出理由來。所以理性與信仰在人事方面(即道德政治社會方面)是一致的，不是相背的。因為在這些地方惟有理可以給人以「服帖之感」(feeling of agreeableness)。由此感方能起信。說到此我們要說所謂「觀念形態」ideology)了。這亦是馬克斯派的用語，其先卻早由法國學者使用之。其意義至為不一。照馬氏所說似與階級有關。我在此處則願另立一說，我以為由境況決定思想，或由生存條件決定思想，只是由此決定可推知其思想布局中自己所居的地位，而並不是把這個思想縮小了以歸於一個在社會地位上的某一些人。這句話的意思是說一個無產階級的人不能只有關於其自身利益的思想，而必定有一個對於社會全體如何安排如何布置的全盤思想，在這個思想中無產階級居甚麼地位，有產階級居甚麼地位，用腦的人與用手的人各居甚麼地位。此說對於馬克斯的原義並無出入，自然各個人都可有一個關於社會全體布境的全盤思想。因為各人所處的地位不同，遂致其所有的全盤思想彼此間有錯縱異同。孟漢姆(Mannheim)主張有所謂「抵消折衷」(即中和化 neutralization)。就是把這些異同的思想加以對消折衷，使為之「中和」。他以為中和了就可得着真理，這一點是馬克斯派所未提到的。照系統而言，恐怕亦是他們所必反對的。我則以為這種中和化是有程度的，所謂「文化衝突」(cultural conflict)就是說在不斷的進展中發生矛盾。須知沒有矛盾而不最後得有調和，這一點又正是馬派所主張的了。他們採取黑格兒的矛盾法(舊譯辯證法)以說明社會之變遷，不過我以為如果把這個正反合的方式認為是先驗的，固定的，演繹的，則在社會學的研究上實無必要。

因為馬克斯派的學者對於方法上的假設與歸納所得的結論（此結論得以公式表示之）往往混淆不清。正反合如果是方法上的假設則決不能同時又是歸納得來的公式。反之，如果是由歸納而見的法則則決不可在研究開始時當作方法來用。所以我今天特避開這個正反合的程式不談，就是因為在科學的社會學中是沒有地位的。馬克斯所以必採取此法則之緣故，亦正由於在上文所說的那個學理與策略之合一。學理與策略之合一是馬氏的優點，可惜這個優點如換了看法便不是優點了。我們站在純粹批評的立場，故能看透其中的緣故。於是我主張文化的進展在於不斷的衝突，同時又有不斷的調和。所以據我們的看法，關於外邊情形來左右思想一層歷史的因素反而要比現時社會狀態來得影響大些。換言之，即過去的文化力量不見得會被現狀的社會結構所厭倒，而反之至少這兩方面會交互在一起以致其影響於思想。即以馬克斯為例，這種社會主義在前人曾有許多位早已說過，而說過這些話的人又不見得都是屬於無產階級。如 Thomas More 是一個貴族；Saint-Simon 亦然，F. ni. C. Fourier 是商人而不是工人。即 Robert Owen 是工頭是督工者而不是工人。F. Lassale 是由富家出身而成的學者。即馬克斯本人亦是因想作大學教授而不成，遂入了新聞界（報界），可以說是自由職業者，屬於中等階級，亦不是工人。他的摯友恩格爾斯 (F. Engels) 更是從富有的工廠東家出身的。所以從學者的出身與職業來推定他的思想，不如從他所受的教育與其時代流行的思潮來測知其思想的大勢。可見歷史的文化力量實處於比較重要地位，而況講到思想則決不會有無窮的種類。如果境況決定思想而取嚴格的說法，則須知境況確有很多很多的不同。倘使我們承認思想只能有若干種而不是無限的，則我們便把「類型」(type) 這一個概念引進來了。以有限類型的思想與無數變化的境況相應其中恐怕大有問題。所以我們不能完全採取馬克斯與孟漢姆之說而不加修改與增益。照我們說來，不僅是任何社會結構必附有「說」，並且是這種說又能回過頭來使社會組織加以改良。由前而言，是用理論對於現實為之辯護，即所謂「理由化」(rationalization)，亦就是對於現狀說明其理由。但既必須有理由則總可以據理由以察現實，倘有不符則只有改造現狀以求合理。所以「理」字的概念一出來，便自會反回頭來施其作用及於現實。社會制度與理論思想乃是永遠在這樣一往一來的交互作用中向前推進。如言其詳則可說社會制度的搖動由於自身的破綻居多，理論只能推波助瀾，不能有所造作；至於由搖動破裂而反趨於穩定；在這個過程中理論的力量卻不算小。因爲必須使在一個社會中的人們幾乎個個比較上都承認這樣的組織是適當的，或近於合理，於是人心方安。人心安了就由於比較上各得其所。須知不是各人各得到利益，乃是於各人自己的地位以外各人心中尙有一個社會全盤的情形，而認爲這樣全盤情形大體上比較上並不太壞，換言之，卽算是可取，而非絕對要不得的。必須如此方能化爲安定。所以在這一方面理論與思想是有功用的，因爲必須把新建的秩序建立在大衆同意的心理上。由此便使我們知道所以有許多學者出來努力於「理」之說明，想建立學說系統，其實乃只是對於人事想求得一個較好的狀態，或僅求在心理上比較安適的狀態而已。並非對於自然眞有所掘發，因爲這是屬於科學的事。總之科學與形而上學在知識上性質完全不同，已在上文說明，本章所說是專就非科學的知識而言，所謂「理」亦指非科學上的「理」；所謂理性主義更與科學無涉，明白了此點則對於以上所說便可無誤會了。

第五章　中國的道統(上)儒家思想

本書的目的在將形而上學的玄想知識與社會思想政治理論打成一片，以明這樣的一套思想都是爲文化需要所決定。這一類思想是一個有機的整件，其中各方面牽連着。從歷史的眼光來看，這便可總名之曰道統。我在上文已說過中文「道統」二字是比西文 'tradition' 一辭來得更偏於思想與理論方面。社會學家用此字雖往往包括「文明」(sivilization) 全部，但有時卻只指傳遞下來而言。須知社會學家的態度和我有些不同。社會學家所研究的範圍太廣汎了，而我則只注意於理論(玄理)之在社會上的作用，即在構成社會時理論所居的地位。在社會上所以構成文化就是道統，所謂道統當然包括道德標準社會制度政治原則，而其中要必有形而上的玄理爲其骨幹。既要討論道統則必須以中西比較之。不過我要從事的不是僅僅論述中西道統如何成立，其內容如何，須知是這種分析的工作已早有許多學者努力爲之了，其成績大有可觀。正不必我來再重復探索一遍。我所要說的只是關於我在這一些方面的心得。因爲我於純粹的學術研究以外，還兼含有一個目的就是想藉此發見中國今後所應走的道路。我們既是中國人對於中國今後的文化可以走上那一個路向，變成那一個樣子，自不能不有所希望與主張。所以純理的研究與所懸的期望往往會自然而然一致起來，這亦是正坐於關乎社會的理論知識有此天然的傾向，現在於本章即先從中國的道統開始討論。

在未入正題以前，有兩點必須聲明。第一點是本文雖以儒家思想爲中國道統中之正宗，但並非完全屏除道家思想與墨家思想在道統以外。因爲儒家之與道家墨家的關係，就其互相攻擊一方面來看，自是各成一家，甚爲不同；但就其根底與來源而言，只是態度的不同，並不是絕對相反。或者可說其不同的地方毋寧在比較上屬於引申的部分，而不屬於原始的部分，所以本文討論儒家便自會兼及道家，有時亦說到墨家。雖不見得是以儒家來包含二者，然而卻總是因爲有共同點，故不能不論及之。第二點是本書力避那些無關宏旨的考據。現在中國學者往往喜歡作一些辨僞的考證。我則以爲這些考證縱使說得頭頭是道，而對於我們研究中國文化的精髓的人們卻毫無幫助。有時不但無裨助，並且甚而有所擾亂。

除此兩點以外尚有一點亦須作爲聲明，在開始時提出。這一點就是本書所用「道統」一語並不與中國歷史上固有的「道統」二字完全同其意義。中國固有的道統這個概念其中主要的成分有排他性在內。最先提出道統意思的就是孟子。孟子推崇孔子，而排斥楊墨。即不以楊墨爲道統中之一分子，反以爲因爲有了異說而致道統中絕。我的意思則不然，乃完全是文化的觀點來看，固然孔子是接續中國文化的正統，而其他各派亦未嘗不是由這個大統中分出。所以我來討論道統決不從其排他的方面着眼，因此「道統」一辭與西文 tradition 相當的地方爲多，而與中國固有的意思反而較遠，這是必須先向讀者請求諒解的。

我現在講中國道統亦完全照着本書一貫的方針，從概念講起，就是要把那些名詞如「天」「道」「德」「仁」「義」「理」「性」「禮」等等都從系統上與發展上講出來，以明這樣的一組概念足以代表中國文化上思想的基型，不僅要想從社會背境上講這些概念之發展，並且想從這些概念之發展的情形上推知社會方面政治方面所受的影響是怎樣一回事。這就是本書始終一貫的辦法，想從理論與社會雙方互相關係上着眼。

要講儒家當先說孔子，要說孔子又不能不推溯到孔子以前。因爲孔子在大部份上尤其是表面上乃只是繼承前人而已。孔子以前的思想因爲材料不足當然很難知其詳。不過關於「天」字似尚有些可講。在尚書與詩經上有許多的地方都見到這個字，就中以下列一例比較上是表示思想的：

「天生蒸民，有物有則」。

故人們當「不識不知順帝之則」，此處並非一無所造作，乃只是所有的人爲都是天意，換言之，都是天之現顯（藉人而見）。從今天我們的觀點來看，乃是對於人事一舉一動（即一件事的舉辦與一個制度的創立等等）所附的說明（即是「說」）。在這個說明中凡成功的都說明之爲出乎天意或合乎天意的，而凡失敗的則委爲天意所不喜或背乎天意的。因爲一切都得以天爲標準，所以必須用卜以占之。在卜筮流行的社會中（即卜筮爲一種制度的時候）在理論方面當然會有一套關於天的思想或概念，在此處我們可以看見文化是有配合性的。有人說在天字使用以前有一個時代只有「帝」字。但我們在詩書上卻見「天」「帝」二字常常并用。倘使眞是「帝」字在先，恐怕亦有緣故。須知初民往往混其祖先與所奉之神爲一。「帝」字表示最高的神，同時必又是其族的祖先，以祖先與神合而爲一在初民本不足奇。所以倘使依考證家的講法以由帝到天是一個進化，則可說是由可以兼具祖先意義的神而蛻化爲可以兼具「自然」意義的神，這不僅是由具體而進化到抽象。可見帝字漸漸不用了，天字使用加多了，這正是一個思想上的劃期變化。不過這個變化卻又極其自然。因爲人的一切一切由其祖先而制度和由自然而成原來在初民並無大差別，所以自然而然會由此以過渡到彼。後世學者認爲是個變化，而在初民卻不會自己覺得。總之由帝而變到天，乃是由人格的神而變爲理法的神（即神就是一切秩序）。於是便建立了一套思想，這套思想亦就建立在若干概念或名詞上，我現在即接着討論這些概念以明其進展的歷程。

與天字同樣最早出現的乃是「德」字，不但詩書上多見之，即金文龜甲文上亦有之。現在無須詳舉其例，按「德」訓爲「得」，這是說得之於天者。凡得之天的則本身決不就是天，於是在暗中不期然而然就會把天之顯現與天之本體分爲二。換言以明之，即凡說德總不外乎說人（或其他動植物）有些得之於天的地方。人即得之於天則人只能「天工，人其代之」，而決不能就是天。思想順流至此遂自然而然不能不有天人對立的情形。所以「德」字的成立即暗含「人」的概念產生，或可說由「德」這個概念即引出「人」這個概念來。人字概念一出來思想便大發展了，因爲其內部自己發生了問題。這個問題就是人對於天如何關係？第一當然是順天。所謂不識不知，順帝之則」是表示這一點。至於「順天者昌，逆天者亡」更爲明顯。但須知順天並不是一個對於上述問題的解答，乃只是天人對立未起以前的狀態，或可說在這個時期人們並沒有發生人與天之關係應該如何方好的問題。倘使以爲這是一個對於天人問題的回答則未免不明初民心理了。所以我們對於這一點不想多論，自此問題一起，其回答要不外乎法天（即取法於天或效法於天）。一不過在此又會引出一問題，即取法於天那一點或那些地方？思想推進到此便對於天有了稍稍不同的解釋，這便是因人天對立問題的發生而迫出來的對於「天」這個概念內容之變化。現代中國學者往往以爲後來這個天字概念有些搖動，他們以詩經上小雅諸篇有怨天的口吻爲證，又引左傳子產所說「天道遠人道邇」一語。我則以爲中國思想始終爲天字所籠罩，不僅在古代是支配一切，並且卽在現代那些未與外來（西方）文化相接觸的地方民間確有這種思想尙活着。所以我不認爲這種思想是經過搖動而後方起變化，我只認爲是由時代上文化的需要而會自己起生內部的變異。須知後來雖有儒道墨三家而要都是主張以人法天。儒家主張法天是法其「大」。孔子說「唯天爲大惟堯則之」。其詳當在後再說。道家的法天是法其「自然」。墨家的法天是法其「愛」（卽兼愛）。可見中國思想是從一個根源而演出。不僅此，且其根本點是大致相同的。所不同的地方不在最高原理而反在其由最高原理推出來的實用方法。倘使以中國舊日名稱來表示之卽爲「道」「術」二字，可以說儒墨道三家之不同不在道而在術。反之，就是儒墨道三家的術雖有不同，而於道並無大異。這個情形我們用西方文化上的希臘哲學作比喩便更爲明白。希臘哲學上 Heraclitus 等一派與 Demecritus 一派以及柏拉圖一派相比較必見其中有根本的不同，換言之，卽其根本的前提先就相異，其最後的結論當然無由共同。所以我嘗說西方文化在思想方面有一個異彩：卽開始先就相異，雖異與雖而彼此無害；中國則不然，乃好像從一個根上而開放出不同的枝葉來。這是講孔子以前的思想，現在請卽開始講孔子。

馮友蘭先生以爲孔子是士階級的創造者，這句話如果另加以適當的解釋是很對的。但不可僅照着字面來看，須知「儒」是在孔子以前就有的。凡通習六藝者謂之「儒」，又稱之爲「術士」。大概是一種職業，卽以六藝教人者。所謂六藝是禮、樂、射、御、書、數。以此種六藝教人當然所教者不見得是平民，因爲平民請不起教員。這種人大概總是上流階級的陪伴能出入官府。若以其有德卽尊之爲師爲傅，同時他們又有一技之長卽能寫能算能教授。所以就職業論，就其社會地位論，若說是由孔子而創造，這是不通的。不過孔子確是把這樣的讀書人（卽教書人）階級改變了一些性質，就是由於自孔子始，士人所習的不復是六藝而是六經了。這種變化在思想的文化方面意義卻是不小。六經是禮、樂、易、詩、書、春秋。就中只禮樂二者相同。可見由六藝改爲六經乃是由技能的教授變爲經典的教授。換言之，卽由不甚固定的教本改爲十分固定的教本；且不僅此，教本內容亦有些變化。須知孔子編定這樣的教本並不是無中生有，恐怕都是取之於已經有的東西。不過經他審定一番又編制一過，在這個中便自然加了新的意義。因爲他必須先有一個系統的思想在心中，然後方能審定材料加以編制。這個思想就是編定者的主觀見解，孔子所以可貴就在於他有一個見解而去運用已有的教材。從編制教材而言，不過由散漫而變爲系統；由隨意而改爲定本，這在教育史上當然是第一個教科書制定者，其功甚大，不必諱言。不過孔子之功在宇宙還不僅在於他是編教科書的第一人。就是因爲他在其所編的書都附了他自己的解釋。這個解釋乃是一套哲學思想，卽其本身是一個比較上有系統的哲學。根據他的哲學不但已有的教材經他的手改了色彩，並且必亦有些刪削，最顯著的如六藝中之射御等似已不在必修之列。孔子告子夏說：「女爲君子儒勿爲小子儒」。恐怕就是希望此後儒者專修六經，君子儒是指能通曉他的那個哲學的人而言。至於小人儒恐怕是說只限於學習技術的人。可見這些實用科目，如御射如數，在孔子的新定課程中便不居重要（或不可少）的地位了。此外如詩的刪定，近人雖多不信，然我以爲至少總有些去取在內是不可疑問的。所以孔子便不僅是教育史上第一個編纂者，乃同時在全盤文化上是一個整理者。以前的文獻由他作一個結束，以後的文化方面由他來重新開始。後來儒家把他推作聖人就是爲此。這個轉變在歷史上意義甚大。就是以前擔負文化的責任只有執政者，自孔子以後則轉移到讀書人身上了。馮先生說：「孔子以前，道在君相；孔子以後，道在師儒」。這句話是很對的。在這裏使我們又引出一個「道」字來了。總之「道」的概念是天人對立的問題發生以後始有的，或可說必先有「人道」，方可見天道。因爲道只是「路」的意思。就是可以走可以遵循等意思。必是先對於人而講其可以循着走的道路，而後方會發見天行亦有軌道。所以我以爲道字必是先用於人，後用於天。在論語上雖有很多處看見道字，但除了「吾道一以貫之」而外，大概都不有太深的意義。至於「邦有道」與「邦無道」云云較「吾道一以貫之」還是淺些。可見在論語上並不拿這個字作爲一個深奧的專門語看待。比「仁」字大大不同。從這一點亦可知道老子無論如何不會前於孔子，至多亦不過與孔子同時。近人主張老子在孔子後，就老子那本書而言我亦是大體承認的。關於道字在下文或許還要提到，現在且不再深說。

我說道字用於天必是在後，可於詩書兩經證之。在這兩部書上天字出現極多，但從未見有「天道」二字連在一起的。所有的只是「天命」二字。在此處我們便又牽連到「命」字上了。在古義上好像命字與德字是對待的。有了德當然會有命，德是就受者而言；命是就施者而言。人得之於天是德；天施之於人是命，命就是天之對於人的一切指示與賦予。所以命字與天字是相連的即本來在一起的。決不會是後起的，所以儒家後來把「命」來代替「天」，就因為對於天的概念稍有變化。換言之，即整個兒的「天」漸漸離人事遠了，只存個人得之於天的那個「命」上表示「天」了。儒家提出命字來就是要把天推遠一些，至於道則完全是人所以自處之法。到了漢朝儒家明白提出「天人相與之際」的問題，則對於命與道可謂得着一個比較確定的答案。

上文已提到道家與儒家並無根本上大不同，其故就由於他們同把天漸漸遠離人事，換言之，即都是把以前的思想修正了。這個以前的思想是以為人的一舉一動都由於天命。但遠離了天以後的人事又怎樣與天發生關係呢？這就是天人相與的問題。儒家在此對於命字另立有解釋，就是把命字單獨使用而與天字分開。須知命字本來就在道字以前，然而儒家即反集中在道字上，由道字的內容以定命字的解釋，自此以後一切思想遂皆集中在「道」字概念上。儒墨道法諸家之分別只是道不同（即道的內容不同），而不是根本範疇不同，莊子天下篇上說：

「天下之治方術者多矣，皆以其有為不可加矣。古之所謂道術者果惡在？曰，無乎不在。」

可見中國思想所以名之為「道術」的緣故是由於所謂「學」即是通曉這個「道」，至於術更是所謂方術。乃是英文的 "art"，「道」字向來譯為 "way"。道之在人一方面即可說是 ways of conduct。在西方純屬於 ethics（倫理學）之範圍。從這一點上說可謂中國思想在「理」字未特別注重以前，絕沒有像西方那樣的純理研究。以西方哲學上的分類而言，即可說沒有純粹的宇宙論與本體論，這一點我已經在知識與文化書中提過了。

現在我們要專述孔子的思想。近人敍述孔子往往只根據論語一書，我以爲這固然是應當的，但易經上所表現的思想亦須顧到，至於春秋則更不必說了。在論語上有「子罕言利與命與仁」一句，而實際上卽在論語仁字凡五十餘見，安得謂爲罕言？又「夫子之言性與天道不可得而聞」亦不可完全相信。在論語上卽有「性相近習相遠」一語。可見把孔子的思想完全限於論語一書上所見的乃是不妥當的。

我說這句話並不是主張孔子的「仁」不是他的思想中心，我以爲仁的思想依然是天的觀念中衍出來的。董仲舒說：

「天高其位而上其施，藏其形而見其光，高其位所以爲尊也，下其施所以爲仁也。……故位尊而施仁，藏神而見光，其天之行也。故爲人主者法天之行」（春秋繁露離合根第十八）。

可見仁乃是天之德，卽從「天無不覆，地無不載」上看出來的。亦就是有見於「萬物並育」的情形，所以形容「天」不能不用「大」，大者「達」也。此字在英文可爲 thoroughness，一轉卽變爲 universal。孔子說「惟天爲大惟堯則之」。這就等於主張治者當法天（卽取法於天之廣施）。董仲舒在上述的話正合此義。同時亦可見仁是人主之德卽治者所必具之品格，於是我們要問除治者外是否人人都得要仁？在禮記大學一篇上有下列的話：

「物有本末事有終始，知所先後則近道矣。古之欲明明德於天下者先治其國；欲治其國者先齊其家；欲齊其家者先修其身；欲修其身者先正其心；欲正其心者先誠其意；欲誠其意者先致其知。致知在格物；物格而後知至；知至而後意誠；意誠而後心正；心正而後身修；身修而後家齊；家齊而後國治；國治而後天下平。自天子以至於庶人壹是以修身爲本。」

在這裏明明提出「庶人」二字則顯然是仁之爲德乃人人所應有，不過可因地位不同而其所被及的範圍得有大小而已。在一家者其仁應澤及一家；在一鄉者其仁應澤及一鄉；在一國者其仁應廣施於全國。論語上有「君子思不出其位」一句大概就可照這個意思來說。所謂「不出」不是指超越而言；乃是只謂「不離開」，即是說永久不離開其「位」。凡從其本位而出的雖極廣大而亦不得自爲超越。在此便又引出一個「位」字的概念來了。這一點亦正是儒家思想的特色，或可說是由儒家來代表的中國思想特色。關於此點暫且緩提，現在仍接着討論孔子之仁的概念。仁字在鄭康成訓爲「人相偶」，這確是易使人誤會的。平心論之，漢儒的訓詁往往反把義理弄得支離了，鄭康成確有這樣的毛病。無怪後來宋儒說「秦人焚書而書存；漢儒窮經而經絕」了。這是因爲這種呫嗶訓詁把大義割裂了。這固然是一個弊病，此外還有一個說是近人總喜歡把孔子所說的仁弄得淺些，力避深奧，遂以爲只是「作人之道」。孟子說「仁也者人也」。當然人之所以爲人在於仁，人而不仁則雖具人形實不足爲人。就這一點來說以仁爲人之所以爲人者原無大錯。因此雖謂仁是作人之道亦勉強可說。不過即在論語上所見的亦決不能使我們就以此種淺義爲滿足。論語上明明說：

「知者樂；仁者壽。」（雍也）

「君子無終食之間違仁。」（里仁）

「志於道；據於德；依於仁；遊於藝。」（述而）

「仁者其言也訒……爲之難言之得無訒乎。」（顏淵）

「知及之，仁不能守之，雖得之必失之。」（衛靈公）

「仁者安仁，知者利仁。」（里仁）

照這些話來看仁既可「安」，又可「守」，又可「依」，並且很難說出其本質的狀態，則顯然可見仁決不是如上述（即作人之道）的那樣簡單。蔣維喬曾有一文揭破此點。他的證據是孔子不輕易以仁許人，在論語上這類證據甚多，現在以篇幅關係一律割愛。因此我們可以主張仁有一個淺義又有一個深義，由淺而言即「仁者愛人」凡對人施愛皆可謂爲仁。至於深義則成仁即爲成「聖」。論語上「子貢曰如有博施於民而能濟衆何如？可謂仁乎？子曰何事於仁，必也聖乎？堯舜其猶病諸。」足見由仁即可躋於聖，而此種聖的境界即堯舜亦尚未達到，其高便可想見了。孔子又說「殷有三仁焉」這雖可以「仁」訓「人」，然而其上文云「微子去之，箕子為之奴，比干諫而死。」都是寧殺身以成仁的，可見殺身成仁亦未嘗不是「聖」的一種事業，所以把仁只訓為作人之道未免只見其淺義一方面。此外近人又往往只把下列兩段話拿來特別重視：

（一）「顏淵問仁子曰克己復禮為仁。一日克己復禮天下歸仁焉，為仁由己，而由人乎哉？」（顏淵）

（二）「夫仁者己欲立而立人己欲達而達人。能近取譬可謂仁之方也已。」（雍也）

他們重視的緣故似以為其言已涉及仁的內容了，其實我以為不然。所謂「為仁」乃是「從事於仁」。所以說「為仁由己」而不由人，克己復禮只是從事於仁的一種方法或途徑。至於己欲立而立人的能近取譬亦同樣只是從事於仁的一種方法或途徑。故說是仁之方此「方」字即方向之義乃是從事於仁之開始。總之這兩段話中絕不含有對於仁字之定義或類似定義。於是我們可以說縱使孔子說仁甚多，但並未有一語真說到仁的內容或本質；所說的大概全是為仁（即從事於仁）的途徑。倘使要問何以孔子不把仁的定義先說出來呢？討論此問題便會牽涉到中國思想之特徵問題。換言之，即沒有定義是不是中國思想之特色？如果我們認為中國人在他的特有的思想歷程上以為無下定義的必要，則可說在中國思想上沒有定義便不算一件奇怪的事。並且亦不能因此便謂中國思想幼稚不如西方進步。因為定義本是西方邏輯上的事，與其全部邏輯原理以及思想格局相關，而不可單獨提了出來。關於此點我曾在他處詳細論過，現在不必重述。倘使承認此說，則孔子對於仁不下定義與不解釋仁之本質乃正是表示孔子代表中國思想的地方。我們要了解孔子，要了解他說的仁，亦決不當以定義之方式去求之。如不明此理而強去替孔子下一個仁字的定義這便是把中國思想的格局打破了。打破中國思想的基型在今天的中國本不是不應該的，因為西方文化已大量移入進來了。但其中卻有問題。就是我們今天超越了中國思想格局用以了解中國固有文化則可；若謂中國古代思想本來就是那樣大大不可。換言之，以我們今天的思想格式來對於古代思想而求有所了解，這乃是解釋工作，倘若以古代思想硬嵌入在我們的格式中，這便是削足適履。二者分別甚大，可惜現代學者很少能徹底明白這個道理。所以倘使承認這個不同，則我們便在孔子對於仁不下定義一點上，更能了解孔子，更能了解他的仁是甚麼。本來古書如嚴格考證起來，問題是太多。論語一書差不多以仁字爲中心思想，但在他處（如易經及禮記等）則又不盡然。如果以爲孔子的思想限於論語，這是很不妥的。所以我們必須把孔子在論語上所表示的思想與在其他處所表現的，以及在孔子以前的思想系統作一個通盤計算，以明其中的異同方可。所謂異同是從大同中見其小異，亦是由小異以窺大同。倘使專從其破綻處着眼則必只見有割裂。漢儒因專事訓詁而把大義割裂了；近人因專事考證亦同樣把義理的條貫抹煞了。

我說仁的概念是從天的概念脫胎而出來的，就是因爲在最初總是把所有好的方面都歸之於天，以爲人之所以有好的地方是從天得來的。所以在思想上天字與德字以及命字是最初占重要地位。董仲舒的春秋繁露第四十一篇是「爲人者天」。其中有云：

「爲生不能爲人，爲人者天也。人之人本於天，天亦人之曾祖父也。此人之所以乃上類天也。人之形體化天數而成；人之血氣化天志而仁；人之德行化天理而義；人之好惡化天之暖清；人之喜怒化天之寒暑；人之受命化天之四時。」

辭長容不煩引，總之，以人仿天在西方哲學上謂之曰 The theory of eptiomization。在知識與文化書中我亦曾提到這一點，現在不想多說。在這一點我認爲儒家是和道家一樣都是對於「天」下一番解釋。儒家認天是覆育萬物使各遂其生，故天之德就是仁。這樣說來似與向來的說法以爲儒家是側重人事而遠天顯有不同。不過我以爲這只是由於道家思想對照而始發生的，道家亦只是對於「天」下一番解釋。老子上說：

「人法地，地法天，天法道，道法自然。」（二十五章）

「功成事遂百姓皆謂我自然。」（十七章）

「是以聖人欲不欲，不貴難得之貨；學不學，復衆人之所過，以輔萬物之自然，而不敢爲」（六十四章）。

這顯然是道家把天（卽天的正態）卽等於自然，在此所謂自然只是自自然然，而不是英文的 nature。如果定要譯爲英文只好創一個新字，曰 naturalness。此字是從形容詞的 natural 變成的名詞。因爲 nature 表示物件或實體 (entity) 而這個新創的字則只表示狀態與動作 (state or action)。道家是把自然然的狀態拿來形容天，卻決不是主張在天以外另有個「自然」。我雖在上文說過老子決不會在孔子以前只是因爲老子的思想比起孔子的思想來寧是離正統較遠，但須知對於天的原始解釋即在孔子以前已早起了變化與搖動。詩經上竟有「天不可信」的句子。足見孔子以前對於天的原始解釋已經有多數人不滿意了。所以必須另下新解釋。老子是作此企圖的一個人，孔子亦何嘗不是！我們今日有了老子的思想在腦中遂覺孔子的思想是遠天而近人。我以爲這個遠天而近人的傾向是直到荀子而始特別顯著的。倘使主張孔子與後世儒家有所不同，則這一點恐怕亦可算是一點。

由天人之際的問題引出「命」字概念來，又由命字引出「性」字來。自從「性」字出來其重要性竟會駕乎「德」字而上之。先說命字罷，在論語上有「五十而知命」以及「道之將行也歟命也道之將廢也歟命也」等語。這個意思和易繫辭上「樂天知命故不憂」完全相同。有人以爲「君子居易以俟命」是道家的思想。但我在上文已說過，儒家在根本上並沒有與道家絕對不同。所以「俟命」的意思和「立命」並不矛盾，儒家是先「窮理盡性」而後「知命」。知命即能立命，立命然後俟命。即所謂盡其在我者。行有不得必自反。自論語、大學、中庸與孟子這四種上所表現的思想來看，可以說這一點是一貫的。即所謂內聖外王，用現代我們說的話來說，可以說，是把「學」即變爲「修」；把自己的變化氣質與對外的濟世利人合併爲一件事；把純粹研究的辨理析物與躬行實踐的敦品勵行又合併爲一件事。所以後來宋明學者往往自稱「講學」，須知他們所講的決非等於今日西方倫理學等。因爲西方即倫理學亦只是純粹的理論而已。換言之，即在西方是學與修不必合爲一。而儒家的特點卻在認知識就是修養，自修就是濟人，內外是合成一片的。關於這一點儒家乃有「性」的討論，歸注重於性是由這個傾向而喚起的。和西方人以靜觀的態度研究物性（或人性）是迥乎不同。說至此便須討論到「性」了。

孟子提出性善，這是儒家思想在理論方面的一個大進步。孟子所以主張性善，我們不必從其理論上去研究，乃只是由所謂「文化迫力」而出來的。關於文化迫力，名詞是 V. P Calverton 所提出，詳見李安宅所譯的兩性社會學二五九——二九六頁。我則不願名之曰文化迫力 (cultural compulsiveness) 而要改名為「文化需要」(cultural demand)。好像文化迫力是說從後推進，文化需要是說由前引進。我以為這個分別並無必要。老實說學說與理論本來只是在文化本身的不調和處或有以填滿其空隙。填滿以後事實與其說明乃打成一片。由此文化便可再進展一下。孟子所以提出性善論的緣故就是為此。我在知識與文化書中已略說過了。孟子以為人皆可以為堯舜。挾泰山以超北海，非不為也，不能也。為長者折枝，非不能也，不為也。人皆可以為聖人只在於為而已。這是孟子主張性善的動機。所以他說：

『凡同類者舉相似也……屨之相似，天下之足同也……故曰口之於味也有同嗜焉；耳之於聲也有同聽焉；目之於色也有同美焉；至於心，獨無所同然乎？心之所同然者何也？謂禮也義也。』(告子章)

須知性善論之基礎在於人性相同論。人性相同論在論語上已有其迹，如「性相近習相遠」即是也。此說與性善究不能無稍稍區別。然而卻是性善論所由出，因為倘使不承認人性相同，而只主張人性本善則其理論勢必變為毫無意義了。所以人性相同與人性本善兩說必就是一說。就人性相同而言，在論語上有：

『己所不欲勿施於人。』

在大學又有：

『所惡於上，毋以使下；所惡於下，毋以事上；所惡於前，毋以先後；所惡於後，毋以從前；所惡於右，毋以交於左；所惡於左，毋以交於右。此之謂絜矩之道。』

這些議論的根據在暗中就是基於人性相同。我嘗說人性相同的發見在政治思想上是一個極大的貢獻。其實誰不知道人性是相同的，無如在政治制度要把人性相同反映出來卻大為不易。因為政治總是統制關係有治者與被治之分，而又離不了少數人治多數人。所以人性相同這個淺近事實而在政治上卻變為一個重大事件。西方的民主主義即建立在這個人性相同的觀點上。杜威在其近作自由與文化上說：『人之問題之關心，與民權之興起，所以反抗奉行天命負責統治之特殊階級者，二者在同時發生，實非偶然之事。』(It is not accidental that the rise of interest in human nature coincided in time with the assertion in political matters of the rights of people as a whole, over against the rights of a class supposedly ordained by God or Nature to exercise rule. 見 Freedom and Culture, p. 103)。發見人性相同在政治方面乃是一個最有價值的轉變。不過西方的民主主義不僅主張人性相同，並且主張由相同的人性上發表出來的不同意見亦宜尊重。所以民主主義就是民意政治。這個引伸的點是中國所忽略的。因此我嘗說，若嚴格講來，中國自始即沒有民主主義的政治思想。孟子的仁政論決與民主主義的原則不符合。中國所有的只是民主主義的前半段，換言之，即只有人性相同的思想一點而已。我們要問：何以中國不能根據人性相同的原理而發展為民主主義呢？我的答案是中國思想太偏重於教化而輕視自然的發育（即個人自由自主的發展）。所以孟子的性善論結果只造成一個「可教育性」(educatibility) 的理論基礎而並不能引出平等的觀念來。孟子說：

『今夫麰麥播種而耰之，其地同，樹之時又同，浡然而生，至於日至之時皆熟矣。雖有不同則地有肥磽，雨露之養，人事之不齊也。』

這就是說在種子都是一樣的。至於人則可說其本性決不會壞，只須加以教育，必能成為善人。這種主張不外乎要對於教育與修養證明其確有可能性。並沒有說因為人性人人一樣，所以人人有同等意見與同等利害。所以孟子的論證只在想證明人皆可以為堯舜（聖人）。後世理學家所以有「滿街皆聖人」一句語。這是從其可能性而言並不是指其現實狀態。倘使從民主主義的觀點來說，似可說孟子的性善論是因為特別注重教化之故，致半途而折入於非民主的型態。於是乃引出荀子的性惡論。他在其性惡篇上說：

『凡性者天之就也，不可學，不可事』。

『不可學不可事而在人者謂之性』。

這些話和孟子所說的「性」並不相符。孟子只謂人有善端即善之潛根，而非謂已即已發爲現狀。荀子譏之以爲此說興，則聖王無用，禮義不必要了，這實是誤會。所以就荀子全書看，處處能表示儒家的精神，獨有性惡論一點是有些不符，難怪後來宋儒把他屏棄了呢！且其說自身亦有破綻，他說『所貴堯禹君子者能化性能起僞』。『繩墨之起爲不直也；立君上，明禮義，爲性惡也。』這顯然是立法制度造禮義全爲拘束人之野性，使納於軌道內。倘使先承認人性相同，則此制法立禮的明君賢上何以獨無「生而好利焉，生而疾惡焉，生而有耳目之欲好聲色焉」的情形呢？因爲倘使承認人總是差不多的，則決無法說制禮法的聖人與被治的普通人有分別。荀子雖說『聖人者人之所積而致矣』。他所謂積只是指教育。『必將求賢師而事之；擇良友而交之；得賢師而事之，則所聞者皆堯舜禹湯之道也；得良友而友之，則所見者皆忠信敬讓之行也。身日進於仁義而不自知。』然則賢師友自身又何由而致於善。所以照這樣說，只能解釋後起的賢良而決不能說明最初的善人，因爲人性本惡，大家必是一樣的。所以荀子的性惡論雖稱爲「有辨合有符驗」近人亦多認爲切合事實，然而在政治思想上並無大大的價值。因爲用這種論據並不足證明禮法之重要，亦只表示教化之重要而已。這和孟子的性善論原無二致。至於後來學者大抵皆願作性有善有惡之調和論。王充論衡上本性篇列述各家之說，上自密子賤漆雕開以迄董仲舒大概都偏於這種調和論。其實政治理論所以能在人身上發生力量，除了確合乎事實以外，還得有向理想境界的推動性。馬克斯主義的長處就在於此：他能在一方面求有以近於客觀實際，而在他方面又能引人向前奮鬬。以此標準而論，我以爲孟子之說要比這些調和論（即主張性有善有惡）高明得多了。又須知性有善有惡和性無善無惡在邏輯上決不一樣。世上可以有善人又可有惡人的主張，並不見得必主張性有善有惡，因爲若主張性無善無惡亦可致此。這就是孟子書上告子之說。所以即使以主張性有善有惡亦勢必承認有些人是天生下來就是壞的，而無法改善。此說顯爲荀子所不取。可見荀子的性惡論在全儒家的系統中是不合的，因此我們不想多討論下去。

性是就個人而言，就是個人的禀賦。命是就社會而言，即是說一個體在大羣中的際遇。其實二者皆暗含有一個「自由對必然」(freedom versus necessity) 的問題。在此便使我們知道中國人亦何嘗沒有「人生是否機械」的問題在心中盤據着呢？如果性是固定的則決不能改善，如果命是預定的前定的，則必無須充足自己了。所以儒家對於這個問題是始終取折衷的態度，以爲有性，但性必待教而後善，有命而命必須盡性後以俟之。所以用現代的性來講儒家的「性」只是「潛能」(potentiality) 亦可說是一個界限。(例如孔子說，惟上智與下愚不移)。儒家的「盡性」就是所謂「自我實現」(self realization)。卽自己充實其所固有者，至於命則雖是客觀的，卻只能由主觀方面的充實實現了以後方能得見。所以命是「函數的」，又同時是「可變的」。在一個大羣中個體的遇際本不能自主是極淺近的事實。關於這一點恩格爾斯有下列的話可供參考：『社會發展之歷史與自然界迥不相同。在自然界存在者只盲目的及無知覺的事物。……反之在社會歷史中之活動份子皆抱有自覺意識，向固定之目的運用思想及熱誠而進行。……但此種分別並不能改變歷史，遵守自然大法之事實。……此處從表面言之，雖有人之自覺意志的目的，然其所以支配之者仍不外機會，因人之意志而出現者事，實屬少數。各人意志中之目的，常互相衝突而抵銷。……故從無數之衝突與矛盾中出現於社會上之形勢，竟與無知覺之自然界十分相類。』("The history of social development is essentially different in one respect from nature. In nature, there exist only unconsious, blind agents……On the other hand, in social history the active agents are always endowed with consciousness, are always working towards definite ends with thought and passion…… But this difference ……does not alter the fact that the course of history obeys general laws……For here too, on the surface, despite the consciously willed ends of individuals, chance seems to rule. Only seldom does that occur which is willed. In most cases the numerous ends which are willed conflict with or cut across one another……And so, out of the conflicts of innumerable individual wills and acts there arises in the social world a situation which is quite analogous to that in the unconscious, natural one. 見 S. Hook, Towards the Understanding of K. Marx. P. 106-7 所引)。

這個說法當然是現代的彩色。儒家當時不能像這樣透切，不過凡涉及一個人處於世間便不免有這樣的問題。因此我說關於性是「人對自然」(man versus nature) 的問題，而關於命則是「個體對社會」(individual versus society)的問題。所謂「自然」在中國謂之曰天，而把社會亦歸於自然一類中。凡莫之致而致者曰天，天人之分別遂等於西方的「自由與必然」之分別。可惜後世學者皆有一個大弊病：即對於問題總是急求解決而不先充分去分析，以致不能把問題中所包含的幾個概念分化起來，顯然起來。中國思想遂只有這樣的一種折衷態度爲止，竟沒有很明顯把「自由」與「必然」以及「個體」與「社會」等範疇使之出現。其結果遂致中國思想只留下幾個問題，而沒有提出新的範疇來，使思想雖有特色而無軌道。就是因爲沒有把所以規範思想的範疇弄得鮮明固定。

現在我們又要換一方面來說，即另從社會方面來講「禮」字這個概念。我主張禮字在最初並不與天字相連繫，因爲禮是表示社會秩序，任何原始的初民社會總須有秩序，即就是所謂風俗或習俗。因爲一個人的行爲在羣中動輒與他人相關，所以不能不節調。節調的目的一方面在節制，這是對自己的他方面在和調，這是對他人的。換言之，即抑止自己而隨和於大衆。這樣由大衆步伐齊整而成的軌道就是社會之所以成爲有組織的緣故。所以有社會必有組織；有組織必有秩序，同不管其秩序是何種性質。在中國，可以說禮字幾乎包括社會秩序全部，直到後世，社會日趨複雜了，乃始有「法」字的概念出現。好像是在禮字以外，其實法家思想上的法字乃完全從禮字概念脫胎進化而出。但禮字並不是完全與天無關，原來禮以祭祀爲起源。禮字從「豊」與「示」。照王國維說，豐字爲祭器之義。故一切禮皆由祭之禮而出，所以禮與天亦是打成一片的。不過這些禮節(禮俗)都是在儒家以前早有的，本書在體裁上不應詳論，現在要說的只限於儒家對於禮之理論。孔子在論語上說：

『禮與其奢也寧儉；喪與其易也寧戚。』(八佾)

『爲禮不敬臨喪不哀吾何以觀之哉？』(同上)

『禮云禮云玉帛云乎哉？』(陽貨)

至於尙有『有子曰：禮之用，和爲貴。』這些足見到了孔子，對於禮便不在外表的儀式上着眼，而轉向於其內含的意義。所以禮在最初本只是儀式，到了儒家卻賦以命意。以禮暗示理；故說，「禮者理也」，這是一個大變化。至此所謂理是指「條理」，卽是「次序」。尙不如後世那樣重視，其詳當於下章言之。但以禮節表示次序，在最初本亦如此，不過這個次序不是人爲的，乃是天然的。既是天然的次序，則禮之概念與天之概念，在根本上就相通了。等到人爲的次序一出來，法字遂代替了禮字。在下文說法家思想時再提現且不論。因爲理所示的次序是自然秩序則必須有個自然秩序論的宇宙觀先成立在那兒。儒家所表現的，似可說就是易經。我在知識與文化書中曾論述此點，以爲中國哲學（卽形而上學）只有一種：就是把宇宙認作是一個整體，其中各部分皆有其特具的職司，連合貫串起來，成爲一個層次的統系。「各有職司的整體」在英文爲 functional whole，「層次的統系」在英文爲 hierarchical system，而總名之曰「整體論」(integralism)。其實這個思想是到了宋儒始明顯的，在最初不過是個雛形而已，在易繫辭上分明說：

『天尊地卑乾坤定矣。卑高以陳，貴賤位矣。⋯⋯在天成象在地成形變化見矣。⋯⋯乾道成男；坤道成女。乾知大始；坤作成物。乾以易知；坤以簡能。⋯⋯易簡而天下之理得矣。天下之理得而成位乎其中矣。』

又序卦上說：

『有天地然後有萬物；有萬物然後有男女；有男女然後有夫婦；有夫婦然後有父子；有父子然後有君臣；有君臣然後有上下；有上下然後禮義有所措。』

這顯然可見這是把自然界的秩序拿來象徵人事上社會的秩序。詳言之，卽在自然界，天在上而地在下；於是在人事上便是夫在上婦在下；在社會乃致君在上臣在下。這種思想我在上文已提過，乃是所謂叠層套合說（見上文所引董仲舒春秋繁露「爲人者天」一章）。就是以社會的秩序與自然的秩序以及神的秩序混合爲一。我在上章曾名此爲混合的秩序，就是關於這一方面的。若中國的舊有名詞來表示之，則於社會的秩序名曰「人倫」；於自然的秩序名曰「物則」；於神的秩序名曰「天理」。而所謂混合的秩序卽是人倫，物則與天理之合一。說到此處又不得不引出一個字來，卽是「位」字。所謂君子思不出其位，就是這個位字，這個字的來源是從自然的秩序開其端。必是天尊地卑，天高地下，而後萬物之位方能定。萬物在宇宙中定了各各的地位，於是人的地位乃隨之而定。但決不可汎言人。因爲一個人不是君，就是臣，不是父，就是子，不是夫，就是婦。所以人的地位就是人之社會的地位。在此遂使我們知道這種思想在表面上確乎是用天然萬物的秩序來說明人事社會的秩序，以爲人的條理是從天的條理而來，但其實卻只是在心中先有個社會秩序而後反映在自然界上。因爲在初民時代，社會的分工是以男女有別爲始。易經上的陰陽就是模楷乎男女而推出來的。此外心理學家告訴我們，兒童是先對人有認識，次始會對物有概念。所以古代思想總不免是先由人事而反映於物界（卽自然）。至於所以必須用自然秩序以說明社會秩序不外想使人對於社會秩序之存在加強其信心，卽信其爲合理。換言之，卽使社會秩序爲之合理化或理性化。這種合理化的功用有二：一爲保守的，卽使已存在的秩序得到充分的理由，於是人們便可不想去搖撼他；二是改良的，卽對於已有的秩序認爲有不滿時得據理以改造之。凡政治思想都有這樣的二重作用，似乎不必詳論。倘使把人作中心的觀點拋棄，則天又何嘗在上，地又何嘗在下呢？可見這種宇宙論是由社會論反映而出；並不是社會論由宇宙論而推演以出。總之，禮是代表社會組織上的秩序全部，而禮之背境卻又暗中在於天的觀念。

我們討論禮時不得不又牽涉到「義」字。我以爲義字是與仁字的關係較淺，而反與禮字關係較深。春秋左氏傳上有『禮以行義』（僖公二十八年）一語。管子亦衣食足知禮義之言。可見於仁義並稱以外又有禮義並稱。且禮義並稱恐怕還在仁義並稱以前，因爲仁義並稱是以孟子爲最顯。後來漢儒董仲舒說「仁者人也，義者我也，」這亦是有根據的。大家都知道儒家主張制禮作樂是以禮來節制人情，又以樂來宣洩人情。所以禮總是偏於節制一方面。就是把人的行爲使其入乎一定的軌道，凡在軌道中的行爲都是得宜的，故曰「義者宜也」。孟子說，義，人之路也，亦何嘗不是此意。總之，因爲有了禮，方能把人拘束住了使其在固定的軌範內施行其所應爲者，這便是義。所以義是對己而言。換言之，由大羣以定小己之位，而論其應爲，這是義。至於由小己以視大羣而發其心願，這是仁。孟子以仁義並稱乃是內外兼顧，但究其起源卽是義出於禮，而決不出於仁。上文曾說過「人禮」又暗射「天理」，於是乃又有理義「或義理」並稱。這乃是由於理字的變化而成，關於理字本應詳論。不過爲了體裁的關係，不得不留在下章討論。

最後我們要論到「君子」這個概念，因爲君子這個概念，在儒家是很重要的。普通以爲君子是與「小人」對稱，有人更以爲表示社會上貧富階級。我以爲要討論此點，必須詳說中國社會組織的狀態。而作此說明時我特注重兩點：一是中國社會是家庭的放大，二是儒家對於中間階級（卽士階級）想予以特別使命。所以我以爲「君子」二字，和「天子」有同樣的命意。天子是說天的兒子，在實際上是君主治人民，而在理論上卻是君主代表天來治人民，因爲君主個人不配治人，必須作天的代表者方可。孟子引證「天視自我民視，天聽自我民聽」的話想把天意與民意以及君意結爲一環可以周而復始。關於這一點已在知識與文化中提到，今不再說。總之，這種以天爲出發點的政治論，其用於君主方面，是必須使其仰體天意。所以孔子說『大哉堯之爲君也巍巍乎唯天爲大唯堯則之。』（論語泰伯）。在這一點上可見儒家思想是根本上反對專制與暴政，這和西方的神權說在政治思想上原無不同，不過就其不承認「君權」一點是其特色而已。所以我主張君子就是說君的兒子。在此不可照字面而言，天子是天的兒子乃只是說替天行道，君子是君的兒子，亦只是說替君行道。不過卻有些區別：卽不是替君行道乃是輔佐君主以行其道。照我的主張，中國的社會組織是於執統治權的帝王以外另有一個階級卽所謂「士」是也。我則願名之曰「輔治階級」卽是輔佐統治者的人們。本來這種人只是官吏，不過在古代君固可有「相」卽在一地方的封建主亦可有陪臣。在前清則有所謂「幕」「幕僚幕友等」。須知君主亦必讀書，讀書必有人講授，於是有所謂「傅」。傅亦就是「師」。這一類人是專幫助他人替人出主意、定計劃、立方案。照前清的情形而論，不但中央的君主需用這類人，卽地方的官吏（如巡撫與府縣等）亦都得有這類人爲其幫助。這是講實際上社會階級的情形。須知理論的主張不必與實際全同。但卻亦不會完全不對。這種輔治階級的存在在事實上決不是自孔子而始。所以若說士階級爲孔子所創造這是不對的。孔子卻確看到一點：就是此後應得把這個輔治階級的使命加重另付以一種責任。原來輔治階級之輔佐治者是以其技能。而孔子卻改爲以心術（卽品德）來從事輔佐。所以後世儒者有「致君堯舜」之言就是使現在的帝王變成堯舜一樣的聖君。這是一個很重大的變化，換言之，卽使「士」爲之變質。孔子便是這個使士變質的第一個人或開創人，亦正因那個時代士階級亦確乎有此要求。所以孟子恭維孔子，說他是聖之時者也。聖之時者卽是英文 prophet 的意思。就是說他能預見這個時代要求而迎上前去。於是從此以後輔治階級的使命便在於「革君心之非」。遂變爲道德的保障者了。因此孔子特別提倡「仁」，須知「仁」爲君主之德。士階級在於輔佐君主當然亦必自己先注重於「仁」。關於這一點上文已說過了可以不必再述。總之士是一個階級的名稱，而君子則是士人之能夠先充實了自己而後擔得起這個新使命的人。換言之，卽孔子對於士階級中能合乎他所定的資格的人名之曰君子，雖君子亦是個舊名詞而孔子卻付以新意義。

君子之所以得成乃在於一舉一動必合乎禮，於是我們又回到禮上來了。孔子說『非禮勿視，非禮勿聽，非禮勿言，非禮勿動。』就是把一舉一動全納諸禮中，所以乃有人說「禮者養也」。把禮當作水而人就是魚，魚養在水中人則養在禮中。禮不僅卽是生活並且含有教化（教示與潛化）的作用。故禮教二字又常並稱。這些已爲世人所熟知因不贅述。這種一舉一動皆合乎禮的君子在孔子認爲是社會的棟梁。教化之責任道德之維持全靠他們，他們輔佐治者使政治致於修明。我在知識與文化書上曾說過這個情形曾決定中國國運數千百年，就是使君主的專制不致過度遂致社會不至於大崩潰。這乃是士階級經過孔子改造以後對於中國歷史的貢獻。當在孔子對於士階級要改造一下付以新使命時，未嘗不感到困難與反對。論語上有：

『子路宿於石門，晨門曰奚自？子路曰自孔氏，曰是知其不可而爲之者歟？』

這很反映出來當時的「無道」情形，在那個時代「賢者辟世」而隱。在論語上卽可證明當時確有許多人譏笑孔子以爲他是徒勞或不免於熱中。但這都是因爲他們不了解孔子的用意。孔子並不是求作官，乃是想把士階級提起來，雖居於輔佐的地位而負擔國家全部的責任。

說到此，有一個附義亦須一解釋。就是那個時代旣如此混亂何以有識之士不主張革命呢？這自然是由於當時已經有了以下犯上的情形。臣弒其君者有之，子弒其父者有之。所以這種方式的推倒政府是不足以政治的改良，已有目共睹了。但我以為除了這個原因以外尚有一個思想上的原因，就是儒家對於社會的看法始終認為是個異質分工的總體。而其中分子的性質決不全同，各有其職司與功能而又互相維繫住，互相倚靠住。近代社會學家有以分工為社會起源的，而社會的本質亦就有賴於分工而見。儒家思想當然不可與現代社會學問同日而語，但大體上卻是這個方向，就是把社會不當作一個「聚合」(aggregation)。所謂聚合莫妙以沙堆為比喻。每一粒沙在性質上都是相同的，在大小上都是差不多的。堆積起來就成為一個團。而社會則不然，其中分子不像沙那個樣子，因此儒家把社會就等於秩序，沒有秩序就沒有社會。社會是一個「有機體」(organism)而不像一堆沙。這樣的思想卻影響於革命甚大。詳言之，即必須承認個人是根本的，人人都平等，把社會當作一個聚合，於是才會對於不良的政府想起應當推倒而再另建立一個。倘使不承認這個前提則對於政治的改良決想不到有所謂革命一法。因此，我說在中國古代根本上就不有革命思想，所有的只是事實上的朝代變更，朝代變更是基於天命。孟子說，天與賢則與賢，天與子則與子，這就是對於政權的接替與轉移全用「天」來說明之。所以在天以外要有人為的革命，這是在這個思想系統中所不容許的。並且須知這種把社會就等於秩序的思想是首先從家庭為着眼點而後發展出來的。因為家庭中男女分工異職是一切組織之起點，儒家的解釋社會似即偏重在這種方面。所以社會在他們的眼中直是一個家庭，不是許許多多的家庭的聚合，乃只是一個大的家庭，即放大的家庭。在其中君即是父，父對於子有教與育之責任，君對於民亦然。所以儒家的政教合一是由其理論本身上的邏輯所使然，並不是因為古代政教不分的實際情形所反映而始有之。因為社會只是家庭的放大，所以在其理論的體系上決不容有革命這種思想發生。就是由於不但在實際上家庭是不可紊亂的，並且在理論上亦決是不可有以下犯上的事情出來。從這一方面來看不但儒家的思想是如此，並且中國社會組織亦確有這樣的類似情形。

換言之，儒家思想最能代表實際情形的地方恐怕就在此處。這亦就是思想能影響實際的地方。若說中國社會是照着儒家思想來組織的固然不免過分，然而究以總有幾分可說。

差不多都說完了，只尚餘一「中」字概念未提到。中字在儒家思想中亦居相當重要地位。不過我則以為中字概念是從體的概念而出。樂記有「禮以制中」一語最為顯明，當然講中字最甚的是中庸。相傳為子思所著。不過中庸是在禮記中，倘中庸中的思想與禮記中的思想有衝突，則漢儒決不會把他們擱在一起。所以惟有以禮節人之情然後才能使人一舉一動皆得乎適中。雖說「中」是指情未發動時之狀態，然而必須依禮始能致其發出來，而無過與不反。中庸上說：『喜怒哀樂之未發謂之中，發而皆中節謂之和；中也者，天下之大本也，和也者，天下之達道也。』可見要中節必須執其兩端而用其中，如此又非納之於禮不為功。故中的思想是從禮的思想而出，這是很顯明的。

至於後來由禮而演出法來，則是由於社會實際情形所過迫而致，這便不是儒家思想內部所起的本身的變化了。法家的所謂法在內容與實質上完全與禮相同，所差者只在形式一方面，他們對於法之定義有下列的話：

『法者編著之於圖籍設之於官府而布之於百姓者也。』（韓非子）

至於著之於圖籍設之於大衆者果何物乎？他們並未言明，他們所以不說並不是不知，只是因為其內容與禮相同，不過是一切制度與規則而已。荀子說：

『禮者人主之所以為羣臣寸尺尋丈檢式也。』（儒效篇）

這和法又有何不同？梁任公先生說『法家者儒道墨三家之末流嬗變匯合而成者也。』這確是真的，不過除了先秦一到漢初，從此以後，所有中國的思想家無不是混合的與折衷的。總之可見禮只是不著之於圖籍不設之於官府而已。其與法相同都是人之行動之軌道。所不同的地方是禮則不必著之冊籍見之命令而自然通行於社會。換言之，即與社會打成一片，法則不然，乃由人主以強力推行之。後世學者多由此點遂謂儒家為禮治主義而加以推崇。我則以為法治的主張所以發生正是由於禮治的主張在實際上無法實行。因為社會擴大起來，複雜起來不復是所謂小國寡民的狀態。其實儒家的禮治主義和道家的無爲主義一樣只限於小國寡民爲可行。要言之，儒家思想有兩柱石都是從其前代傳下來的，即一個是天的思想，另一個是禮的思想。不意到了後來因爲簡單社會變爲「大社會」了，遂致禮的思想失其功用。於是儒家在實際已算亡了一大半，這是時勢所演而不得不然的，至於到了宋明有所謂理學出來用以繼承其統，這當在下章論到了。

一二〇

第六章　中國的道統（下）理學思想

在前章中討論儒家思想把其特色都說明了，而主要的地方都在於認這些特色正是中國道統的精神所寄。本章將繼續前章而述儒家思想到了後來的變化。所謂後來的變化是指印度文化的佛家思想傳入以後，那時中國固有學術所起的反應與所受的影響而言。在這一點上，我的主張很與一般人不同。我是特別注重於思想自身內部的發展。我在未詳論以前我先提出一句結論的話：就是我主張宋明理學家的思想從儒家思想本身內部來看，苟要向形而上的方面去發展是確有形成理學的那樣一套說法之可能性。這句話的含意是說外來的佛教思想在思想內容上沒有給他們以很大的影響。不過我並不是說這些理學家絕對不受佛教的影響。他們所受的影響毋寧只是刺激，所以嚴格來說，不得名之曰影響。這個意思恐怕非俟讀者把本章看完了以後，方會自然明白。

印度的佛教的入中國來對於中國思想不是全無影響。因此，我們要述宋明的中國思想自不能不夾敍佛教的傳入，佛教所以能盛行於中國，當然是由於帝王之提倡。這是屬於社會方面，我現在只譚其關於思想本身的一方面。我以為儒家到了後來（即漢朝）無不兼收道家的成份在內。道家與儒家之最不相同處即在一為積極救世，一則消極無為。後世儒者以當時的時勢關係積極救世的味兒愈來愈減少。其處世之態度愈來愈與道家合流。印度的佛家思想有許多地方是與道家相近。中國人既有了道家思想作其背景，自然會很容易接受佛教思想，換言之，即因為有了道家思想在中國人的人心上浸染了一番，則對於佛家思想的傳來自不會感到格格不入。佛教思想傳來以後，中國思想界上所受的影響有兩點可言。第一點，在對於固有的「本體論上概念」(ontological concept)，換言之，即本體之觀念(idea of substance)更加強盛與顯明且使其變為重要。第二點，是在「思想之格式」(thought-model) 上使中國思想染了印度的色彩，換言之，即中國人於運思有時不自覺地會使用印度思想上的一些範疇。這兩點而實只是一點，故我合併討論之。總而言之，似可說自從佛學傳入以來中國思想由非形而上學的乃一變爲形而[illegible]，由少許形而上學的一變爲十分形而上學的。請先言本體之概念。老子上有『有物混成先天地生[illegible]，這[illegible]有 supernatural（超自然的）之觀念。又云『視之不見名曰夷，聽之不聞名曰希，搏之不得名曰微……繩繩不可名復歸於無物是謂無狀之狀無物之象。』這就是含自 super-sensous（超官覺的）之觀念，這個超自[illegible]超官覺正足以形狀本體。所以在道家方面這個本體概念是固有的。不過在儒家却不顯著。天字[illegible]本體概念相當，於是宋明理學家的使命就是想把儒家思想中本來有些缺乏的本體概念加重其分量[illegible]爲鮮明並居於中心地位。這乃是受了佛教的影響（或刺激）所使然。換言之，即把儒家思想中[illegible]兒加濃。我以爲這乃是出於文化的要求。叔本華（Schopenhauer）以爲人類有形而上學的天性。[illegible]把形而上的思想當作天然傾向的看法，其實他們只見到一方面即他們只注重理性自身之發展。我[illegible]人性雖未嘗不可說是已早在人心中，然而其發現出來却有待社會環境上文化的需要。在上文已說過[illegible]士階級的使命是維持正義，保障道德由良心的力量使政治修明。這種人的唯一立場就是講理。用現[illegible]來說即是提高理性，既要提高理性勢必對於本人安身立命之所以然的緣故加以窮追徹究。於是一切形而上學所應有的問題都會自然而陸續出來：例如宇宙是甚麼，人是甚麼，我是甚麼，我應該怎樣活着等等問題，從自然的自然發現而出，自可說是出於人類的本性。但何以只有某某；一些人會先感覺到此，則不能不歸之於文化環境上需要所迫出。宋明理學家走上這一條路就是由於當時的文化趨勢。

理學家中比較上幾個重要人物往往經過兩段內心的變遷。第一段是由儒入釋，第二段是由釋入儒。姑不論其第一段內究竟是否深入於釋家的堂奧。然而其在第二段則顯然是對於佛教有所不滿。「闢佛老」一語可以說是理學的先河。這却遠在宋朝以前。韓愈的原道一篇爲後世所推崇並不是由於其文字之美，乃是由於其能代表一個將要來到的潮流。在這個闢釋老之潮流以前佛教思想內部自身已曾起有變化。所謂天台宗與華嚴宗等中國人的創造力亦佔很大成分。這些具有中國色彩的佛家思想有一個特點，就是出世的氣味漸淡而把入世即等於出世。同時宗教的氣味亦大減而變爲純粹的形而上學，我並不是說這樣的潮流有助於後來理學之發展，乃只是以為在此等處可以看見中國民族之潛伏的心性。質言之，即中國人在其根性上就不喜歡出世的一套思想。所以後來自然會演成闢佛老的一種論調。不過本書不取哲學史的體裁對於理學不願一家一派各別詳論，以上只是說理學的前身以後當依照前章的辦法述其要點。

宋明理學當然是儒家的繼承者。西洋學者著中國哲學史稱之為「新儒家」(neo-confucianism)。而在宋史則列為「道學傳」。道學一詞由此而著。其實我以為反不如理學二字來得切當。因為道字在先秦儒家已經很重視了。獨有理字似乎其重要性是與宋儒學說有密切關係。理學思想的根據大家都知道是所謂四書（大學、中庸、論語、孟子）。其實主要的還在於易。據我看他們都是想以易與孟子打成一片，換言之，即以易來解釋孟子。所以他們可說是從孟子這一派而出來的。本章的敘述方法亦是和上章一樣專就那些重要的概念來分析其來源，其結果必見於上章所已提出的那些概念以外。宋明理學又特別注重「理」字與「心」字，但這兩個字卻都是由孟子而開始其重要地位。孟子說心之同然者理也義也。又說盡其心者知其性也，知其性則知天矣。可見理學家大部分是從孟子一派發展出來的。但其中又有注重理的與注重心的之分，前者普通稱為理學，後者有人名之曰心學。本章所述亦[illegible]派為主，前一派是發展到朱熹而始大成。後一派亦是可以拿王守仁為代表，因此本章對於其他諸人只偶[illegible]主要的則以晦庵與陽明為限。

先論「理」字。在中庸[illegible]子之道淡而不厭，簡而文，溫而理。』與『文理密察足以有別也』兩段，都是把理字訓為「條理」即「有條[illegible]意。易經上所有的只是下列四條並不多見：

『和順於道德而理於義。』

『窮理盡性以至於命。』

『將以順性命之理。』

『易簡而天下之理得矣。』

總之，理這個字在論語上幾完全不[illegible]，雖有之而絕不重要（大學亦不見此字。宋儒之所以注重理字

一二二

大概取之於易與孟子。現在所要說明的只是何以一個「道」字不夠用而必提出「理」字爲之補充呢？普通口語總是「道理」連稱。宋儒語錄亦多用此口語。可見一說到理便不能離開道。但在宋儒以前却只是注重道字。因此我主張宋儒把固有的理字特別加重其意義拿來以充實道字的內容，這乃是宋儒在思想史上的一個大貢獻。現在且將理與道之關係來說一說，姑以晦庵爲代表其言如有下者。

『道訓路，大概說人所共由之路，理各有條理界瓣。』

『道便是路，理是那文理……道字包得大；理是道字裏面許多理脈。』

『道是統名；理是細目。』

『道字宏大；理字精密。』

這便可見此處有一個思想的變化。就是發見必須有條理與文路而後方會有人所由行的途徑。人之所由就是由那個已有的條理與文路，所以理字的注重是在於想補充道字的不足，道字與理字合用於是於義乃得充足。

現在請即進而討論「理究竟是甚麼」這個問題，先以朱子所說爲代表其言如下：

『問天與命性理四者之別？天則就其自然者言之；命則就其流行而賦於物者言之；性則就其全體而萬物所得以爲生者言之；理則就其事事物物各有其則者言之。』（語類卷五）

『理是有條辨。逐一路子，以各有條謂之理。』

『理是有條有文路子，文路子當從那裏去自家也從那裏去，文路子不從那裏去自家也不從那裏去。須尋文路子在何處只挨着理了行。』（語類卷六）

這顯然是把理即認爲條理，後世戴東原攻擊宋儒以爲理字原義只指紋格並無深義。至於孟子所說弄得神秘起來這是宋儒之過。我以爲戴氏對於朱子此說似未注意。照此說而言，理字即在朱子亦決與原義無不同，換言之，即並無神秘與玄妙可言。可見理字本身在宋儒並無大變化，而其所以能使之另具深義的緣故，則在於其學說系統。詳言之，即在於宋儒使用「體」「用」兩個範疇來講理之爲何物。這兩個範疇之發現却是受了印度思想上的「思想格局」之影響。但須知體用二範疇又必與隱顯二範疇合用。隱顯二範疇有時復與內外二範疇合用，在此處所謂內外是英文的 immanent 與 transcendent 而顯隱則是英文的 real 與 apparent。所以體可當於英文的 substance 而用則等於 modes（這是照斯披諾剎 Spinoza 的說法）。這種思想格局似乎來源甚遠，不獨印度爲然，希伯來亦有這種思想格局，希臘當然不必說了。或者可說這樣的思想格局亦正是順着人心的自然傾向而進行一步以成的。宋儒亦用這個思想格局，以解釋理則理之性質便有不同了。他們以爲「形而上者是理；形而下者是物」（朱子語類卷七十五。而形而上者是體形而下者却是用。用是顯出來的，體是自己潛在那裏的。體是自存；用是成他。物又謂之器，他們於物與器兩字以外更常用「氣」字，氣與質有時相同又有時不同。大概在朱子於氣字有廣義與狹義之不同。廣義的氣字就包括質字在內，就質字在內的而言則即等於器，因爲沒有器不是由質與氣而成的。其實就是指「有形的」(corporeal) 而言，所謂形而下只是說具有形可見。其對面是無形無迹。這就是英文 supersensible。這種不可見不可聞的亦就是所謂超經驗的。但超經驗的並不是「非經驗的」。例如西方哲學上的康德 (Kant) 主張經驗的知識有非經驗的成分，這乃是說非經驗而不是超經驗。至於體這個觀念大概總得是超經驗的而不限於非經驗的。這便是形而上學與認識論的分歧點。宋儒只有形而上學而不置重於知識問題，所以他們所說「形而上」一語決不可當作「抽象的」來解釋。在此有一個很重要的分別，就是理之所以爲形而上乃由於理即是體，而並不由於理是抽象的，以抽象的來解釋理，便是以西洋哲學上新實在論派的所謂的「共相」(universal) 來解釋理。這是馮友蘭先生於其近著新理學上所嘗試的企圖。我則認爲和宋儒原理相差太遠。須知我未嘗不承認宋儒的理與西哲的共相有相似的地方。我以爲其相似却限於一、二點，就中以「自己潛存」(self-subsistent) 爲最相同，但其他方面却甚有不同。例如西方的新實在論者主張於實際的三角以外有三角之共相。於各種紅色以外有抽象的紅，如從心理學來解釋似乎可以說這只是一個「概念」(general idea)。這樣的「概括觀念」(generic idea) 其實只有一個「類名」(class name)。其單一性 (unity) 只在於其符號上（即名字上）。並不是實際上有那樣的存在，所以關於這一方面我是採取唯名論

(nominalism) 的觀念而加以修正，以為新實在論的主張毫無可取。亦許我和馮友蘭先生不同的地方就在於此。不過我仍以為宋儒亦是不走這條路子的，因為「抽象」(abstraction)一辭無論按照 Baldwin, Dictionary of Philosophy 或按照 Hastings, Encyclopaedia of Religion and Ethics 總是屬於心理方面的。是從全體中抽出若干點或若干方面。這樣「抽出」(to abstract)乃是一種心理作用。正和「總括作用」(generalization)一樣同是心理上的，換言之，卽決不能離心而自存的。我當然承認抽出必有所據，總括必有所依，這乃只是所謂「根據」(ground)而已。須知根據確是客觀的，而抽象與總括却決不能是純客觀的。至少亦得是主觀與客觀連合產生的「混血兒」(hybrid) 這是借用(懷特海的創語)。因此我不但以為宋儒的思想是與西洋近代哲學的新實在論不相侔，並且以為新實在論者主張共相是純客觀的亦復不合於真理。好像宋儒亦偏重於客觀，邵康節說『不我物則能物物』。這種以物觀物，只是在使我與萬物打通而無隔阻，依然是以萬物一體之思想為其背後的骨幹，謂余不信再請看康節在他的漁樵問答上所說，『漁者曰：以我徇物，則我亦物也，以物徇我，則物亦我也，我物皆致意，由是明天地亦萬物也，萬物亦我也，我亦萬物也。何物不我，何我不物，如是則可以宰天地可以司鬼神而況於人乎況於物乎。』可見他們所取的物我一如之態度與新實在論者所主張的共相之客觀存在並不相同不可比擬，其中有一個關鍵就在於共相有種類的不同。例如紅有紅共相，方有方的共相，但紅的共相雖只有一個，不因世界上有許多紅物而有變化，然其存在却與方的共相不發生關係。我們甚至可以假想紅的共相竟會消滅了以後，方的共相依然自存。因為紅的共相只有一個類名，類與類之間沒有存在上的倚靠關係。紅類不必因有方類而始存在。人類與馬類之關係亦然，決不是有了馬類，然後方能有人類。紅方三角與人這些共相可以說必都是各各獨立的。於是共相之種類便可有無窮數，彼此不相干，各澈頭澈尾自己存在。倘使我們以這樣的共相來解釋宋儒所謂的理則必見其為不倫。因為宋儒所說的理只是一個。請以朱子之言為證：

『問：萬物粲然還同不同？曰：理只是這一個，道理則同，其分不同，君臣有君臣之理，父子有父子之理。』

一二五

『理只是一個理，理舉着全無欠闕。且如言着仁，則都在仁上，言着誠，則都在誠上，言着忠恕，則都在忠恕上，言着忠信，則都在忠信上。只爲只是這個道理自然血脈貫通。』

『問：旣是一理又謂五常何也？曰。謂之一理亦可，五理亦可以一包之則一，分之則五。』（語類卷六）

可見宋儒所說的理是根本爲一而發現爲多，嚴格言之，不能說其是一，亦可便謂其爲多。謂其爲一，乃是就其通而言。謂其爲多，則是言其發現於各處遂有不同的作用。旣有通則必有總體。例如朱子在他的孟子注上云：『仁者人之所以爲人之理也。然仁，理也；人，物也。以仁之理合於人之身而言之，乃所謂道也。』（卷七）。我們倘照此而說：人之所以爲人在於仁這句話並不是單就人之本身而言，乃是兼就人在全宇宙中所處的地位以及對於其他各物所發的作用而言。人之理爲仁卽等於水之理爲就下，水之就下水之性也；人之仁亦人之性也。由此引出性善論在上文已略言之。宋儒無不繼承孟子之統緒，當然亦是偏於這一方面。如果把水之就下再等於目之視與耳之聽，目之所以爲目在於視，目而不能視則失其所以爲目。但我們決不能抽去人身全體而只講目視耳聽。因爲說到目視耳聽則已早預設有人身全體在那兒了，卽已早預設目耳是在人身上並非自己存在的了。普通人所以不明白人之仁與水之就下卽等於目之視與耳之聽就是以爲人與水是自存的；而目與耳是不能自存的。其實在宋儒則以爲是一樣的。人與水都必須在全宇宙中方現其職能，由職能而始有存在。這便是以「職能」(function) 觀念在先而以「存在」(existence) 觀念在後。所以理字若譯爲英文只可爲 order（卽秩序）。而不可爲 essence（本質）。因爲 essence 只是附着於一物而見，故在中文當譯之爲「德」。德者得也，卽一物而有所得自宇宙全體者也。但宋儒却重視理字遠過於德字。我以爲或者就是由於理字能通貫起來能合爲一個。而德字則不然。於此可見宋儒對於萬物一體之整體概念是較古代儒家更爲注重。我在前章及知識與文化書中曾提到這個以整體爲背境以職能爲分發的宇宙觀是以易經爲胚胎。宋儒大都從事於易經，那就無怪其然了。這種以職能來定其物性質之思想，在西方哲學上是比較後起的。柏拉圖的「意典」(Ideal) 與新實在論的所謂共相完全相同，決不與其他意典有倚靠的關係。不過他主張另有一個總目標是所謂 Idea of Good。這和新實在論又不同了。從這一點來說柏拉圖之說可容納「目的論」(teleology)而新實在論則不如此。倘以此與宋儒相比擬，則必見宋儒的理既不類於意典亦更不是共相。若果定要把理使其與西文 essence 相通則這個字便不純取「本身義」(intrinsic sense)而實兼取「連他義」(extrinsic sense)。就有些好像近來西方學者所謂的「關係質」(relational property)。於是我們可以稱之為 relational essence 其故是由於這種思想總是認宇宙為一個整體。一個人在宇宙中正等於一個眼睛之在全體人身上。宇宙不是像散沙一樣的一個大堆積，乃是一個有機體。在有機的整體上每一個東西都是因為其有各別的職司，而始顯出其特性來。這就是所謂以職能來決定其性質。換言之，即以「職能」觀念來替代「性質」(nature)觀念。(於是性質便由英文 nature 而變為 character)。這種思想根本與常識不同。不認有單獨自存的多數物體散在空間上。須知常識的宇宙觀是認為有物質又有空間。這種思想則於物並不主張是各各散立的存在者，於空間亦必不承認其能離物而自存在那兒。於是我們的討論遂又牽涉到空間時間上了。

宋儒思想既根據於易經當然對於空間決不會承認是自同無邊而自在的，對於時間亦決不會主張是直流而無限的。關於這一點我在知識與文化書中曾論列之。法國的支那學家葛拉乃(Granet)亦已早揭穿以為中國沒有像西方物理學上的空間時間概念。西方物理學上的空間概念至少是受了希臘哲學中原子論派的影響。至於時間則黑拉克利圖斯(Heraclitus)的影響不無多少影響。不過在西方亦有忽視空間時間之實在性一派。柏拉圖即是此派中之一人。就輕視空時而言，可以說宋儒思想與柏拉圖有共同點。但在系統上決完全不同。因為柏氏在一方面否認空時而在他方面又承認空時，把空時作為一個標準來決定具體事物與普遍意典之區別。這是由於他主張有兩個世界，一是純粹理法之世界一是具體事物之世界。在前者中沒有時間，所以柏氏在其泰冒斯(Timaeus)一書中把時間認為永恆之幻影(The image of Eternity)。於是在純粹理法之世界只有純粹的意典懸為模型而具體事物之世界中的事物則依照之而成其形。這種依照在柏氏原語謂之曰「分享」(participation)。好像寫友蘭先生的新理學就採取此義以改造理學。我則以爲如果他自己承認新理學不必與舊理學一致則當然愛怎樣主張就可以怎樣說法。倘欲以爲宋明理學本來可以作此解釋（卽本來可用柏氏說以解釋之）則我敢言此說不能成立。因爲宋儒思想對於純理界與事物界之對立並不有所主張。若說他們是主張兩個世界，毋寧說他們是偏於承認只有一個世界。因此在宋儒決無此種分享說。詳言之，卽具體的紅物決不是依照抽象的紅理而出現於此時此地之上。若照柏氏之說一個事物之所以具體實現的緣故是靠着時空之限定與質素之塡入。時空之限定就是說其必於空間上站某一地位，必於時間上居某一瞬間。但僅此限定尙不足爲具體，故又故必另有在時空以外的質素以爲其托底。所以在此種學說的系統中不僅抽象的純粹意典是超乎時空的有必另有個底質（卽質素）亦是與時空無關的。此卽亞理斯多德之「太素」(pure matter) 之說也。亞民分「式」與「質」(form and matter)使之相對立。此種思想亦復與宋儒不同，不可用爲比擬。說到此遂自然而入於「氣」之討論了。

按「氣」字在宋儒思想中好像很居重要地位。但其初却不認爲十分重要。氣字見於孟子有『氣體之充也』云云。又有「浩然之氣」「夜氣」「平旦之氣」等語。後來漢儒則有「陽氣」「陰氣」諸名詞。無論如何氣字決沒有「質料」之義，到了宋儒方始把氣字的義意變化了。這當首推張橫渠。他在正蒙上說『太虛無形氣之本體』。可見他是以氣爲本體，他又以氣之聚散說明陰陽。陰陽之變化只是氣之散聚。只有聚散而無有無，其說是與希臘哲學上的亞那常密乃斯(Anaximenes)所謂「淡海化」與「濃密化」(rarefaction and condensation)完全相似。於是便把氣字當作了本體看待了。這顯然是宋儒對於古代思想的一個大變化，詳言之，卽以前儒家思想沒有這樣的格式，所以後世學者批評張橫渠以爲是受印度思想的影響。平心而論把氣當作本體在儒家的傳統上是不十分相合的。須知這種以氣爲本體說對於理並不認爲抽象而自存。橫渠說『天地之氣雖聚散攻取百塗然其爲理也順而不妄。』這就是說理乃是氣由其聚散而發出之一定的次序，這個次序只見於氣之聚散之歷程中不能抽離而自己存在。從這點上說張子之說是重在本體而並不以理爲本體。所以我以爲氣字在一方面雖可以亞里斯多德的「太素」來作比附，而在他方面就其思想的統系言又復不甚相類。

張橫渠的思想發源於二程。顧在程氏兄弟恐怕彼此之間頗有不同，好像程明道是與周濂溪較接近。我們在周子通書上必發見講理之處甚少，其於理不是說『理曰禮』就是說『禮，理也陰陽理而後和』。在此處之理字更只是條理與秩序之義而與原義更近。即更不可以柏拉圖之意典與新實在論之共相相比擬。我們可以說朱晦庵雖是集大成而就中實不無多少受程伊川之影響較大。似乎程明道注重在「通」。通是根據萬物一體之義把自己與宇宙打成一片，他以醫書中麻木不仁之仁字來比附之。以爲仁則天地爲一身，『天地之間品物萬形爲四肢百體，夫人豈有四肢百體而不愛者哉？』我名此說爲「通體說」。其實張橫渠之西銘亦只是此義。這一點恐怕是宋儒各人所共同的。近人講宋明理學却對於這一點往往反而忽略，或則是因爲這種思想近於神祕主義在現代便不好多說。我則以爲不然，這正是中國傳統思想之統緒所寄。中國的道統雖不能以此一端而概之，然而這一點在道統中却是不可少的。至於氣字即張橫渠於太虛本體之氣以外又有氣質之性一語。氣質之性中之氣字決與太虛本體之氣字其義不同，可見氣質之性中之氣字比較近與氣字原義，又可見張橫渠之太虛氣體論在思想系統上不居最重要地位。此所以後來朱子有理氣先後之問題與其解答，道氣先後的問題亦只有在朱子系統中才會發生。而在橫渠明道等人思想中便不有此問題。關於此一方面當於下文再行討論，現在只說此種萬物一體之思想。此種主張就是把宇宙等於一個「有機體」(organism)。而人在宇宙中就等於耳目之在人身上，耳目不僅必須盡其爲整個人身而視聽之職能且同時必須又愛護手足，因爲與手足是同屬於一個人身上。彼此痛痒相關休戚與共。故萬物一體之說當然包括博愛在內。韓愈謂博愛之謂仁在此便得着一個甚深的註脚。並且須知這種把整個宇宙當作一個有機體之思想不僅是主張萬物相關互倚一體共存且亦必是不分人事與物理。我們狃於常人的見解總以爲水之就下是自然的又必然的，換言之，即機械的。而人之向善則不然乃是有意的。凡對於有意的方可責其應當去作，於是便有三種區別：即一曰必然；二曰應當；三曰可能。可能是介乎兩者之間的，換言之，即中間性的。西方人的思想大概是順着這個常識的趨向而發展下去。所以他們對於自然與人爲認爲對立，把機械與自由認爲對立，把必然與應當嚴格分開。但這種萬物一體的有機宇宙論却不是如此。他們必是以爲水之就下乃由於水應當如此。至於激之使向上則是可能。雖亦可能但不應該。所以人之向善是人之應當。但人亦有爲惡的事實這雖是可能而非應當。在此則應該與必然合爲一義，甚且可以說自由與機械之區別亦無必要了。於是人事之理與物界之理乃變爲一個理。但我們又須知這不是以外物之理說明人爲之理，換言之，即不是以自然秩序說明道德規律。乃正是其反面，即以道德的條理使其普遍化而及於萬物。故程伊川云「一物之理即萬物之理」。要明白這句話必須看其上句『一人之心即天地之心』。他又說『物我一理纔明彼即曉此合內外之道也』。可見他們總是不分內外不隔物我不立自然律與道德律之分別。至於要問：爲何他們把物理的法則與道德的法則合而爲一？我以爲這是由於想加強道德法則之必然性。倘使人之爲仁等於水之就下則其必然性必較大。因爲人之不爲仁在實際上確是很多，而水之不就下却是極少。由於這樣把人事與物理相合一遂致形而上學同時就是倫理學。並且形而上學的宇宙論亦同時就是物理學。這樣便合西洋古代思想一樣同是把物理學屬於哲學的範圍。在西洋哲學上總是以形而上學所講的爲根本原則，而以倫理學所講的是其原則之應用。宋儒在這一點上却又和西方不同。就是沒有原則與應用之分。關於這個態度最顯明的當然要推朱晦庵因爲他是集大成的。本章論理學思想亦大半以他爲標準。他關於理氣之問題有下列的話：

『天地之間有理有氣，理也者形而上之道也，生物之本也。氣也者，形而下之器也，生物之具也。是以人物之生必稟此理然後有性，必稟此氣然後有形。』（答黃道夫書）

在這一段話中，我們要得其正解必須知所謂「形而上」只是說無形無迹不可見不可聽的而已，正和英文 insensible 或 non-perceptual 相當而決不可當作「抽象」來解釋。例如照柏拉圖的說法，一切具體的紅物以外尙有個絕對的抽象的紅。這個紅當然不能由目而見，但却是一個心相。用心理學的解釋又可說是由於抽象而成。我以爲這些說法和朱子的意思不完全相同。因爲朱子對於形而上只訓作不可見聞而止，而並不以此不可見聞者認爲是個心相。他說：

『伊川云形而上者謂之道，形而下者謂之器。須著如此說，曰：這是伊川見得分明故云須著如此說。形

而上者是理，形而下者是物。如此開說方見分明如此了。』（語類卷七十五）

『形而上者謂之道；形而下者爲之器。道是道理，事事物物皆有個道理。器是形迹，事事物物亦皆有個形迹。』（同上）

於此可見理只是「所以然之故」。每一事物都有所以如此之故，這個所以然之故決不離事物，事物消滅則其所以如此之故亦隨之歸於無有。所謂「生物之本」卽是指此。至於朱子說理不離氣亦可從這一點上了解之。他說：

『所謂理與氣但在物上看，則二物渾淪不可分開各在一處；然不害二物之各爲一物也。若在理上看則雖未有物而已有物之理。』（答劉叔文書）

所謂理氣先後之問題便在此處發生了。朱子一方面主張理氣不相離散，而在他方面却又說理在先。此處又須加以解釋。我以爲所謂「在先」只是根本之義。從「生物之體」一句話上卽可看出來。生物是謂一切物之生出來，卽一切物之成立，一切物之成立必有其所以然之故。此所以然之故却爲其物成立之基本。換言之，卽就存在而言，理氣不分開不離散；而若就本末的關係而言，則理是本因爲一物之所以成立必依其所以然之故。亦可說由於所以然之故乃致其物得以成立。因此我們又可說氣卽是器或具乃是顯現。須知所謂「顯現」（manifestation）與「資料」（materials）並不相同。朱子說無氣則理便無掛搭處。又說非是氣則雖有是理而無所湊泊。又說無那天氣地質則此理沒安頓處。據我看所謂掛搭，所謂湊泊，所謂安頓，都是顯現的意思。於是便牽涉到「體」「用」兩範疇了。朱子說：

『體是這個道理，用是他用處，如耳聽目視自然如此是理也。開眼看物着耳聽聲便是用。』（語類卷六）

在此可見朱子是以體用兩範疇使用於理氣上。換言之，只有理是體而氣並不是體。從這一點上便可知氣不與「質料」一觀念完全相同。用亞里斯多德之「質素」一概念來解釋朱子之氣是不十分恰當的。其所以然的緣故乃在於朱子認理只是一個。我在上文所說的那個有機整體的一元論，是宋儒思想之根本背境。對於任何論點不可把這個背境忘却。倘使我們以這個有機體的整個宇宙爲背境而加於各事物之理氣問題卽對於此問題必可得有正解。朱子明明說：

『人物之生天賦之以此理未嘗不同，但人物之稟受之有異耳。如一江水你將杓去取只得一杓，將碗去取只得一碗，至於一桶一缸各自隨器量不同，故理亦隨以異。』（語類卷四）

朱子說，論萬物之一原則理同而氣異，觀萬物之異體則氣猶相近而理絕不同。如果這句話含有萬物初起與萬物已成之分別，則我們可以說理氣先後亦不外乎這個意思。由一理而化爲萬物，則理當然是本體。並不是許多的紅物依照着一個「紅之理」而成，許多三角形依照一個「三角之理」而成。須知所謂「未有弓矢之先已是有弓矢之理」，這句話的弊病卽在弓矢之理四個字上。又須知未有飛機以前雖是已有飛機之理。倘使沒有飛機之理先就存在則飛機便無由發明了，弓矢亦然。但先就存在者並不是飛機之理與弓矢之理乃是普通的物理。這種普通物理是科學上所講的那些動力原理（屬於力學的）與分子密度以及組織等（屬於物理化學的）。於是我們可以說並不是在未有弓矢以先，就已有弓矢之理，乃只是在未有弓矢以前就已有普通物理，我們根據此種物理以發明弓矢。並且這種物理不僅可以依據之以造成弓矢，更能依照之以發明他物。或者可以說飛機之理就已卽有若干與弓矢之理相同，因爲只有個普通的物理而已。在這一點上好像柏拉圖與新實在論都不是如此。他們主張每一種物有一個意典或共相，各各種類不同。弓矢之意典或共相決完全與飛機之意典或共相不同。因此我以爲朱子所講的理是比他們高明。就是由於朱子承認由一理而能顯爲多物。並不像柏拉圖把每一種事物認爲有其獨自的模型，一切物都是由各各的模型中造出。這種模型式的共相說決與朱子原義不合。倘若以此爲比附而說明之必致將朱子本意弄得彎曲了。爲甚麼我們注重於朱子所說的「一理」呢？這就是由於他的思想系統中有「太極」之說。按「太極」一個名詞是出於易經。周濂溪於太極二字之下又加了「無極」二字。照我的解釋似乎太極之原義卽是謂「太始」。所以極字當作「端」字解是不妥當的。倘使於太極之下再加以無極則不啻把「始」的意思取消了。所謂無極便與英文 eternal 相當。就是世界無始，這樣便把時間取消了。須知必須取消時間方能確立本體。旣爲本體乃是永恆自如。因此一提到太極必同時謂其爲無極。朱子說：

『故語道體之至極則謂之太極，語太極之流行則謂之道。雖有二名初無兩體。』

又說：

『自其著者而觀之，則動靜不同時，陰陽不同位，而太極無不在焉；自其微者而觀之，則冲穆無朕，而陰陽五行之理已悉具於其中矣。』（太極圖說註）

太極之於萬物有人用月映萬川之比喻（此爲佛家的比喻）以解釋之。卽每一川中映着一個月亮而其實只是一個月亮，並沒有萬個月亮存在。朱子雖亦嘗說，物有一太極，但這句話不足爲多元論之證明。所以我說宋儒提出「太極」二字乃是注重於一元之徵候。至於謂物物各有太極乃是由一元而顯現爲多元。這是所謂一元的多元論而不是多元的一元論。前者以一元爲本而發現出來始見有多元，後者以多元爲本而集合打通起來始成一體。新實在論就是後者中之一派。故與宋儒之精神根本不相通。因此我們切不可執着那個「各物皆有太極」一句話的字面上而以爲宋儒雖有太極二字之提出，然仍不害於其多元的傾向。朱子在他處固明明說『太極者如屋之有極，天之有極，到這裏更沒去處，理之極至者也』（語類卷九十四）。又說『極是名此理之至極』。又說『太極只是個極好至善的道理』。又說『太極只是一個理』（語類卷一）。可見在朱子把理之極致謂爲太極。有人以爲太極是衆理之總匯這是不妥當的。因爲我已在前面說過，理只是一個，所以太極亦只是這個發現爲多元的一元（卽理）之極致。決不是本有多元之衆理而匯合起來以成一個太極。因此我們便明白所謂極致就是「完全」(perfection) 之義，這種思想是和西方亞里斯多德一樣。孟子亦似乎是如此主張。都是以爲完全卽是善而把缺陷認爲惡。所謂盡性就是此義。例如一個人有目有耳有手足這是完全；倘只有耳而無目則變爲缺陷了。在常識上這是「不具」，在形體上不具的人在道德上未必有虧；顧在這種以完全爲善的思想中却不分別自然與道德，卽不分別人事與物理。並且這種認爲物理法則就是道德規律的思想；同時是以宇宙爲一個有機的整體作其背境。於是我們要了解這一類的思想必須把握着三點：卽(一)根本上是一元論；(二)不立人事與物理之分別；(三)宇宙全體是一個有機的。把這三點合在一起則我們便了解其他論點，例如理與太極之關係，理與氣之關係，理與性之關係，性與心之關係等等。所以我們可以暫時總括一下：即朱子思想是宋儒各家的集大成，雖偏於伊川較遠於明道，然而却是比較上眞能繼承儒家之精神。於是我們又可替朱子對於理氣太極性與心等名詞下個定義。先就理字來說，理是就事物之分別條緒而言，在宇宙的有機整體上一物之所以異於他物即在其分別條緒，這個分別條緒即是其物之所以成立，這個所以成立名之曰所以然之故；但就其在整體中之功用而言則必然盡其功能或職司方可稱得起是這個東西，於是所以然之故遂同時變爲當然之則了。這個所以然之故與當然之則乃是一義。此即所謂理。所以理字苟就其在有機體的宇宙而言便無所謂是抽象或是具體。我用一個粗淺的比喻，好像用鐵筋來造房屋，理便是那個鐵筋。房屋是由鐵筋而成事物，是由理而立。離理則事物無由成立，去鐵筋亦不會有房屋。所以抽象與具體之問題在此是不好講的。更詳言之，所謂紅之理乃只是說在整個宇宙中所以有紅就因爲在這個全體上有其特殊的職能，必能盡此職能方可出現而成其爲紅。可知所以然之故，必須與整體爲背境而始講得通。則當然之則亦必是說其無在全體中所擔當的職分，由職分以定其性質，根據此義我們同時亦可以得着對於在字之定義了。所以宋儒們總是說「性即理也」。其實乃是性字就事物本身而言，理字則不必泥在在事物本身上。但離了理則必無性可言。一物之所以有其性就由於宇宙全體上的理之所決定。至於氣則在上文巳經說過。在這樣的思想系統中只是擔任一種任務即表示「存在」(existence)。須知存在與「本質」(即素質)並不一樣。我們可以不要素質（或本質或太素）這個概念但決不能沒有存在這個概念。因爲如果沒有這個概念則一切便完全飄浮了。所以朱子爲了使理不飄浮起見，不能不把存在這個概念加入於其間。於是乃說有氣，主張理決不離乎氣。因此我說倘若以氣爲根本（即本體）則與儒家的傳統精神不甚相符。儒家思想固然決不是所謂唯心論，但亦不是所謂唯物論。唯心論一名辭在西洋哲學上本就有不同的意義。有人說其原字的語根可以分爲兩種：即 ideal ism 與 idea-ism 前者以 ideal 爲語根後者以 idea 爲語根。前者之語根是譯爲理想後者之語根是譯爲意象。所以唯心論一名詞本來極爲混淆。倘使故爲理想主義則固不値儒家思想爲然，即自命爲唯物論的馬克斯主學亦是屬於理想主義之範圍內，可見西洋哲學上傳統的分類法若用之於中國思想必見有些很不合。但我們同時亦未嘗不承認究竟有些地方是相同的。照上文所述宋儒思想觀之，朱子已成爲一個完密的系統；在其系統上理想主義的色彩更爲顯明。因此我主張與其以新實在論爲比擬反不如拿黑格兒（Hegel）一流的所謂「客觀唯心論」(Objective Idealism) 相對照來得比較好些。

以上是說理氣太極與性等概念之意義，下文將要討論到心字之意義以及其與此等概念之關係。欲討論心字勢必另闢一方面，遂使我們由宋儒而牽連及於明儒。本來學者於理學中另分一派名曰「心學」。以王守仁爲總代表。又又以陸（象山）王爲一派以與程朱對立。實則陽明曾纂有朱子晚年定論亦未嘗不認朱子爲其所尊崇者。所以我在本章一掃歷來學者喜爲分派注重小異之積習，而將王學與朱學治於一爐，只見其背境上根本之點。

說到心我們便須另起頭來說。所謂心當然是指知覺而言，不過不限於人有知覺。動物有知覺，即鐵石等物，亦有知覺，只是程度不同而已。西方哲學萊伯尼志(Lerbniz)所謂「微覺」(perception spetite)就是以爲一切物不拘生物與非生物皆賦有知覺；只是有清楚與混暗之分罷了。我以爲宋儒對於心亦是採取這一類的態度，因爲此說與宇宙有機體說可以完全相配合。周濂溪說『寂然不動者誠也，感而遂通者神也。』在這兩句話中雖無心字卻可以拿來以說明心之本義。於是我們可以說心之功能即在於能感而由感使小己與大我打通。以譬喻明之，如目之在身，自能視便是目之感，由此遂爲人身上之目，而非單獨的目，即可說由此感乃使目與全身諧和爲一整體了。人之「仁」亦由感而顯現。所說仁就是「善相感」。故程明道以仁爲與萬物同體之感，又以麻木不仁來作比喻。可見在宇宙有機體上一部份之與全體之關係就在於其能感，由感而能通。通則是善，不通就是「隔」，隔即是惡。所謂天理與人慾（即私慾）之區別亦就只是通與隔之區別。有隔方成爲私慾，必通乃可得天理。我們再把朱子對於心之解釋來看一看更可明白。他說：『唯心乃虛明洞澈』（語類卷五）。又說：『虛明而能應物者便是心』（同上卷九十八）。可見心之功用就在於感，而由此乃把部分與全體打通。亦可以說心之功能在於使自己與宇宙打通，因此故必須虛，虛則不隔。又必須明，明則乃透。反之，不虛則不透；不明則生翳障；遂致自己與全宇宙相絕斷，這便成爲「私」。故宋儒所謂私只是自己與全體不相打通。這種對於心之看法雖不能說是唯物論，然決不是唯心論。至少有幾分類乎西方所謂實在論。在近代有斯披諾剎（Spinoza）；在現代有懷特海德（Whitehead），二人都有這個態度。至於宋儒亦只是以宇宙論爲立場而吸收知識論當然非走這個途徑不可。詳言之，卽旣以宇宙爲一個整個兒的有機結構則在其中的任何部分必須與其他相溝通相諧和相對待。這種溝通與諧和便是其心。以心訓爲打通與散透之能力乃是由於先立萬物一體之宇宙觀所致。關於這些地方朱子更明切的表示如下：

『性卽理也，在心喚作性，在事喚作理。』

『所知覺者是理；理不離知覺，知覺不離理。』

『理無心則無着處。』

『天地之大德曰生，人受天地之氣而生，故此心必仁，仁則生矣。』

『心須兼廣大流行的意看，又須兼生意看。』

『心與理一，不是理在前面爲一物。』

『虛靈自是心之本體。』

『性便是心所有之理，心便是理之所會之地。』

『心，性，理，拈着一個則都貫穿，惟觀其所指處輕重如何。』

『心之全體湛然靈明，萬理具足，無一毫私慾之間。其流行該偏，貫乎動靜，而妙用又無不在焉。故以其未發動而全體者言之則性也。以其已發而妙用者言之則情也。然心統性情，只就渾淪一物之中指其已發未發而爲言耳。』（以上語類卷五）

我們看了這些話以後必恍然悟朱子所說又何嘗與王陽明不同呢！於是我們當接着討論陽明罷。有人以爲陽明是承繼陸守靜。我則以爲朱陸並無太大的不同，因爲我現在是就道統而言卽是注重在思想之大流之傳延下來。

這自和普通哲學史思想史不同。他們可以注重小異注重派別我則只講其中所含的那個主潮。從這一點上說陽明在表面上是確有反對朱子的地方，而在裏面却不僅是仍代表這個道統的主流並且更有發揮。所以由宋儒到明儒在哲理上是發展是進化而不是分歧不是轉向。現在且把陽明的話抄列下來。必可見他所謂心則和西方學者所說的唯心論並不相同。依然是與上述朱子的話相似。

先講到王陽明對於心的解釋，他主張心與理即爲一物。傳習錄上有下列的一段：

『先生遊南鎮一友指巖中花樹問曰：天下無心外之物如此花樹在深山中自開自落於我心亦有何相關？先生曰：你未看此花時此花與汝心同歸於寂，你來看此花時則此花顏色一時明白起來，便知此花不在你的心外。』

又有：

『先生曰：人的良知就是草木瓦石的良知，若草木瓦石無人的良知不可以爲草木瓦石矣……蓋天地萬物與人原是一體。』

又有：

『先生曰：無知無不知本體原是如此，譬如日未嘗有心照物而自無物不照。無照無不照原是日的本體。』

『又曰：日無體與萬物之色爲體耳，無體以萬物之聲爲體……心無體以天地萬物感應之是非爲體。』

這幾條必須會合以觀之。所謂無心外之物決不可解爲全在心內，如果謂爲存在於心內這便是取西洋哲學上柏克萊（Berkeley）的觀點。所謂在人心中便是攝收之以入於心中。這便是以「攝」詮心之不同。王陽明依然篤守宋儒傳統的態度以宇宙爲一個整個兒的有機體，在其中人只是其一部分，至於心之功用就在於把部分與全體打通。所以我們對於他所說的「你看此花時此花分明起來」不當解作此花在你心內，而只可解作此花與你心共現。「共現」一詞正是英文所謂 compresence。這個字乃是現代英國哲學家亞里桑逗（S. Alexander）所提出。他用此字以說明個體間之關係而不限於認識。其詳見其原書（Space, Time and Deity）本章不欲繁引。

須知亞氏爲當今之新實在論者而非唯心論者。我今取其共現一名詞來解釋陽明卽不曾對於陽明所謂心取實在論的看法同時表明向來謂爲唯心論是個錯誤。詳言之，卽不是把外物拉到心內來使其存在於內乃是反之把心推到自己以外的理上去。使心與理合一，於是心與理便爲一事。不是理在心中乃是心契合於理。西方的唯心論有三種形式卽一爲柏克萊式，二爲笛卡兒式，三爲康特式。王陽明既不能說是唯心論則這三個式便無一與之相合。此外若照晚近英國學者勃洛德 (C. D. Broad 見其書 The Mind and its Place in Nature, p. 609 以下) 的分類與物之關係可共計得十七種學說至少亦須有三十種。王陽明之說却不在此十餘種之內，可見西方思想上的格局若套在中國思想上總是有所不合。關於心與理合一的話在傳習錄上尚有數段：

『心卽理也。此心無私欲之蔽卽是天理不須外面添一分，以此純乎天理之心發之事父便是孝，發之事君便是忠，發之交友治民便是信與仁。』

『意之所在便是物。如意在事親卽事親便是一物，意在事君卽事君便是一物……所以說物無心外之理，無心外之事。』

『知是理之虛處，就其主宰處說便謂之心，就其稟賦處說便謂之性，孩提之童無不知愛其親，無不知敬其兄，這只是這個靈能不爲私欲遮隔，充拓得盡便完全是他本體便與天地合德。』

『夫物理不外於吾心，外吾心而求物理無物理矣。遺物理而求吾心，吾心又何物也？』

『性無不善故知無不良，良知卽是未發之中卽是廓然大公寂然不動之本體，人人之所同具者也。』

『理無動者也……循理則酬酢萬變而未嘗動也……有事而感通固可以言動然而寂然者未嘗有增也。無事而寂然固可以言靜然而感通者未嘗有減也。』

在這些話中意思是很明白的。必見與上文所引的朱子之言，在根本上仍是一線相延不離這個萬物一體之主潮。就中比較可以注意的只在他說「意之所着爲物」一點上，他說「指意之涉着處謂之物……意未有懸空的必着事物」。這無異於說凡心或知必有「對相」。此對相卽是現代哲學上術語所說的「所」(the ob)。於是我們從可知此種思想是主張離物則無心。從其謂離心無物上看是唯心論，但從其謂離物無心上看便不是了。中國時流學者不明王學的眞相就是由於他們用西洋哲學上的分類來決定陽明屬於何派。我在此處僅僅提出王陽明之心學與朱晦翁之理學在道統上是一致的一點而已，並不想多說。並且此種一致點又可於他們反對佛家上見之。朱子曾說過釋家一切皆虛吾儒一切皆實。我以為這句話是十二分重要。所以陽明說你看此花時此花之色明現起來決不是謂此花是一個幻想或假現或虛影。乃反之確有那樣的一個東西。此即所謂「實」。但這個實却又不是死板板的呆着在那裏。理學家一說到天理必即說其流行，天理流行乃是一回事。又一說到心必即說其活潑潑地，活潑潑並不是動。因為理不是呆的心亦不是定的，所以心能當下合理。這是基於寂然不動感而後應之原則。王陽明與陳白沙都說心上着不得一物。須知這是說寂然不動，却和朱子說心具衆理必須合觀，心具衆理是說感而後應。這種思想是把宇宙間的一切（除了因遮隔而起的私與惡以外）都是如實存在的沒有一個是幻現。整個兒的宇宙就是一個「實現」(realization)的歷程與其成果，這當然與佛家完全不同了。朱子說心必連到「生」。這便是等於說理必連到「化」。因為他們思想的根源還不離乎易經。由於易經並且把道家思想亦容納於儒家中來了。淮南子雖不是純粹的道家然，不能不說道家的氣味居多。其書的原道訓上就有下列的話：

『人生而靜天之性也，感而後動性之害也，物至而神應知之動也，知與物接而好憎生焉。而知誘於外不能反己而天理滅矣，故達於道者不以人易天外與物化而內不失其情。』

這一段話當然與儒家精神不全同，但儒家亦未嘗不是於寂然不動之中感而後應，其應也不為物所誘依然是不與物化而內不搖其本。可見這種處世的方法乃是中國思想傳統之大流。這個傳統態度正與印度思想的傳統態度相異。因此我嘗說佛學之入中國對於宋明理學只是給予以刺激，並未給予以資料。換言之，即理學只是佛學之反動而不是佛學之更進一步。這就因為宋明理學在根本上確是繼承先秦儒家的傳統精神。其故亦就是儒家所注重的是道德問題而佛家則注重在整個兒的人生意義。注重在道德便不能不把道德認為實在的。所以倘使把人、認為虛浮與空虛則對於道德便必亦認為無價值了。因此苟欲確立道德的價值同時必須建立人生的實在。所以儒家一貫的精神是「實」而不是虛。依此我們又須知道他們所說的理不是二加二等於四的數理與速度和體積作反比例的物理乃只是指仁義禮智信而言。朱子與陽明都有很明切的話，現在不必多引。而他們所謂「物」亦只是指「事」而言。從前一點說把物界之理與人事之理合爲一事，不免有所謂「擬人觀」(anthropomorphism)之嫌疑，可以說思想不進步。但從後一點說把固定的物都當作活動的事却和西方現代思想上以 event 代替 thing 之點相仿，又與馬克斯派亦相類，不可說思想幼稚。至於他們所說的氣字至多亦只能與希臘時代所謂 phusis 一字相彷彿。決不具有近代的「物質」之義。從氣一方面來講，我雖在上文曾說與儒家正統不太相合，然而到了明末清初之際學者反而重視這個氣字如王船山顏習齋等。我以爲其故是由於當時有個側重實際而避免玄想之趨向，這固由於理學之末流有其流弊，然而却亦由於理學本身有一個含義我名之曰「浪漫主義」。此即謂 romanticism 之譯語。嚴格言之，宋明思想當然與歐洲的浪漫主義不同，不過我以爲凡是涉及「神祕經驗」(mystic ecstasy)的總不免有浪漫的色彩。關於神祕經驗我曾有一文名曰出世思想與西洋哲學，載於拙作新哲學論叢中。讀者倘欲了解神祕經驗是怎樣一回事以及其與形而上學思想之關係務乞取該文一讀之。本章使不詳述，因爲述之非數語所能盡。不過我們須知凡深奧的形而上思想而爲宗教之心核的却無不與此種神祕經驗有若干的交涉。佛學思想不必說即耶教亦然。宋明理學家受了佛教影響當然對於這種神祕經驗必有多少關係，自是程度較淺而已。就中理學一派又較心學一派爲淺。所以到了清朝學風使漸變了，就是旣要遠離這種神祕經驗當然使厭惡那些浪漫的色彩。不過又須知道這個浪漫主義之根源遠在先秦儒家思想之胚胎中，即如清儒戴東原雖極力攻擊宋儒，然對於宇宙猶注重其生生不息之流行。在這一點上清儒並未在宋明學者以外另闢得有途徑。可見無論何人苟其在道統中運思便決不能跳出其大範圍。

以上是專講思想即說明思想本身之意義與其變化。現在於本章之尾再一講此種思想之與文化之關係即其在實際社會上之影響與功能。先講這種思想對於個人處世做人之益處。孟子稱頌孔子有言曰：

『非其君不事，非其民不使，治則進亂則退，伯夷也。何事非君，何使非民，治亦進亂亦進，伊尹也。

可以仕則仕，可以止則止，可以久則久，可以速則速，孔子也。』

這就是：

『一簞食，一瓢飲，在陋巷，……不改其樂。』（論語）

『用之則行，舍之則藏。』（同上）

亦就是：

『毋意毋必毋固毋我。』（同上）

亦就是：

『其爲人也發憤忘食，樂以忘憂。』（同上）

這種人生是其心常活潑潑地，凡事當下合理不必造作，不能增一分不能減一分，恰如天理之分。所謂心安理得即是此義。生則活一天盡一天的義務完一天的責任，死則甯息無怨恨無恐懼。凡當理者見義勇爲決無計較，不求結果而結果決不會壞，因爲是合理之故。從我們今天科學知識的狀態來觀之，這種生活狀態是否即爲宇宙眞相乃係另一問題，但却不能不承認確實可以作到。我個人即有此種經驗，我將有獄中追記一文記述我在獄中的情形，在此便不贅述了。即在西洋歷史上我們亦可以看見「殉道者」(martyr)之層出亦是起於一種特別心理，這亦就是上面所說的神秘經驗，因爲沒有神秘經驗便不發生力量。心理的力量有兩種：一是自己的信服這必須由於親證，二是向人勸化這又必須自己先相信。人們有了這種神秘經驗必定自己先相信，所以才能製造出一套理論向人說服。這些不是本書所要討論的，本書却只注重在社會上何以不可缺少這一類的人。換言之，即這一類的人在社會組織上有何作用？我以爲照社會學上所講，不是文化上發生裂痕的社會始有「解紐」(disorganization) 之現象。實際上任何羣體皆有「反社會的」(anti-social) 傾向潛伏着在其中。就是因爲個人在其本性上有不合羣（即害羣）之成分，所以要使社會的組織得以不發生弊病，則必須有一部分人出來主持公道。在最初的時候就是宗教的教主們，因爲宗教上所有的觀念與義理都是所以維持社會的。並且這些教主們又無不是在人品上有魔力的。不僅在智能方面是超過常人，並且在道德方面更得有使人感佩與贊嘆的地方。我所以嘗說宗教的熱心家與社會思想上道德的維持者必就是一種人。這種人有兩種相反的功用。第一是維持社會，第二是改革社會。由前而言是社會人羣之所以有秩序在理論上由於有這些人出而主持。換言之，即這些人的言行在在都是為加強社會之有秩序性。由後而言就社會當時現狀之不公平一方面來看，這些人却是代表社會上那個不公平之氣的。換言之，即他們在這一方面毋寧謂為革命家（但不是實行的）。所以有些人以為這種宗教性質的熱心家是為某一個社會階級作辯護，而是社會革命的障礙，以為他們都是保守派。我則以為此種議論實不値一駁。所以最近俄國亦取消反宗教運動了。未嘗不是有見於宗教一類信仰問題是與經濟結構沒有直接的關係。關於這些問題將於下文討論社會主義時或再提及，此時且不多述。總之中國社會之有士階級又士階級因孔子而擔負這個道統，這些地方都表示中國文化之特色與中華民族之特質。倘從歷史上講我們可以說在古代社會組織總是偏於共同。在這時是全體的色彩大於個人的色彩。俄國古代的所謂 Mir 可用作一個實例。個人的自覺是由於分工之發達，所以個人的色彩總是後起的。先秦儒家思想依然重視天，宋明理學注重萬物一體，這都是由於古代傳下來的。這個傳下來的注重全體之思想即在後來個人色彩濃厚的社會組織中依然有其功用。換言之，即這種向心力的精神作用在離心力的社會狀態中運行大足使社會增強其團結性。所以「共同」(commune)的色彩在古代的依然可以傳下來到後來的社會中，這就是社會的箍緊力而與社會的鬆弛力相反比。因此我們可以說在這個道統的思想中關於萬物一體的宇宙有機體一層是反映古代社會的共同；而關於分功異職的秩序方面（即上下之別與男女之分等）却又是反映後來比較發達的大社會，因為社會一變大了，則個人間的不同便形顯著了。我們在傳習錄上必見王陽明有下列的話：

『問：仁者以為天地萬物為一體，何以墨氏兼愛反不得謂之仁？先生曰：……仁是造化生生不息之理，雖瀰漫周遍無處不是，然其流行發生亦只有個漸……惟其漸所以便有個發端處……墨氏將自家父子兄弟與途人一般看便自沒了發端處。』

漢朝的董仲舒亦說：

『孔子曰：不患貧而患不均，故有所積重則有所空虛矣。大富則驕大貧則憂，憂則為盜驕則為暴，此眾人之情也。聖者則於眾人之情見亂之所從生，故其制人道而差上下也；使富者足以示而貴不至於驕，貧者足以養生而不至於憂。以此為度而調均之，是以財不匱而上下易治也。』（春秋繁露第二十七篇）

此足以反映後來的社會，換言之，即是他們（主張萬物一體者）對於現實有所遷就。於是使我們知道一個民族所以能維持其文化大部分是靠傳下來的，即惟有恃這個傳下來的用以維繫之，傳下來的又往往因後來的現實而有所遷就。所以道統上一方面是一線相延在他方面卻又有隨時適應的變化，現在又到了一個非常劇變的時代，此後中國的道統一方面如何保守其大流，他方面如何應付這個環境卻是個大問題，我則擬於第九章中略抒個人的所見。

第七章　西洋的道統(上)耶教思想與社會主義

上章講中國的道統，自信當能得其大要。本章以下將要講述西洋的道統，則較為繁難了。因為西洋文明中國文化複雜得多。而況以我一個中國人來從事於此呢！以中國人講述中國文明因為自己的生長呼吸於其中，所以比較上總是容易得當。至於來述外國的文化則無論如何必不免有些隔閡。而又況我對於西洋文化之認識是完全從看書上得來的。不過我自信我這個從書上得來的，對於西方文明之了解或恐比那些人們親自在歐美住過數年乃至十年的還來得真切些。本章所講的是所謂西方文化。社會學家有言曰：『西洋文明乃係一種文化同時又係多種文化之混合物。』("Western civilization is both a culture and a composite of cultures." 見 W. D. Wallis, Culture and Progress, P. 15)。

現在我就是把西洋文明當作一個文化基型或文化單位來看，至於其中包括許多其他原因而生的差異則全不計算在內。不過我亦不是全完敍述西洋文化的全部，乃只是注重其於思想方面由最初就傳下來的。換言之，即只注重其文化之連續性，此即是所謂道統。西洋文明的道統有二：一是基督教；二是希臘羅馬之學術，即希伯來文化與希臘文化是也。此為一班人所承認之通說，我亦只是承認這個公認之說而已。不過其中亦頗有可異之點。即就民族論，却都不是出自其本身。而就文化論，又差不多都出之於亡國之民。因此德國學者遂有文化起落之週期之說。本書却不取此種議論。因為我雖把西方文明當作一個基型，然而同時却又認為並不是一個嚴緊的單體。於是其中各要素自然可以分散而各別傳佈開來與傳流下去，所以本章講西洋文化亦只是擇其幾個要點來講，這是須先聲明的。

現在就講耶教，須知耶教在表面上好像很單一的，其實至少有兩種要素是無形中滲入其中的。一種就是其前身，可以舊約為代表，這是猶太的宗教。我們不立於信教的立場，當然對於基督之出世是應舊約上的預言一層不必同意。因此我們便可推想基督之思想必多少與舊來宗教有些不同。但本章對於這些複雜而瑣屑的問題不想討論。外間關於耶教之歷史與教義之書籍實在甚多。著者既不想對於這些方面獨抒己見則只有承認通說，所以在本書便一概從略，不欲贅述。只是在有些相關的地方始把這些問題略提及幾句罷了。另一種就是希臘羅馬文化中之關於宗教的方面，因爲在二世紀已將基督教定爲普遍的宗教。彼時羅馬文化的色彩當然有多少會混入其內。故我們可以說基督教所代表的文化其本身並非是簡單的。又須知希臘羅馬的文明雖有些會被耶教所吸收，然而其大部分却不與之相融合。因此我們所謂西洋文化實在只是一個空汎的稱謂。或可說這種文化（即西洋文明）內中包含有不相融合的要素，以視我們的中國文化那樣統一與調和却大有遜色。其實這正是西洋文化之長處（即優點）。換言之，即我們中國的文化是一個嚴密緊湊的系統，而所謂西洋文化却並不是如此。嚴密緊湊的系統之文化亦有其壞處：就是內部缺少發動力以推動其自身使更有新的發展與進步。這使不及那個內含矛盾於自身的文化了；這種文化因爲內部本有不調和處，各要素順着其自己的方向發展開來，雖愈演而愈不調和，但却可推陳出新，另開拓新的花樣。所以我嘗說西洋文化之長處，正在於其中本包含若干不同的觀點或思想。人們生在這種文明中有時當然會感到煩悶，就是衆說紛紜，莫衷一是。但煩悶總不是人所欲求的，故人決不能長留在這樣的狀態中。因此必求解決即冲破這個煩悶，於是每一度的努力便會在文化上有所推進。這便是所以西洋文明是步進不已的。而中國文化往往被評爲靜止的，亦就因此故。據我看，這個區別就在於是否爲嚴密緊湊的系統。西洋文化決不是一個嚴密緊湊而內部固結的系統。所以西洋人的生活有許多的地方是不爲我們中國人所了解的。姑舉一端以明之，如科學家對於宗教之信仰。不但是大物理學家牛頓（Newton）相信上帝，即大生學家達爾文（Darwin）亦何不然。所以從中國人的眼光來看，西洋文化有許多不調和的地方，而實際却是調和的。反之，又有許多的地方在中國人看來好像無問題，却殊不知內中確含有矛盾。因此我敢說一句狂妄的話，中國自晚清以來，輸入西洋文化，雖已有數十年之久，然實在對於西洋文化有眞正認識的人從來就不多。最奇怪的是愈到後來（即民國十五、六年以迄現在）對於西洋文化之了解，反而不及清末民初的那些人了。

最近有一個美國學者說有下列的話：『吾人可說馬克思主義與基督教同未完全被試驗過。』(Of Marxism as of Christianity it is easy to say that it has never been tried. 見 S. Hook, Reason, Social Myth and Democracy, P.105)。

誠然，我相信基督教是沒有完全眞正實行過。根據此義他又引用孟漢姆之觀念形態與空想(ideologies and utopias)之說，其言曰：『觀念形態被保守份子用來維護現存秩序；革命者以空想爲工具來改造現存秩序。』("Ideologies are the conceptual constructions by which conservative groups preserve existing order; utopias are the instruments employed by revolutionary groups to transform the existing order. 見(ibid, p 35)。

照這樣說似乎我們可以說耶穌教同時是觀念形態，又同時是空想。說他是觀念形態就因爲他早打入了西洋人的生活中，已早與他們的現實社會組織發生了相當的關係。說他是空想，就是因爲基督教的教義並不是維護社會現狀的，而實是要把現社會來加以根本改造的。照這樣說不但耶穌教爲然，即馬克斯主義亦是如此。我們不能說馬克斯主義完全沒有實行過。不僅現在的俄羅斯是實行這個主義的，並且在俄國以外亦未嘗沒有若干的部分實行。即以反對馬克斯主義爲號召的那粹國家 (Nazi State) 亦何嘗不在暗中偸了一些去實行着呢！所以照這樣說，豈非嚴格劃分觀念形態與空想爲不可能麼？果爾，則我們對於孟漢姆之說當加以修正。故我以爲若着眼於文化的潮流，尤其是那個在文化流中之推動力，則我們確不可把觀念形態與空想嚴分爲截然不同的兩種思想。老實說，每一種思想苟其能在社會上流行決不會只有保守性而沒有革新性。須知在人性上保守與革新從表面看好像是相反的，而實是相連的，即不可分的。沒有革新性就沒有對於前途的希望，沒有前途的希望即沒有向前而進的吸引力。所以純粹的保守性思想根本上就不能成爲有理論有條理的思想。換言之，即事實上決沒有純粹的觀念形態。同時我又須承認任何空想的思想亦必有現實的社會爲其依據，否則必不能在社會上流行起來。因此本章上我把基督教與社會主義合併在一起討論。所謂社會主義當然不限於馬克斯主義，然而我所要討論的却大半集中於此。在表面上馬克斯主義是反宗教的，而我又偏偏拿來與宗教一併論列，這就是我在上文所說西洋文化有些地方明明是相反的，而實質上却不相反。至於所以把基督教與社會主義合在一章中論之，其故有三：

一、是我認定基督教在本質上其理論是屬於「社會主義的」(socialistic)。二、是任何社會主義（馬克斯主義當然在內）都是具有半宗教的 (quasi-religious) 之性質。三、是因爲兩者各代表西方人實際生活之一方面，就中基督教所代表的尤爲廣大。但社會主義却在基督教中植其萌芽，後來脫穎而出。關於基督教在中世紀時影響人生之全部可取考次基之下列話證之：『人類之物質生活及精神生活皆教堂之所流出者也。』("The whole material life of mankind as well as its mental life was an outflow from the Church. 見 K. Kautsky, Thomas More and his Utopia, P. 36)。

於是我們對於教會便有幾種看法：一種是教會當作人們對於上帝修證其信仰之所，另一種是把他當作一個社會制度。還有一種是把他當作文化之發源地與集中處，換言之，即擔負文化使命之處所。於是我們可以說西方各國的人除了其在知識方面是繼承希臘羅馬之遺產以外，其在生活方面乃是完全受耶教之支配。詳言之，在知識方面如數學、天文、醫學，以及哲學與文藝等全是接收希臘羅馬的。但在生活方面則差不多都在教會勢力之範圍中，例如個人內心的修養，以及社會上對於貧富之關係，長幼之關係，男女之關係等等，都是取教會之觀點以爲處世之標準。換言之，即人生道德之標準完全採諸教會之手。教會之所是者，人皆是之，教會之所非者，人皆非之。須知道德標準不能離社會組織法律規定與政治制度而獨立運行。因此教會既採道德標準之決定權，則自然其勢力能及於社會制度法律條文與政治情勢上。於是人之全生活對自己與對人羣皆完全由教會操其柄了。欲明此點，必須一述基督教之教義。在詳述以前可以前說一句，就是照教義來講，社會之維繫是靠着這個同時推進社會亦是在其中包含着，所以不能說是純粹屬於保守的。

請卽略述耶教之內容，本書是只講道統當然對於耶教內容無詳述之必要。所幸耶教教義却十分簡單。耶教教義之簡單並不足爲耶教病。在世界各大宗教中耶教居然能占一最重要的地位，並不是由於其教義之豐富與有統系性，乃反而在其簡單。同時他對於一個宗教所應有的各種要素却都具備。所以不因教義簡單，而減其宗教的價值。並且反而還有一些好處，就是能以適應後來時代的變化。倘使我們拿耶教與佛教相比，必見佛教之理論博大、精深，系統完密要高出於耶教多多。但正坐於系統完密之故，佛教却不如耶教那樣能迎合時代而順適之。換言之，卽在伸縮性，活動性或彈性反以耶教爲大。此外耶教還有一個緣故，就是基督不是言語爲教而以人格爲教。我們看新約上前四福音可以說都是記載他的事跡而甚少是他的言論。中國有一句老話：「以言教者訟，以身教者從」。耶蘇所以能感人如此之深，就是由於不以言教而以身教。但同時又因爲只以身教，所以關於理論方面不能有詳密的系統。這些都是我們在敍述耶教教義以前應先知道的。

耶教教義據我這個外教人來看是很簡單的，可歸結爲五點：一點是只信奉一個上帝，一神教似可以耶教爲最高峯。第二是以愛爲上帝之實現的內容，所謂愛卽是博愛。第三是把信仰當作生活。同時實現信仰的生活亦就是實現博愛的生活，人爲唯在信仰上與上帝相通。亦唯是博愛上建立其生活。因爲只有與上帝相通方算爲生活的價值，而由博愛乃覓得與上帝相通之途徑。於是上帝，愛與信仰這三個概念打成一片，互不分開。第四是所謂原始罪惡，此乃是一個假設，用以說明人類墜落之由來。第五是所謂永生，其實這就是靈魂不滅之變相。這五點是連合在一起的，因此基督教使跨在出世與入世之間了，友人趙紫宸於其近著基督教進解上說：

『基督教是入世出世並行不背的宗教；一方面超脫物質現象的束縛；一方面又在物質世界種種關係中實現倫理的生活。』

他又說：

『基督教是憑上帝在耶蘇的生活裏所現示的愛與愛的永生而實行的生活。』

可見耶教是怎樣一回事了，於此我又須分析而言之。先就「上帝」這個觀念而說。耶教所謂上帝（卽英文

(God)却和一班哲學家所謂的有些相同又有些不同，所以不能相提並論。哲學家是把宇宙本體認爲上帝，又有人與宇宙的全體認爲是上帝。一切物都是從本體而出，於是一轉而變爲造物主了。但耶教之上帝不純粹是個哲學上的概念，乃是一個具體的經驗。這便是我在上文所提到的那個神秘經驗。但佛教中的神秘經驗是沒有道德性的，同時亦可以說是一下子的（即頓時的）。而耶教不然，耶教在日常祈禱中可以神秘經驗不斷發生關係，於是便不復有真正神秘了。乃變爲中國人所謂的天良或良心。而即具有倫理或道德的義意了。於是在耶教便使通神與合乎道德併爲一事，我們於此便可知道宗教對於人生的功用在近世是與古代不同了。古代的宗教可以說是代表全部文化；而在近世則宗教僅關乎生活，或生活中對於本人最感着確實的那一部分。因此從科學的立場來作客觀的研究使創立有所謂宗教心理學，宗教心理學是把對於宗教之信心當作一個變態心理來研究之。不過從心理學研究宗教勢必會牽涉到社會方面，因爲這種信教之心理作用不完全是個人的。由此又開拓一新方面，就是從社會學來說明宗教在社會上之功用或機能。這却不是取研究古代文化的人類學之觀點。凡此所論似乎牽涉太遠了，即此截止，不再深論。總之，近世人生中之宗教已早不是古代宗教那樣的性質了；雖然如此，却仍是一個複雜的東西，至少其中有關於個人修養的，有關於社會風紀（即羣衆氣節）的，有關於教育勸化的，有關於生活安慰的，而我對於這些不欲詳論。我只注重在這樣一套思想（思想二字是不切當只勉強用之）其鑄成人們的心性，即在人心深深的印下一個模印，究竟是怎樣的。換言之，即上述的五點在文化上起何種影響，因爲我是只重視其影響遠甚於其本身，就其爲嚴格的一神論而言，耶教是主張唯一的上帝是人們之父，一切人都是其子，人與人便都是兄弟（即同胞）。這一點却影響於後來的民主主義不小。固爲人是上帝之子所以只能服從上帝，彼此即同是兄弟則你決不能有特權高出於我之上。可見民主主義雖是希臘人的文化，然其深合於歐人的脾胃，却未嘗不是由於耶教之力。關於民主主義容下章論之，今且不談。次請一討論愛之意義，這却必與原惡及永生一併來譚。須知耶教所主張的是對己須「潔」與對人須「慈」。而這些都是求之於內心。所以發生「意志自由」之問題。倘使從我們的觀點，專就其外面的文化上關係而言，則可說這些全是屬於軟性的。美國大學者乾姆士（W. James）對於哲學宗教思想就人性分爲兩大類，卽軟心腸的與硬心腸的。耶教當然是完全屬於軟心腸的一類。凡軟心腸的改革家是一方面想改變現狀，而他方面又不願推翻現狀，其結果往往反把其改革的苦心變爲保守的工具。所以我嘗說社會主義就是硬心腸的基督教，而基督教就是軟心腸的社會主義，但只因有硬軟之分二者却會自己打起架來。一切的爭論乃從此而生。在思想界或在政治界一樣，我曾發見一條公律：就是愈是小不同反而愈爭執得厲害。至於大不同却反而可以容忍。所以由教會的立場以反對唯物論的社會主義和以馬克斯主義的立場以反對宗教都可以作如是觀。我們不必去作內容之分析，而僅就其文化上的結果來說，則必見所說的愛依然是由血統關係與共同生活而來的一個概念。可以說是個生物社會的概念（bio-social concept）。這是人羣所以維繫之道，本不限於在宗教上。至於說到原始的罪惡，我以爲這正是表示人類之超昇，卽在地上實現天國，乃是一個永久未完的工作，卽中國儒家所謂「未濟」是也。這兩個意義合起來則必見耶教之改革運動，卽改良人性之運動，並不是一個嚴格的社會運動。因爲其效果是只在其歷程中稍稍得着一些，而並無最後的終止點，在此乃現出宗教所以異於其他之所在了。最後說到信仰，我們就不能不一說耶教與希臘文化所以接軌之故。西方學者都承認耶教中之哲學是取自希臘，教會中之組織是採自羅馬。我現在只言其哲理一點。我以爲耶教後來不能不有哲學，乃是由於必須用理智來輔助信仰，於是便發生了信仰與理智之爭。在中世紀所有哲學大部分是想對於這個問題謀得一個解決。而在他們却總以爲照其所說使得圓滿解決，其實後來反有更大的衝突，就是科學與宗教之爭。西方學者頗有人以爲科學與宗教之爭，到了現在已成過去。我則以爲這是皮相的見解，科學與宗教之爭在實際的人生上乃是愈演愈烈。現在的世界大戰，至少有若干部分就是反映這個爭執。不過雖則爭執未已，却尚不能遽然斷定宗教已經被科學打倒了。只有一點，似乎是已確定的，卽關於人生各方面，在以前是爲宗教所包辦，而愈到後來却愈讓出來交付於科學。同時把宗教之統轄之範圍縮小了，使其限於個人內心之修養，而與社會理想爲伴侶。因此亦只能對某種社會理想發生關係，並不是任何社會理想都得如此。這便是所以有反宗教的運動，而同時又有基督教社會主義運動之故了。所以我在本書前幾章上歷說宗教與形而上學，以及社會理想、道德目標、政治原理等等在實質上是一組的知識。這一組知識是在人的自身上和人與人之關係上求有以實現之，並不關乎客觀的外界。所以關於這一組知識，不能用實驗以證實之。須知不是不能實驗，乃是在性質上根本不要實驗，卽使用實驗來試一下，其結果並不因實驗而得更可靠更正確的結論。所以這一組知識其本身是所謂「主張」，而不是所謂「獲得」。凡獲得性的知識，可以實驗，可以由實驗而訂正而改正，而這種只是主張之知識，其是非之標準不能由實驗定之，亦復不在客觀的外界。此卽我在上文所謂事實與理想之分是也。理想是可能而尙未實現。一個民族的文化，其連綿不斷的統系，反在於這個可能而未實現的理想。實驗的知識，當然是人類最可寶貴的東西，但却不可謂這種非實驗的知識，不有多少價值。須知人生大部分反是仰仗於這一組知識。換言之，卽這一方面如果自己發生了弊病，則其爲害於人羣，實在大得很。世界大戰如此慘苛，其背後的原因却不能不歸到文化上。須知這一類的非實驗的理想知識，是關係於人身較切。最切身的，如有了弊病當然受害會更深了。有許多無知之徒，咀咒科學說科學殺人，其實科學決不會殺人，而殺人的只是那些使用科學的政治活動家，這些人腦中都是一套不正當的理想。就是他們的那個理想在那兒作祟。所以現在世界當前的問題，只是關於文化本身而不關於科學之用途。

我們回過頭來再說耶教。關於政治思想背後之哲理，在中世紀可以說其主張宇宙是一個有機體，和中國人的思想並無大差。德國的基爾克(Otte Gierke)有言可以爲證：『中世紀之政治思想從整體出發，但對於部分的全體與夫個人均賦予以內在的價值。……其特點在視宇宙爲一脈絡分明之整體而每單位分子或爲複合體或爲單一體，視之爲一整體，同時又爲一部分。其爲部分，由宇宙之最終原因定之，其爲全體，則最終原因卽在自身之內。』(Political thought when it is genuinely modieval, starts from the whole, but ascribes an intrinsic value to every patial whole down to and including the individual......its peculiar characteristic is that it sees the universe as one articulated whole and every being whether a joint being or a single-being as both a part and a whole; a part determined by the final cause of the univers?, and a whole with the final cause of its own. 見 Political Thought of the Middle Age, P. 7)。

至於關乎教會與政府之分立他亦有說：『將社會（包括全人類之單一團體）分爲精神的及世界的生活兩面（教堂與國家）中世紀認爲係上帝之意旨。』"……the severance of this community (a single community comprehansive of mankind) between two organized order of life (Church and State) the spiritual and the temporal, is accepted by the middle age as an eternal counsel of God." (p. 19)。

於此我們便了解宗教中理論和政治思想中理論只是一件事，不僅此，且必反映那個時代。我們所得的就是這樣的思想，和中國並無太大的不同。至於後來何以有不同，却是大可注意的。說到這裏必須牽涉到西方宗教與資本制度之在思想方面的關係。學者中以韋伯 Max Weber 見其書 The Protestant Ethic and the Spirit of Capitalism) 與唐乃 (R. H. Tawney 見其書 Religion and the Rise of Capitalism) 都是以爲新教徒（即抗議派 protestants) 之理論頗有助於資本制度之發生。關於這一點倘使詳細討論，自是問題太多，無奈必須連篇累牘則與本書體裁不合，現在決定從略。所可聲明的一點，就是我在此處依然相信資本制度之造成是由於所謂產業革命，而產業革命則由於機器之發明，所以把新教徒之思想認爲與資本制度之造成有太大關係這仍是不妥當的。至多只能說路德 (Luther) 與卡爾文 (Calvin) 之改革說與資本制度發生之趨勢不相格阻；換言之，他們把舊來阻格資本社會之成立之宗教思想與其教會制度加以改變，使之撤除。故我仍認這只是在消極方面爲多。這個意義，和我在本書第四章中所主張的是一貫的：即沖開社會的成規，必須靠物質方面的變化，僅有思想上的變化是不爲功的，所以我不完全承認韋伯一流的說法。

若問：在起初西方思想和中國在大體上頗相同，何以後來不同呢？則我的答案依然是主張由於有所謂科學之產生。關於科學之出世我將在下章於民主主義中討論之。因爲我以爲民主主義與科學有不可分的關係。現在且從另一方面來說一說。即除了科學之產生以外尚有一點似應提及，就是凡係一個民族文化中心之道統總是可從兩方面來看，一方面是其活着的方面，換言之，即其尚有力量足以支配人心，使人在其中，就好像魚在水中一樣在在爲其所左右。另一方面是可說已死而尙留着一個空殼。這就是普通所謂失去靈魂。須知一個民族其文化的道統之尙活着的部分，往往是看不見的，卽只藏在這個民族中所謂典型人物（卽好人）之血管中。至於其已死的部分却化爲殭石高聳直立在那裏人人得而見之。又須知已死的部分在實際上並早已不復成爲理論，只是爲文過飾非之根據而已。我名之曰飾詞，卽專爲掩飾之用罷了。例如明明搶奪政權而曰弔民伐罪，明明揭竿而起而曰承天之命。這乃是把傳統上的概念，卽好名詞，濫用起來了，久而久之，便愈用愈濫。推其初心，不外以爲道統是人心所繫，從這裏便能捉住人心。無如後來愈用愈濫遂致道統一大半變爲死尸。中國的情形固是如此，外國亦何嘗不然。所以有些文學家專描寫僞善就是爲此。於是我們可以說道統之流愈長，則其中所含的化爲殭石的部分便愈多。換言之，卽活着的那一部分只在裏面了，不在表面。所以中國的社會上眞正好人，不必張口孔孟，閉口五經，而其一舉一動之間，安身立命之所，在待人接物大體必暗合於儒家精神。西方人有眞正可佩服的，亦無不是其心機行爲皆自然而然具有基督精神。並且中國的好人，不一定必是儒家的信徒，這正和西人中之眞正人物不限其爲相信耶教者一樣。但他既生長在這個文化環境內不必從正面直接受道統之影響，却可從側面間接受其感化。因爲在這個文化中，其在道德方面已有了傳統的標準。凡合乎這個標準者當然在這個文化中居於維繫此文化之地位。這個文化之所以不致於衰亡或破敗就由於在暗中究竟還是比較合乎此道德標準者比違反此標準者爲多。以中國論中國大多數人是農民。有人以爲農民有四大病曰愚、貧、病、私。病關於衞生，貧關於經濟，非今所論。獨有私是關於道德的。而我則以爲農民之私，決不在官僚政客及所謂知識階級等上流融會人士以上，或者遠在其下，亦未可知。我以爲一個文化所以能維持，在乎一方面有少數的特出人物，起來提高道德之風俗的水準；而他方面却亦在乎大多數人並不十分太違反這個傳統的道德標準。所以我始終以爲中國之病不在於農民。換言之，卽農民之心術行爲並不是離中國傳統的道德習尙太遠。我之所以論中國情形正是想藉以說明西方社會狀態。我以爲西方社會之所以能維持的緣故，還在於一班的普通人都多多少少有些基督精神之感化傳染。須知這個無形中的感化與傳染，卽是所謂「薰習」而與有形的宣傳反有很大的不同。

據我看耶教之在歐美各國其眞正勢力並不見得是在於教會。因爲這些有形的東西反而只在表面，並且表面上的東西反而失去其眞精神了。於是我們可得一個小結論：即文化之流愈長的，其表面上那一部分愈成爲化石，變爲硬殼而死去。但其內部必尚有一些餘留，沉澱下去，這沉留一部分變爲無形的影響力依然在暗中支持着這個文化的生命。

本人對於耶教素無深切的研究，因不想多說。請即接着一談社會主義。查「社會主義」(socialism)一名詞是西歷紀元一八三五年始有的，可謂很近，但我何以必與耶教並論呢？我以爲社會主義之名詞雖是較近出世，而社會主義的思想却是很早就有了。即在基督教中亦就含有這一類的思想；且不僅是思想而已，並須知在耶路撒冷最初教團雖歷時不甚久，然而却是共產生活的一個集團。歷史學家早已考證得確實了。伯拉斯(C. L. Brace)有言曰：『在多數共產主義之企圖及目的中可以看出許多與基督教理想相合之處。』("There is no doubt in many of the aspirations and aims of communism, a certain marked sympathy or harmony with the ideals of Christianity." 見 Gesta Christi, P. 414)。

我以爲不必如此說，只須看社會主義思想家中的幾個主要人物便可知他們受耶教的影響是怎樣的了。本章因篇幅有限，不想列舉。不過可概括一句，即他們大部分是受基督教的啓示的；他們所反對的只是教會，不是基督精神。須知基督教可以當作一個制度，同時又可以當作一個理想。倘使專當作一個理想而删去其爲制度那一方面則其根本可說是社會主義的。從反面來說，本來是沒有資本主義的思想。按英文 Capitalism 譯爲資本主義以與社會主義相對立，這是錯誤的。資本主義只是一個制度，一個社會狀態，而不是一個理想，不是理論上的主張。所有的只是個人主義的經濟學，即所謂正統派經濟學。須知這種經濟學亦只是把經濟當作現象來研究，並沒有提出一個理想的辦法。只可說個人主義的經濟學對於現狀已有的資本制度有些地方是爲之辯護。却決與社會主義不相類，因爲集產的社會是社會主義所主張所要求。所以社會主義確是個主義；而所謂資本主義却是個誤譯。決不可稱之爲主義，只宜譯爲資本制度或資本社會。本書即取此種翻譯，因此我們可以說資本社會只是一個狀態，是現實的。換言之，卽由事實而演成。至於社會主義一類的思想却是從西方道統上看。在理想方面（卽懸想於未來者）始終代表那個不斷的大流，卽總是一線相延下去，可謂爲傳流中之正統，這一類思想乃遠在希臘早已有了，耶教還是受希臘文化的影響。馬克斯主義派的學者以爲歷史進化有三階段，由原始共產到資本制度，由資本主義再到社會主義，未嘗不是有見於此。我這樣的說法就是對於同一的對相換了另一種說明。詳言之，卽就是因爲西方文化之正統是社會主義一類的思想，所以資本制度恐怕不能永久維持下去。故我以爲那個正、反、合之呆板的方式可以完全不用，而同樣能說明將來的社會是必走上社會主義的路途。這還是說西方的情形，至於中國則容在第九章中特別論之。關於原始共產之有無，學者亦多爭論，並未一致。據霍泊好士等書 (Hobhouse, Wheeler and Ginsburg, The Material Culture and social Institutions of the Simpler Peoples) 所列舉的現代各野蠻民族之生活實際情形似頗不可一概而論。有些東西是共有的，亦有非共有的。不過一個部落能維持不敝却亦在於收入之比較上均衡，這個道理在二千年以前巳早爲柏拉圖識破了：他說一個國家內如貧富懸殊一旦對外有戰事則貧者則不願替富人作戰。所以據我看來，古代社會關於產權總是以共有制爲常軌，不過並不是都一樣罷了。分配上有畸形總是後來的，這一點恐怕不成問題。因此我主張社會必是同時有兩個傾向：一個是所謂社會一體性 (social solidarity) 之傾向；另一個是所謂社會衝突性 (social antagonism) 之傾向。但須知總是社會衝突在事實上演出爲多；而社會一體（卽社會整體）在思想上表現爲多。其緣故是由於在理論上決很少有人主張社會分散化。社會中有衝突只能歸之於事實，而不是我們理想上所期求的目標。至於社會整體之思想則不然，乃是從最早的人羣結合以來就有這樣的理想高懸在心目之前，以爲愈團結便愈發揮力量。所以一切社會思想無論是保守的，抑或革命的，都不能不以社會一體之原則爲其背境。西方學者中如霍布士 (Hobbes) 盧騷 (Rousseau) 都主張在未結成羣體以前有個所謂自然狀態，是人人散立和禽獸一樣。中國古書上，如墨子、如呂氏春秋，亦都有類似的說法。在我看，當然我們須相信現代社會學者的話，未見得眞有那樣的自然狀態，但我們所以必須如此主張乃只是用這些話來加強結羣之必要之說明而已。社會學者中德國的耿波羅微 (L. Gumplowicz) 與拉誠霍缶 (G. Ratzenhofer) 都能特別注意到社會衝突方面。美國學者代表歸納成一個原則如下：『社會歷程是將兩種勢力：一爲互相競爭，二爲社會化，互相平衡與連續調整是也。』(The social precess is thus a perpetual readjutment of equilibrium between forces that tend backward toward more strugle and those that tend forward toward more socialization. 見 A. W. Small, General Sociology, p. 339)。

從最新的研究來看，這種原則又似失之寬汎，而不精細，不過我却願以此來說明思想之作用。換言之，即道統在社會上之影響。詳言之，即道統之爲思想其功用就在想把社會更加堅結。同時因爲團結加緊必須內部平均，換言之，即必須愈趨於平等。因此凡改造社會之理想無不是偏於共產。試舉數例以明之，如伯拉圖之理想國 (Plato's Republic) 如穆亞之烏托邦 (More's Utpin) 如安德立之基督邦 (Andreae's Christianopolis) 如康柏尼拉之太陽邦 (Campanells's City of the Sun 等等。於是我們知道共產思想在歷史上是很古很古的。或者勉強可以說這種偏於全體之思想正是道統。共產主義亦是這種全體思想中之一種，所以我們必須知道所謂共產主義是有許多種，而不限於馬克斯派一種。倘使我們採取廣義則此說即可成立，而在事實上亦有其故，應知財富若分配不勻平，則决有妨礙於團結。若志在使人羣加強固結，則先去其障礙。因此我把共產主義分爲消極的與積極的兩大類，或兩個方面。消極的就是把分配的不平撤去掉了，至於如何建立一個均平的制度則各種主張可以不同，所以積極的方面可以意見分歧，而消極的方面總是一致的。我所說的道統就是指這個消極的共產主義而言。我根據這一點遂把社會主義與基督教同認爲是西方文化在思想方面之道統。

現在我們且進而一討論社會主義之內容，社會主義之派別與主張太多，太分歧了。(關於最古的社會主義思想請參閱 Max Beer, Social struggles in Antiquity 一書，本書即不詳論。)不得已，暫只以馬克斯一派爲代表。平心論之，馬氏可以說社會主義之集大成；正好像朱晦庵之爲宋朝理學之集大成，康特 (L. Kant) 之爲近代哲學之集大成一樣。所以拿他來代表不過取其便利而已。但討論這個主義却必須分三方面：一是這個

一五六

思想系統之本來面目究竟是甚麼；二是這個主義實際施行時所受之不得已的自身變化；三是這個主義所含之眞正的價値卽眞理。這三點必須分析淸楚。霍克說：『歷史本身爲馬克斯理論及實踐之最大修正者。』(History itself has turned out to be the most deadly revisionist of Marxist theory and practice." 見 Sidney Hook, Reason, Social Myth, and Democracy, P. 196)。

這個話是千眞萬確的。但本書絕無太多的篇幅去講述這個歷史，於是我所要說的遂只限於理論方面而已。首先要述一個小點：卽英美學者總是喜歡說，馬克斯所主張的之中有些大部分已早爲前人所說過了。這一點誠然不差，如果列舉起來可以很多，現在爲節省起見，不必詳說。不過這却不足爲馬氏之缺點，亦不因此致其嚴密的系統性有虧。這個主義依然還不失爲一個具有嚴密系統的思想。現在的人們，無論在那一國，都顯然分爲兩種，不是愛之欲上九天，就是惡之欲下九淵。說他好就無一不好；說他壞就無一不壞；這樣無中間的態度，實在使我們純粹立在學術的立場上之人大感苦痛。我今天偏偏要硬出頭來建立一個中間態度，卽是是非非的態度（卽是者是之，非者非之）。同時我不怕他人的誤會，卽不怕反對馬克斯主義的人罵我是左傾；亦不怕馬克斯主義的信徒來罵我是反動。我在八九年前曾向靑年們大聲急呼演說，世界要太平，人類要幸福，必須使左傾者反而向右，同時使右傾者向左。無奈這些話不是此書之本旨，請不往下說了。但我現在却十二分高興，就是因爲我所提倡的已在那裏逐漸而實現，這並不是與我有甚麼關係，乃只是自然的趨勢逼迫他們不得不都走上這樣的一條路。

現在請更深入一步，討論馬氏社會主義之本質。在未分析其中要點以前，我願先提醒一點：就是馬氏學說誠如朋白維克（Böhm-Bawerk）所稱，是一個嚴密的自足系統。我以爲這種自足系統的思想最好以佛教爲切當的舉例。佛教在系統上非常嚴密：其中各論點（姑以甲、乙、丙、丁、戊等言之）互相連結。你要攻擊其中某一論點（例如甲），他就有另一論點（例如乙）來補此漏隙。你如果反對此另一論點他又有另外的又一論點（例如丙）可用以爲辯護。於是在他的系統中總會自圓其說。須知這個態度却是爲傳教而設。凡一個理論而要變成宗教，使人宣傳獲得信仰則必須把其自己造成為一個嚴密的系統，俾人不易攻擊。就好像造成一個圓球形的東西一樣，無論指出其那一點，而都與其他連結一片，不能使人容易攻入。至於科學上之理論則與此大異。他不求完備；不必成為系統，因為人們對於他相信與否並不在於其系統嚴密性，換言之，卽無須有其他論點為之補翼，為之辯護。同時亦正因為科學上的眞理多取決於與實驗或數理證明之本身。同時更因為科學本身之精神是「存疑的」(sceptical)，科學所建立者卽在他身亦只認為是「臆說」(hypothesis)。所以科學是從存疑的精神與謙遜的態度中出來的。他對於已成的臆說不必拚命去維護。倘有攻擊，如能將其推倒，則不妨另立第二個臆說以代之。因為第二臆說比原臆說更好，故對原臆說之推翻並無愛惜。這却和宗教之精神根本不同。宗教是怕人攻擊，其對付的方法只有兩個：卽一是預先建立許多輔助論點，專門防備有人攻擊之用，好像穿了許多盾甲用以保護其肉身一樣。另有一個是借了實力以干涉反對者，換言之，卽對於反對者不從思想本身上去討論，乃是外面的力量為之壓制。所以科學與思想自由相友善，而宗教與思想自由在本質終有不相容的地方。自從科學出世，這個存疑態度與讓遜精神却成為學問之不可缺的條件了。於是宗教被迫只好退縮到內心修養之小範圍去了；哲學亦不復專為宗教作辯護，不復再是神學之奴僕，而不得不與科學作好友了。近世文明之最可寶貴的地方就在於此。

我說此話決無輕視馬氏社會主義之意，現在請述其學說中之有千古不磨的眞理一層。馬克斯主義之要點有下列各大部分：一為價值論，尤其是餘剩價值說；二為唯物史觀；三為階級鬬爭；四為對演法(Dialectics)此字舊譯辨證法，（我以為太不切當故改譯之）；五為無產階級專政之社會革命說。本書對於這五點不想一一討論，而只說其中最重要者而已。關於對演法我承認是一種邏輯專用於政治活動，詳見知識與文化書中，故此處遂不再說。但討論其一必連及其他就因為他的學說是一個嚴密系統之故。他這幾部份若照我們的科學分類却是跨着好幾個科學：卽價值論是純屬於經濟學；唯物史觀是一半屬於歷史，一半屬於社會學，或再可說有些是屬於文化哲學；階級鬬爭是一半屬於經濟學卽經濟史，一半屬於社會學，對演法是一半屬於哲學，一半屬於邏輯即方法學。屬於經濟史之部分會牽涉到考古學。至於無產階級專政一層則屬於政治學。尚有他的思想爲經濟之上層建築說，根據此義足以批評以往的一切思想與學說，皆可目之爲反動思想（即有產階級之思想）而一舉推翻之。於是我們便可知道一個馬克斯主義實包含全部社會科學。所以有一種偏執之人以爲只要有馬克斯主義則一切社會科學即不必要了。尤可笑的是俄國在前數年曾創有馬克斯派數學與馬克斯派物理學而將相對論想加以推翻。這樣可笑的情形却不料更有甚者，現在的德國大提倡所謂那粹數學與那粹物理學，不但要打倒相對論（因爲是猶太人發明的）並要推倒新量子說（亦因爲是猶太人所發明的）。我敢請中國的青年學子把眼睛張開看一看這個情形……，必會恍然大悟。倘若硬使世界上有所謂馬氏社會學，馬氏政治學，馬氏歷史學，馬氏哲學，馬氏經濟學等等，而將平日我們所有的社會學，歷史學，哲學，經濟學皆拋在廢物堆中，則勢必會另有那粹社會學，那粹政治學，那粹經濟學應運而生。短兵相接，殺得不可開交。遂致地球上數千萬人爲此流血死亡。所謂學術殺人，在古代不過一句話，在現代竟眞有其事了。

但話又說回來了：人類的相殘正是馬克斯所要研究的，亦是他想於研究以後設法改善的。這正和基督對於其教徒之慘害異教徒之負任何責任一樣。所以基督教徒之罪惡不可歸之於基督本人，就算在他的帳上，不過我們總希望相信基督的決不可爲基督之罪人，相信馬氏的亦切不可爲馬氏之罪人罷了。我對於馬氏學說最佩服的即其餘剩價值說。此說內容因坊間已有多種書籍詳論之，本書不想敍述。現代經濟學家以爲此說是根據其價值說，但最新經濟學則早已不復討論價值而專研究價格，以此之故遂以爲餘剩價值之概念亦不免有搖動。我則以爲大大不然。須知此說之主要目的在於說明剝奪 (exploitation) 之社會的歷程之所以成立。倘若否認此餘剩價值則對於社會生活之有剝奪亦不能不認是一個實在的現象，而對於這個現象在經濟方面却無由說明。我則以爲餘剩價值說確能完全解釋社會上剝奪之事實，或又有人說這樣的剝奪是只在資本社會中始有之。馬氏此說只是說明資本制度之所由成立。其實若取廣義則剝奪在資本制度未成以前，本藉政治力量以行之。於此馬氏另有階級鬭爭說。在資本制度中，對立的兩階級是有產與無產（所謂有產是指資本家而言至於中等階級即不在內）。若在資本制度未成以前那些鬬爭的階級却是在政治方面爲甚。統名之曰階級鬬爭而不加分別，似不甚安。說明這一點便離了經濟學而入於社會學之範圍了。於是我們可以這樣說：卽剝奪是一個現象而對於這個現象可以從歷史學以溯其原；從社會學以明其義意，從經濟學以見其形狀。向來關於經濟學方面尙少說明，這便是馬克斯在學術史上不朽之功績。就是馬氏所以爲科學家（社會科學）之故。我頗意對於這個剝奪現象加以說明。關於經濟方面不想另下解釋，因爲馬氏所說已經充分了；但須知這個現象是一個複雜的東西，尙可從其他方面以研究之。我主張人之結成社會根本上是由於「需要」(need)。這一點的眞理在二千餘年前柏拉圖已早揭破了。由需要而生組織，自不待言。但組織一起就會有人來利用之。於此我提出一個「利用」概念以說明社會上所有的一切不平現象。利用二字不是英文 utilization 譯語，因爲英文此字不含惡意。我用此語反而與 usurpation exploitation 二字有些相通，不過沒有這樣重而已。就是指從中取利而言。在我知識與文化會中曾舉一個最淺的例。卽如商人由甲地運貨至乙地出賣，其物在甲地之價錢與其到乙地之運費是其成本。乙地正缺少此貨，遂標出高價應市。這個「缺少」(scarcity) 正是經濟學上所研究的一個概念，我則以爲是由於需要而生。但這個運貨的商人因高價而獲利便是利用這個缺少的情形（卽利用人們對於天然分配不勻之狀態有所需要）。又如初民社會中之分工是以男女與長幼爲始。而以女子與幼童作低等的輔助工作亦就是利用他們體力的不足之缺點。於是我們對於這個不平等這個概念可以分幾方面來說：第一是生物學上的不平等；第二是社會組織上的不平等；第三是因利用社會組織而得的不平等。關於生物學的不平等可以用社會組織上設法對付之，卽於社會組織採取平等原則。關於社會組織的問題現在且不多說。我們必可知道凡有組織必可有法子利用之達其私利。組織雖是出於需要，但固定化爲制度以後，則自會有不關於需要本身的東西產生出來，卽把需要之附帶者會製造出來。所以我不名之曰剝奪，而名之曰利用。就是利用社會上必不可少的需要以達其個人的需要。此個人需要却爲社會可以缺少的，於是我們乃知現在的社會組織是很奇怪的。人生不可少的需要反被那些可以缺少的所壓倒。詳言之，卽社會之所以有組織而成爲制度乃是出於不可少的需要；然而迨制度固定了以後便在其夾縫中產生許多利用現象來了。又由這些利用再與需要相參合，遂把制度加以彎屈，使其發爲畸形的發展。發展到後來，愈演愈烈，竟成爲不必要的人生需用（姑以侈奢品爲代表而言）反壓倒了必要的人生需用。所以資本社會最發達的階級或情形是所謂帝國主義，有帝國主義必有對外的侵略戰爭。馬克斯分析資本制度之內容，說明世界戰爭之性質，均是放諸四海而皆準的眞理，雖亦不能否認。須知這種畸形的狀態（即把原來人類不可少的需要反爲人類可以缺少的需要所壓制），其所以演成却有多端。從經濟方面來說，自是資本之造成與其厚積，因爲資本愈厚積便愈有勢力，對於經營上愈便利，這便是他所說的資本集中之自然趨勢。他根據此義預測將來之資本制度自行崩潰。有許多人說他這個預言並未中，我則以爲不然。他的這個主張其有無價值並不在於中否。須知這只是一個對於資本社會之分析。我們決能否認資本有自趨於愈積愈大之傾向，不必涉及預言，而已早成爲眞理，故我說馬克斯之大功即在於揭穿人類社會之有剝奪（即我所謂利用）。這一點上馬氏之功不僅高過基督，且亦高過孔子。因爲這樣揭穿是爲造福於人羣，不是使人羣受禍。至於反對他的那些人，例如那粹黨與法西斯黨，才眞是率獸食人的了。關於這一點我更願從知識方面作一個補充的說明。我在知識與文化書中曾提出「狡黠」(cunning)是用社會組織以從中取利所由起一種知能。現在用最淺的例來說明這個狡黠現象。例如我們常見的人力車夫，其中亦有狡黠者，他可用中途換車之法。於是勞力較少而獲得較多，地所多得的並不取之於雇客而乃取之於同行。我並不是說他由此可以致富，乃只是表明只要有狡黠之智總可利用社會制度而獲得私利。我又嘗推究其故，以爲這不是由於狡黠者太聰敏，乃只是由於大多數人太愚笨。由於大多數人平日不願用腦去思索，所以對於那些狡黠者所玩的把戲不能識破。資本制度之演成是由於有資本家產生，資本家的贏利好像是極正當的。這就是由於沒有人能識破其中的巧機括。馬克斯出來揭此黑幕這是他的功在宇宙的地方。不過我對於所說的狡黠已曾加以聲明，並無壞的意義，依然是不離乎聰敏(intelligence)。所以我們不必抑智而就愚，還是應該提高一班人的知識思想程度。說到此自會牽涉到人性改良之問題了。馬克斯派以爲換了一個新的社會制度，把剝奪取消了，使人人都有生存權，則人性自會大大改變。我認爲這個主張是很對的。一班宗教家總想改善人性，增進道德，無如他們不從實際社會制度上着眼，而只一味苦苦勸說。其結果乃是勞而無功。所以要改變人性必先改變社會制度，把凡所以使人們生機詐與侵奪之心之社會的機會一概堵塞盡絕，則個人在社會中便無法爲惡。同時使其精力能向他方面發揮，因爲生活有了固定的基礎，不致發愁。所以改造社會較宣傳宗教，對於人心之向善，更爲有力。所以硬心腸的人的辦法確是比軟心腸的人來得切實。馬克斯派還怕訴諸事實的研究爲不夠，於是極力提倡純粹客觀。他們所以標揭「唯物論」就志在於轉換吾人用心的傾向，使數千年由宗教所積成的心理傾向，這個傾向，可名之曰主觀的偏重，爲之改變。他們反對宗教不外乎想用激烈的力量以改變這種軟心腸的作風與主觀偏重的傾向。在此處，所以有人（如 W. Sombart）主張基督教與社會主義絕無溝通之歷史的淵源。但我今合在一起論之，乃只是從思想之本質與其動機上着眼而已。馬氏因爲要極端注重客觀，於是又預言資本制度必自行崩潰，其所以作此預言之故不外乎想堅人們的信心。我在前書中曾提出凡抱了革命的熱望而不想訴諸宗教式勸化辦法，勢必想在客觀的事實界尋找一個根據。就是想發見客觀的必然性以代主觀的期望。須知這個客觀的必然變化未必眞是客觀的，乃依然只是內心的熱望而硬設法推到客觀上去。他們愈是口口聲聲講客觀，我們却愈看見在其內心具有宗教式的熱烈情緒。這種就是由情緒所決定之推理之結果。這樣爲情緒所左右的推理在潘蘭陀（V. Pareto）謂之曰：“Logic of sentiment”詳見 'The Mind anu Society vol. IIP. Oh. III IV）。我在另一篇文章上卽採此說遂主張所有的政治哲學、社會哲學之思想其推理大都是如此。所謂硬推到客觀上去就是想發見一個社會變化所必須遵循之公律，卽所謂「社會公律」（social law）。社會學家亦未嘗不是努力於此。例如美國的瓦德（L. F. Ward）就有所謂勻合原則（principle of synergy）卽等於斯賓塞（H. Spencer）之進化原則一樣。此外尙有所謂循環變化說，以爲社會有一定的分期變化，周而復始。這些學說如詳敍起來自非專書不可，本章不欲多論，讀者可參看 P. Sorokin, Contemporary Sociological Theories, P. 728-741。

就這本書而言，不同的學說有數十種之多，我們必可見馬克斯派所說的正反合之公律不過這些學說之一而已。當然都根據於客觀事實的研究，不過如果當作社會學上的一個學說，而社會學若自居爲科學，則必對於此種學說只認是一個對於一班事實之總括的說明。並於未來並不能保證其必如此。這和科學家不保證太陽必從東出一樣。科學只可有預測，但決不會有保證。預測是基於或然率或可能性之最大者，依然於未來並無必然性。所以科學的精神是與人們的期望無干的。亦決不是反乎吾人熱望，乃只是對於人們的希望完全獨立；你可依此而獲得所望，這是你利用科學，並不是科學來遷就於你。如果我們嚴格恪守科學精神則我們可以說雖馬克斯派口口聲聲自稱其社會主義爲科學的，然而却與我們所謂科學的在意義上並不盡同。我說此話並不是譏議他們，反對他們，我只揭破他們的內心還是一種類似宗教的熱誠。我們對於這種熱心只有佩服，決無反對。因此我敢說馬克斯派實包括一個大矛盾；即動機與學說之互相矛盾。以動機而言，他們是志在想建立一個無階級的社會，基於社會平等之觀念。這和基督教所希望的地上天國在性質上並無大差。所以馬克斯派的根本動機是救世，並且其意比任何宗教家來得眞切與切實，無如其學說到顯有衝突處。先就關於正反合之必然歷程而言。如嚴格來講，勢必被人攻擊，謂不必從事活動只須靜等資本制度之自己倒坍。其實馬氏本人並不對於這樣的客觀必然作十二分嚴格的解釋。據我所知，他並不否認個人的創造功（即原動力），不過個人的創造如果要發爲社會上的一個變化之成就（即要由此而使社會起變化）則必俟社會本身上客觀條件之成熟。所以他對於歷史並不承認大人物（即偉人）之功用，不過大人物不是突然成功的，乃只是時代正要求有這樣的人，而他却又正應運而起。此說和中國人所說的「乘勢」並無大異。他所以如此主張之故就由於他並不否認人心之力量。他雖不是唯心論者，却亦決不可與一班唯物論同一看待。他並不注意於心意之起源（因爲普通的唯物論主張心爲物所產）。其實他只主張懸空的理論是不行的，必須有客觀的事實，即在其上作實踐方能證其爲眞爲假。這樣即無異乎主張心物是交互用的。恩格爾斯說：『人類思想之最初及最重要之基礎，並非自然界本身，而係自然界經過人類努力所起之變化。人類智力之發展，視人力所以改變自然界之程度定之。』(It is precisely the changes in nature brought about through man, and not nature as such alone, which is the most essential and primary foundation of human thought. In proportion to the extent to which man learned to change nature, his intelligence devoloped. 見 Engels, Dialectics and Nature)。

就是說人類的智慧與外界的自然是交互的；兩者相推進。唯有在自然界起變化始能促進或改善我們的智力。這却並不是說心靈由物質而產生。所以傳統的(或舊式的)唯物論之命題是馬氏所不研究的，亦正是馬氏認爲無研究價值的。馬氏既主張心物交互則當然亦必主張主客交互。質言之，即任其學說中並不完全否認主觀之重要性。如客觀的環境上其條件已皆成熟，而沒有人出來領導則依然不會使社會起大變化。所以此說(即主張主客交互者)，必亦同時包括羣體與個人之交互作用在內。即不是個人完全破羣體所決定，亦不是羣體完全爲個人所能改變，乃只是個人有其機會可發揮其動力，羣體有一定的歷程以迎接此個人的動力。這樣依然是一種折衷論。須知主客之交互與羣體與個人之交互都根據於心物交互一點而來。這由於馬克斯對於心物問題認爲只是傳統的哲學上問題而與他所取的觀點截然不同，所以我們倘照哲學的講法更可說馬氏並非唯物論者。列甯並且有下列的話：『由於從簡單淺薄形而上學的唯物論觀點，可謂唯心論完全荒謬。反之，從辯證的唯物論觀點，可謂唯心論將知識之特有的一方面，片面的誇大的表現爲神聖的絕對，爲脫離物質與自然之事物。』(Philsophical idealism is nonsense only from the standpoint of a orude, simple and metaphysical materialism. On the contrary, from the standpoint of dialectical materialism, it is a one-side, exaggerated, swollen development of one of the characteristic aspects or limits of knowledge into a deified absolute, into something dissevered from matter, from nature. 見 Lenin, Materialism and Empiriocriticism, P. 327)。

可見他們並不完全反對唯心論。我們根據他們這樣的折衷態度再來一檢查其所謂唯物史觀，必見所謂經濟的因素決定歷史上文化上其他一切亦不是取絕等的意義。恩格爾斯卽有顯然的表示如下：『假如有人謂經濟元素爲唯一之決定因素，則渠將經濟一名改爲抽象的無意義的與可笑的言詞矣。各種因素皆互相作用也。』(If some body twists this into the statement that the economic element is the only determining one, he transforms it into a meaningless, abstract, and absurd phrase……There is an interaction of all these elements. 見 A letter to Block, 1890)。

可見他們同時承認經濟方面以外傳統文化亦有支配力。馬氏亦說：『過去各代之傳統，如以夢魔之力壓倒世人腦際。』(The tradition of all dead generation weighs like a nightmare on the brain of the living. 見 Eigteenth Brumaire)。

至於他們主張經濟是基礎不外乎以為經濟的變化有其自身的必然歷程。倘使不依其必然軌道而要從政治與法律以及宗教，思想等方面使其發生變化必不可能。所謂政治法律宗教思想是上層建築只是指此而言，並無他義。換言之，即經濟之發展歷程是獨自的，只許經濟施其影響於政治、法律、思想，而不會由政治、法律、思想以變更經濟自身發展之程序。這雖不是取交互作用的觀點，然自交互觀點亦可說得通，即政治、法律　思想與經濟互相影響，而獨於經濟發展之歷程的次序上不能有變化。根據這些論點，我們又可知他們對於必然與偶然亦是取折衷的見地。恩格爾斯說：『各人共知所稱為必然者，為純粹之偶然所組成。』(One knows that what is maintained to be necessary is composed of sheer accidents 見 Ludwig Feuerbach, P. 55)。

如果必然與偶然亦是相合的，則我們對於正反合之公律便不當作黑格兒的看法，而只當作一個行動上的指導而已。據我所了解，他們是把必然即寓於偶然之中。所謂思想與政治不能變更經濟歷程，亦正由於偶然中即含有必然，因為經濟總是關於實物(如資源與貨品)的，而實物之有無多寡決不能為思想與權力所變更。此即經濟歷程是獨立的之故也。但討論正反合之對演法時，我們不可不切記他們的知行一致說。他們主張離了實行便不會有真知識。換言之，即知識之真偽必以實行來決定之。此說和美國的唯用主義(pragmatism)決無二致。從這一點上我們又可以斷定馬氏對於物資觀念和所謂唯物論很不相同。恩格爾斯說：『宇宙不能認為係固定事物之混合體，而係各種歷程之混合體，』此項基本思想深入人心，甚少有人對之有所抗辯。』(The great basic thought that the world is not to be comprehanded as a complex of ready-made thing, but as a complex of process……has……so thoroughly permeated ordinary consciousness that in the generality it is scarcely ever contradicted. 見 Feuerbach, P. 54)。

這和現代物理學上把物退元到「事」(event) 是一樣的。倘使我們確信這些解釋，必見坊間有許多自命爲馬氏派的著作反而把馬克斯化爲礓石，又硬又古，不復與現代相通了。就中如此輩人解釋唯物以爲是主張地球先人類而存在，此語雖出自列甯之口，然而嚴格照馬氏系統言之，這個問題根本不能成立。因爲問地球在人類以前存在抑在人心以後始有，這乃是「靜觀的哲學」(contemplative philosophy) 所從事之問題。馬氏最反對靜觀的哲學，以爲這些爭論都是坐食而不勞力的人們玩戲。眞的知識決不能與實踐分離，所以討論這個地球先在的問題是與陷入於中古經院哲學的思維法中。說至此，請即一談階級鬥爭。我們從中立的立場來看，絕對承認階級的對立是一個事實。因階級對立是事實，所以階級奮鬥亦是事實。我們在剝奪現象未取消以前，決不以爲階級鬥爭是假的。不過這是資本主義成立以後所演成的。倘使硬要說人類自有史以來就有階級鬬爭，這便是把階級鬥爭當作一條公律，不僅是事實而已。但我們查看歷史在古代其從事鬥爭之兩造並不是資本家與勞工（須知在以前即政治上的階級鬥爭亦只是爭奪不能抽成永久不變的公律）。可見馬派對於階級一名辭有時指有產與無產之分而言，有時又指治者與被治者之對立，其意義游移不定含糊不明。這實是一個缺點。至於我們則只承認在這樣經濟組織的社會上階級鬥爭是個事實。換言之，即我不承認是一條公律爲任何社會所必有。果爾，則未來的社會是否尙有鬥爭即不復成爲問題了。

第八章　西洋的道統(下)民主主義

本章雖是主要在論述西洋道統上的民主主義，然而却是接續前章所討論的，就因爲前章乃是未完。這兩章必須合觀，因爲是不可分開的。查民主主義原文是Democracy。此字發源於希臘。在希臘文似宜譯爲平民政治。於此所謂平民尤指一班公民而言。但我却覺民主主義四字來得好些。就因爲不限於只在政府方面，是一個政治制度而已。這乃是近代的產物。近代把民主政治化爲民主主義，使其除政治外包括各方面，例如生活與思想態度亦在其內。於是民主主義便是一個文化，而不僅是一個制度而已。既是一個文化則又可說是一個精神。只要精神是合乎民主，則縱使其外表的形式有種種不同，亦決不要緊，反之，我們縱使有民主政治之制度，而無其精神亦是徒然。例如英國有皇帝但仍不失爲民主國家。例如辛亥以後中國有等於憲法之約法，有國會，有總統，但實際上仍不是民主政治。於是民主主義便變爲一個作人之道了。我們總括來說，民主主義同時是個政治制度，同時是社會組織，同時是個教育精神，同時是個生活態度，同時是個思維方法，同時是個前途的理想，同時是個切身的習慣。這樣則民主主義就等於一個傳統的文化之全體。本書討論民主即取此義。如果民主主義當作今天的英美政制而言，其開始在十八世紀之末決不足爲西方文化之正統；但如果把民主主義縮小了些，而指人民有集會議事而言，則條頓民族在其初起的時候，即有部落與鄉村之集會，凡大事由議會定之。平心而論，開會討論雖是文明發展以後的事。然在初民社會亦並不是沒有，往往有所謂年長者之集會。即以家庭而言，父親遇有重大事情亦多有邀集子孫共同商議之情形，所以集議一事是自古即有之。即在中國古代，亦就多有諮及衆庶之事，可以左傳所載爲證。不過中國不及條頓民族有集會討論之習慣而已。倘使以會議爲民主之雛形，則可說原始民族並未嘗在反民主的情形中生活。至於反民主却是後起的，換言之，即專制與暴政反而是後起的，不是初民社會所本有。這一點和經濟方面的私產制度是一樣的。社會學者對於原始共產制雖有人否認，然而承認者究屬不少。不過按照物品來分別言之，情形亦甚複雜。而我則以爲土地、牛羊、房屋等比較上以共有爲多，至於刀桿與衣則屬於私有。可見原始共產之說雖嚴格言之，不無儱侗之譏，然大體上尙似可成立。不過如以正反合之方式而爲之附會，則必可說原始共產是正，資本制度是反，將來社會必成爲共產卽由於正反以後必須有合，此乃必然之歷程也。此說我在上章已加以批評，以爲將來社會應如何我們應當依照科學以從事於改造，不必恪守此種非科學性的正反合方式。在此我所以重提此點只在想與政治方面作一個對比，如果硬要應用正反合之方式於政治上則未嘗不可說是由共和到專制又由專制到民主。總之，專制與霸政是反而不是正，這或無可疑，但細分析起來必見另有緣故。原始民族沒有國家，沒有政府，在其部落(clan)的羣居生活上，他們反是很平和的，並不是無秩序而只可說無組織。他們的秩序是出於天然本於人情。克魯泡特金之互助論(P. A. Kropotkin, Mutual Aid, Chapt. II) 第二章中言之甚詳，此書有譯本茲不繁引。雖其書距今已有四十年以上，然而現代社會學家尙多承認之。於是我們可以說組織是由於需要之逼迫而始起，所謂需要大部份是對外戰爭。此一羣對於另外一羣有爭鬬行爲時自然會逼得此羣中人們加緊團結。不僅如此，同時爲了加緊團結之故必致首領之權會自然加強加大。因此我們勉強可說國家之造成與有所謂政府都是由於有戰爭而起的。我們雖不可做照信古的舊學先生以爲上古人性本善，但在古代沒有比較大一些規模的戰爭，足以使人們提起仇視之心，與敵愾之氣則必是事實。因此有些傳說謳歌上古，這原是事出有因，不可完全否認。後來戰爭愈演則規模愈大，於是國家不但由此產生且須加強其性質。迨到後來反而倒果爲因了。卽本來國家由戰爭而起，乃變爲有國家斯有戰爭。馬克斯說一切政治爭鬬都是經濟爭鬬，這句話眞是千古名言。這句話就是答復一個問題曰：爲甚麼平平和和生活的部落會有戰爭？這當然是由於天然供給之不足，而感着不足又當然由於人口之增加。這些說法好像與耿波羅微以及歐本演茂(F. Oppenheimer)大致相同(耿氏書爲 Eer Rassenkampf 歐氏書爲 Der Staat)。但我的主張只有 部分與他們相同。我不相信他們所說的種族爭鬬，是普遍的現象。並且爭鬬亦不限於行在不同的種族之間，兩個部落(卽八羣)互相爭鬬亦不限定爲種族有不同。不過他們所說的國家之起源雖不是很對的，然而若採用他們的說法以解釋專制政治之起源，則是千眞萬妥的了。他們總是把國家認爲壓制的機關，使行強力以要人們的服從。殊不知人類之有社會，即有領導與服從之分別，乃是出於需要，並不是起於無理可講的赤裸事實。所以我認爲人類有秩序，有社會，有組織是一件事。而秩序之變爲不公正，社會之變爲偏枯，組織之變爲畸形又是一件事。學者往往併爲一談，於是分兩派。一派我名之爲樂觀派，就是以爲有組織勝於無團結，惡政治勝於無秩序。另一派我名之曰悲觀派，此派在表面只講事實而不評定其好壞。在現代社會學家中有意大利的莫斯卡（G. Mosca, 著有 The ruling Class）與德意志的米企爾斯（R. Michels 著有 Political Parties）。他們以爲人類羣居總是以少數人統治多數人，而實際只是少數人有利，這種「政治定律」在表面是講以往的歷史事實，而在他方面却最易被人利用，以爲專制之理論根據（即謂專制乃絕對不可避免的）。殊不知講政治不能純粹講事實。事實只是「已然」卻不能決定「未然」。我們只能說以往直到現在人的年歲至多不過一百數十歲，却不能斷定將來永遠不會活到二百歲以上。所以我對於這個專講事實的社會學悲觀派是並不十分重視。至於樂觀派之弊病，乃尤甚於悲觀派。他們對於政治完全抱一種錯誤的見解。人類羣體上之有政府機構當然是出於需要，既有需要則政府一旦創出以後，便不會變爲無政府。無識之徒往往一聽無政府主義之學說，就駭得不得了，以爲等於洪水猛獸。其實如果眞有所謂無政府狀態，我敢說人們在無政府狀態下生活，無論如何不會比在惡政府下生活更壞。自人類有了政治以後，只有政府之良惡問題，已早沒有了政府之有無問題。所以這一派人只看見人類對於組織有所需要。一方面，誠然組織是有需要的，因爲非此不足以見文明，亦必由此而便文化有進步。但却不可忘了另一方面，即另有因組織而生出之弊病。我們決不可以爲這些弊病亦是需要的，與不可少的。根據此義我既不贊成悲觀派亦不贊同樂觀派、並且照我這樣說法，亦足見所謂正反合之定律不過只表示一個大概而已。換言之，即由一種粗枝大葉的觀察以成，而尚未細加分析與研究。縱使細密研究之結果亦不能越過這個正反合之方式。然而細密分析是科學，只言其大概却不是科學，此則不可不分別也。於是對於政治之起源乃另創立一說。

我此說可名爲「唯器史觀」此乃是 technological interpretation of history 之意譯。其意是注重在器具之發明，在初期尤注重在於武器。我以爲人類生活如有改變必須先有新器具。資本制度之所以成立，就是由於有機器生產以代手工生產。所以機器之發明影響及於人生實在大得很。馬克斯見到了這一點，斯濱格拉（O. Spengler）亦看到這一點。須知器械之發明係由實際需要而逼迫出來。這種需要就是抵抗天然的風雨與外來的野獸。而器械又可分兩大類：一是用於生產如耕地之耨，牲畜之杖等等。另一是用於防禦如刀如甲等。但凡可防禦的器械又都可以用於攻擊，於是這兩類便可說產業器械與武備器械。我之所以說此却在於想藉此以明社會之有統治階級。政治上有治者與被治者之分，大概是由於治者往往是移來的一部落，而被治者就是土著的部落。至於所以能常久維持這個上下的關係却又靠治者必同時就是一種新器具之發明者兼使用者。因爲這種發明總是與使用合一，不像後世的複雜機器一樣。同時如將其使用傳授於他人，則他人自會一方面感其恩惠，他方面崇拜其道德。爲了報德起見，又往往加以尊位或尊號。例如稱帝稱王，其實那時的帝王決不如後王的帝王之尊嚴高貴，亦不像後來那樣與人民隔絕。我立此說可用中國上古的傳說證之。韓非子上有「上古之世人民少，而禽獸多，人民不勝鳥獸龍蛇。有聖人作，構木爲巢，以避羣害，而民悅之，使王天下，號曰有巢氏。民食果瓜蚌蛤……而傷害胃腸……有聖人作，鑽燧取火……而民說之，使王天下，號曰燧人氏。」（五蠹篇）。足見這些帝王只是發明家，一方面因有發明而民感其德，他方面因其才能出衆足以率領衆人，另一方面，又因新器械在他手裏，則他的地位便因實力而自然會高貴起來。中國古代尙有其例，如易經上有：『古者包犧氏之王天下也，仰則觀象於天，俯者觀法於地，觀鳥獸之文，與地之宜，近取諸身，遠取諸物，於是始作八卦……以結繩而爲網罟，以田以漁。』（繫辭）。又商君書上有：『黃帝內行刀鋸，外用甲兵。』（畫策篇）。又史記上有：『於是軒轅於習用干戈，以征不享……治五氣藝五種，撫萬民度四方，教熊羆貔貅貙虎。』（五帝本紀第一）。於此顯然可見者即黃帝發明用猛獸以爲戰具，古代用猛獸以教戰似爲事實。爾雅與周禮均提及之，可見黃帝之所以得位與保位，在其威而同時又在其德。史記云：『勞勤心力耳目節用水火材物，有土德之故，號黃帝。』蓋教民種植開闢山隰使人都得從事於生產，因而生活可以安居。我們於此可作一個小結論，就是治者階級之起來，是在一方面，由於從他可替一班人謀福利；在他方面，則又由於人民對於他實在怕其威力。從謀福利一方面來講，可以說是出於需要，因爲有治者是確比無人領導來得好。但從其威力可怕一點來講，則政府之成立（即統制關係之發生）並不是建立於人類性善一方面。所以嚴格講來無政府主義之理想雖實際上未必眞能實行。然而在思想本身，却是很高尚的，又是很合理的。因爲這一派學者是把社會與國家分爲兩個不同的概念。以爲人類可以有共同生活而不必有組織，即有組織亦不必有政府。於是政治與社會分爲二事：社會是出於人之本性，爲情而合理。政治是本於強制，沒有武力不行。性惡論者以爲：『今人之性，生而有好利焉，順是，故爭奪生……古者聖人以人之性惡，以爲偏險而不正，悖亂而不治，故爲之立君上之執以臨之……重刑罰以禁之。』（荀子）。這種思想是以爲有一個沒有共同生活的狀態，在此狀態中是所謂 "bellum omnium contra omnes"（此霍布士語）。其實這種主張不外爲君權作一個辯護。須知人類自始就沒有一個所謂自然狀態，只知有己，不知有人，和野獸一樣。而預設這樣的一個狀態，即懸想有這樣的一個境象乃是專爲君權（即治者之威權）作「飾詞」(rationalization)。學者之思想可以爲政治上梟雄之工具，此亦即其一例。並且在實際上我們更發見古時所有的刑罰未必盡對於破壞社會的人而施，乃往往以刑罰爲勞役，就是想用這樣的口實而榨取所謂餘剩價値。凡政治上的事都有經濟背境，這一點我在上文已早提到了。於是我們可以說在人類羣居生活上而有統治的強制關係之發生，是一半由於需要，一半由於因需要而起之利用。利用二字之意義，已詳上章，千乞讀者把這兩章合看。根據此義，我們又可得一個原則：即社會上一切本是都從需要而出，但任何需要又都可被人利用以產生不需要，或違反需要的情形與事物。於是我們便可說政府之爲物，是一方面由於需要，而他方面則爲因需要而起之利用。如以善惡許定之，則凡需要必皆是善，而利用則無不爲惡。無政府主義者，只看見後一半，而擁護治權的學者（如霍布士之流）又只看見前一半，我則以爲兩者皆得之，又皆失之。至於我提出唯器史觀以代世間流行的唯物史觀亦頗有故。就因爲我亦同時重視所謂觀念形態。按「觀念形態」是

ideology 之譯語，我明知不確切然苦無法易之。所謂觀念形態是指那時社會上正流行的一些概念，例如在經濟上欠債應付利息而還清，在政治上對於君主應行大禮等等，不行大禮即爲不敬，不還債即爲不公。一個人必須敬必須公乃是一套思想。這一套思想，在無形中深入於人心。由家庭間父以此訓子，長以此教幼。社會上獎勵人們的遵照責斥人們的違背，於是久而久之習與性成，遂致本是一些理論而却變爲生活。這樣與生活打成一片的思想，名之曰觀念形態。須知這種思想與學者們所自創的思想是不同的。學者的思想無論如何總有一個前途的展望。以爲如何如何方爲美善，所以學者的思想總有理想包含在內，不會只是現狀。所以我在上章說，孟漢姆把觀念形態與空想分爲兩種不同的格式，只限於傳說與社會組織之關係上是說得通的；倘若指學理而言，即如耶教思想，佛教思想，以及孔子思想都不能嚴分爲屬於那一個。雖然如此但我仍相信以宗教爲主的社會學家（例如英國涂爾幹）所言是有真理的，就是他們主張這些與生活打成一片的觀念，大部分都是起源於宗教。例如對於長者之敬，與對於在上者之恭，都是從宗教上出來的。所以在初民可以說凡屬於道德方面的一些概念及關於政治制度與經濟秩序上的一些觀念，無不是可溯其根原於宗教上。不過這一派社會學家所說的宗教，却和我們現代所存的那些大宗教並不相同。在上古所謂宗教並不有創教之教主亦不有成文之經典，所以我們若以現有的宗教來作實例，則必對於這一派社會學者之言不能了解。我們既承認有一套所謂觀念形態，是從當時的宗教嬗衍而出。這些觀念形態却於無形中把人們的思維態度與方法都化爲固定的模型，而有一定的軌範。人們即在其中思維同時亦就是生活，生活與思維變爲一件事了。我們必須把這一方面（即觀念形態）再加於上文所說的器械之重要性之上，於是我們對於歷史之變化與演進，便有充分的說明。而於物質方面與心意方面都能彙羅了。說到此可得一個總結，即政治的統制關係（即君臨關係）之成立，是在物質方面由於有新的武力器具，與新的生產器具之發明，而同時在心理方面則由於有一套正適應這個新起的情勢之觀念形態。例如西洋各君主國，往往發令多藉上帝之名義，正與中國皇帝稱天子（天的兒子）相同。用宗教以維繫其政權頗爲顯明。我之所以刺刺不休討論這個問題，而不還入於民主主義之本文，乃正是欲爲民主主義立一基礎。因爲不討論這些問題，則對於民主主義決不能鞭辟近裏。

本當緊接以入於民主主義之討論之正文，無奈要把民主主義弄得極明白又必須先討論兩點。一點是科學，另一點是所謂民族（即民族主義）。先言科學，我分民主主義爲幾種不同的看法：可以把他當作一個制度或風俗，又可以當作一種精神。科學亦然，同樣能有不同的看法，可以當作一套知識，亦可以當作一種精神。我現在要提出討論的就是是科學之兩方面。一方面是把科學當作技藝（science as technology），另一方面是把科學當作研究。當作技藝，就是一套的專門知識，當作研究則僅是一種窮究不已的精神而已。如專講其技藝方面，則科學之誕生可謂甚早。不但初民之巫術（magic）中含有科學之種子，即上古時代之鑽木取火與觀日制時亦何嘗不是科學呢？希臘的泰雷斯（Thales）以爲萬物由水而出，復歸於水。後人謂爲哲學。其實在當時就是科學。可見科學若當作一套專門的技藝，知識則並不算有何等希奇。本書在第三章上曾詳論科學之性質，以爲決不僅此。我主張眞正的科學即把科學當作一種精神，是與民主主義有密切關係的。在此所謂民主主義亦是當作一種精神。這兩種精神有相通的地方，欲明此義必須詳述民主主義之性質。

次言民族，所謂民族是西文 nation 之譯語，因爲已經通行了，故不及改而其實譯得很不妥。有人改譯爲「國族」即聚族成國之義似較妥當。這種國族之造成有人以爲是由於言語之相同與血統之同源。其實並不盡然。不過因爲言語相同則情感自易相通，又因情感相通則團結自易形成能了。而主要原因反在於有所謂「國民自覺心」（national consciousness）。就是人人在這個聚族爲國之中，自己覺得是一份子，國家之利即是我的利，國家之害即是我的害，把總體與小己打成一片，自己了解其地位與責任之所在。這種情形非在民主主義的國家不能實現。反之，我們又可說民主主義亦非在這種有國民自覺心的民族國家中不能成立。二者是相待相成的。沒有國族主義的國家，就沒有民主主義的政治；無民主主義的制度，亦不足造成國族主義的國家。要詳論此點，又須多多說明民主主義之精神。

兩點既已先行提出討論，現在即請闡述民主主義。至於此兩點之尚有須說明的地方，當於敘述民主主義時象及之。民主主義的政治制度在上文已說過，是遠在耶教出世以前就有的。但耶教有所謂「同胞」(brothers)一觀念。指凡在上帝之下，一切信奉上帝的人們，彼此互相間的關係而言，却是對於民主主義的思想頗有幫助。因為這個同胞觀念即是所謂四海之內皆兄弟也，實含有平等之義。民主主義之基本觀念自是自由與平等，不過後來在此二者之外又加了一觀念曰：進步(progress)。這三個合在一起遂生了許多問題，容於說明民主主義後再行討論這此問題。現在且逕述民主主義之本義。須知真正一針見血說破民主的精神的人不是洛克(Locke)而乃是盧騷(J. J. Rousseau)。先說他所主張的同意說一點，關於同意一層我在第四章中已提過了。我以為這是一個很大的發見，此說即謂人與人之關係無論如何不平等亦必是由於取得同意，倘不取得同意縱使關係極對等亦不得成立。例如高利貸雖是剝削，然而亦由於被剝削者之同意。兩國戰爭至有城下之盟，雖極不平等然仍為一種契約，所以社會契約說實含有真理。我們可以說凡任何結合不拘其中的關係是否平等，而總必要基於同意，這乃是一個定則。至於統制關係亦是一種結合。在這個結合中治者固然是願意去治，而被治者必亦是願意受治。倘被治者不願受其統治，則此種結合即不能成立。我們先以這樣的同意說為基礎，來講政治，因為民主主義當然不以此同意說為已足。換言之，即此種同意說只能為民主主義立一個最淺的根基，而真正的民主理論，必須更超過之而進一步。我們可把這樣的同意分為三種：即一是自由自主的同意；二是強迫而不得已的同意；三是被欺蒙而不覺得上當的同意。後二者是以強凌弱，以狡騙愚，所以這種同意不是真正的，當然必須避免。我們若把後兩種删去，則只留前一種而已。於第一種上其條件又必有二：一曰出於當事人之自由自主，二曰彼此之間必是平等的。為甚麼必如此呢？就是人之天性使然，决沒有一個人願意比衆人處於低等地位，亦沒有人願意和他人結約而居於不利的地位。所以盧騷說：『假如對一人或一民族說：余今與汝訂立契約，純為汝之犧牲，純為余之利益；余將依余之意志以守之，汝亦須依余之意志以守之。此種說法之愚拙顯然也。』("It will always be equally felish for a man to say to a man or to a people: I make with you a convention wholly at your expense, and wholly to my advantege; I shalle keep it as long as I like, and you will keep it as long as I like."）。

他又說：『吾人但以力或由力所生之效果爲標準，余惡告人曰：當一民族被迫而服務或實行服從，此法固有時行之而通；更進一步言之，當其力能擺脫羈絆之日，自然起而擺脫，此亦出於理之自然。何也？吾以力奪人之自由，則人亦自然恐力以恢復其失去之自由，謂彼之理應恢復其自由，不啻謂吾之無理由掠奪其自由也。』（"If I took into account only force and the effects derived from it, I should say: as long as a people is compelled to obey, and obeys, it does well; as soon as it can shake off the yoke, and shake it off, it does still better; for regaining its liberty by the same right as took it away, either it is justified in resuming it or there was no justification for those who took it away."）。

這些話眞是至理名言，就因爲人性沒有不是自己管治自己的，沒有不是自己願意多得幸福的。決沒有人自甘作奴隸自甘受苦受辱。根據此點則可知凡同意必是出於自由，既出於自由則必是平等。否則決不是眞正的同意，乃是強迫與欺蒙。從自由的同意而言，則統制關係決不是出賣自己而受治於人，乃只是自己治理自己。所謂「自治」(self-government) 是也。但與普通所謂地方自治之義不同。在這樣的自治之下，人們雖是同一人却有二重資格：一是治者，一是被治者。這種社會契約說已爲世人所熟知，故我不必多述。社會學家往往非難此說，然我則以爲確是眞理。其故是由於倘使以此說解釋「天然的共同生活」(community) 之起源當然不行。如果專用以說明統治關係之成立，則決是天經地義的。所以我們可以說統治關係之根底無不是同意，所不同者卽專制政治是由於取得強迫的同意。至於現代流行的獨裁政治勵行黨化教育，以宣傳代言論則又顯然是建立於欺蒙的同意之上。如果我們認定強迫的同意與欺蒙的同意是病態，則我們敢說只有民主主義是正常的狀態。就好像一個健全的人，目能視耳能聽一樣。如果必須帶眼鏡方能看，則雖非大病而究不是正常狀態。所以專制與獨裁都是政治上的病態，而獨有民主主義乃是眞的健全的正常狀態。這個道理早被美國的杜威先我言之了。他卽主張民主是人類社會的唯一理想。此外並無其他原理可與之交替 (J. Dewey, The Public and its

Problem, P. 148）。不過我以爲正常（normal）與非常（abnormal）除了性質不同以外，尙有程度之差異。在健全的人之中就有強弱之分。健全的弱者便與非常者（即病態者）差不太多了。因此民主主義亦有程度上之差別。有些民族能實現這個民主精神多些，有些國家實現得少些。好像學生考試一樣：有人得八十分，有人得六十分，有人得五十分。不過最可惜的就是直到現在爲止，地球上各民主國尙沒有得到一百分的。盧騷早見到此，他說『按民主之嚴格意義言之，則從未有眞正之民主制度也。』（If we take the term (democracy) in the strict sense, there never has been a real democracy. 見 The Social Contract, Ch. IV）。

雖然沒有過這樣成績，但我們仍必須向這個標準去努力，愈接近這個高懸的目標則愈好。就好像學生考試一樣，上次得六十分，此次得七十分，只少必須希望下次的得八十分以上。因爲無論如何七十分總比六十分好，這一些較好即表示更接近目標。所以民主主義是一個精神，又是一個原則，又是一個目標。從精神言，是向這個目標而奮進不倒退，不休息。從原則言，是一個軌道，既在這個軌範中可以自行逐漸發展。從目標言，是一個高懸的理想，雖則不能完全達到，但總可以愈努力便愈接近。這三者只是一件事不過分三方面說話罷了。須知民主主義之理論在於人之本性，是自求多福，而個人之自求多福，勢必又是大致相同。即你雖自求幸福，我亦只求幸福，而這個幸福却是共同的，於是你我便可會合以求之。所以盧騷提出「總意」(general will) 之說。據我的解釋所謂總意即是對於「公善」（common good）之要求。而所謂公善又即是「普遍的幸福」(general happiness) 之義。因爲人沒有一個不是求福利的決不自願吃虧，而所求是否福利亦唯有自己能判斷他人不能代謀。在這一點上英國的邊沁有言曰：『各人爲其各自幸福之判斷者，此爲一種事實，實亦理之所當然，否則人不成爲有理性者矣。』（Every one makes himself the judge of his own utility; such is the fact, and such it ought to be; otherwise man would not be a rational agent." 見 Bentham, The Theory of Legislation, Ch. V.）。

這一點却又牽涉到教育問題以及思想自由之問題，容稍緩再討論。請先提這個普遍的幸福。然而所謂普通亦有程度之差。因此遂有「最大多數最高幸福」之原則。最大多數云云並不是說硬要犧牲一些少數，乃只是一種不得已的說法；就是因爲如不能得到全數則不得已亦必求多數中之最大者。最高幸福一語亦是此義，卽謂幸福務必使其發展至最高度。此最高度之幸福又須普及於人人（卽大多數）。這便同時是一個目標，同時又是一個原則，同時又是一個精神。所以民主主義之根本要素只在於此。至於政治制度方面的憲法議會選擧等却都是皮毛，並沒有太大的關係。我們勉強可說只要合乎這個精神縱使沒有憲法，沒有議會亦不要緊。反之卽有憲法，有議會，有選擧，而不合乎這個自己治理自己之原則，則決非民主主義的國家。現在世界上不乏其例。讀者一思索卽得，不勞我說破了。可見民主主義不是各種政治制度中之一種乃是政治的正態，而其他如專制獨裁却都是政治的病體。在希臘時代柏拉圖與亞里斯多德都把民主當作一個政體，而與其他政體並列，足見在那時尙未發見政治之眞髓，直到了十八世紀才得窺破這個道理。所以我以爲在西洋文化上這個對於政治的正態之發見，乃是人類有史以來一大功績。這個功績當然由有許多人努力之結果而成，然就中則尤以盧騷爲最。中國文化雖發達較早，然獨關於這一點少有人窺破其中奧秘。黃黎洲之明夷待訪錄不過稍稍提到只好像一閃的星光而已。

於是我們要討論所謂人人自求多福是否各人皆能自辨其福利所在，而不致有誤卽不致認識不清，反以禍害爲福利。德國的那粹黨有所謂全體主義，以爲一班常人自己決沒有能力辨別其福利所在，只有超人能見到一羣之眞正幸福。那粹黨的首領就是超人，一班常人只有服從卽跟着他走而已。他們以爲此說在理論上高出民主主義數倍，其實在我看來眞不值一駁。須知民主主義並不反對領袖，卽並不要把人人都弄得一樣高低，不許有特別才能的人發揮其所長。此中問題依然在於自由同意與強迫同意之分。譬如一個教授數學的先生，對於多數學生演算，我們不能說在未教授以前學生已早會算出。這又並不是先生一個人代替大家來算，先生只是指點而已。因爲人同此心，心同此理，所以學生們一經指點卽會明白。民主主義下之領袖只是所謂先覺，一班人之跟着他並不是盲目的亦不是感情的。數學教授亦不免有時算錯。學生可以爲之改正。在此可見學生所服從的只是數學的道理，而不是先生的說話。民主主義下的人民跟着領袖走，亦不是跟着他這個人，乃是跟着他所揭出的那個理。所以民主主義同時必是理性主義。換言之，即在民主主義之下只有講理。從反面來說，則亦唯有在講理的人羣生活中乃能建立民主制度。二者是相倚為命的。我相信這個民主主義與理性主義是西方文化上之最大的兩個寶貝。在十九世紀已放其光芒，可惜到了二十世紀反而被浮雲把他遮着了。如果西方文化不自絕滅，我相信必還會恢復其光輝而更放大之。

所謂人之本性為自求多福，乃亦是一種人性相同論，我在論孟子時已提到這一點。孟子說『是非之心人皆有之』即是謂此。迨至現代這個人性相同說却很受打擊。上述的超人說不足以駁倒之，而馬克斯派的觀念形態論都足以影響之。據我的解釋這又由於馬派把馬氏本人的原義亦彎曲了。反而孟澳姆的說法接近於馬氏原義。質言之，即此說只在揭穿有許多理論以及社會上通行的觀念都是統治階級在有意無意之間製造出來用以固全其地位的。所以我們必須揭破這些蒙幕，然後方可澈見其根底。此說之涵義不過如此，並無更進一步之其他意義。如果根據此點，即主張有所謂「無產階級的眞理」以與「有產階級的眞理」對立。換言之，即眞理是階級性的與黨派性的。這個議論完全是由於誤解觀念形態說而出。須知政治上確是有許多的理論是只代表其利益的。但我們只能把這些把戲為之戳破，却不可因此反謂眞理只屬於黨派或階級。關於眞理之性質，我在知識與文化書上有一章專論此問題，我亦未嘗不取孟澳姆的相關主義。但我以為相關之中亦復確有絕對。這個決定絕對之標準却在人之本身並不在外界。孟子說『口之於味也有同嗜焉，耳之於聲也有同聽焉，目之於色也有同美焉。』這實在是眞理。就是人之所見能以相同正由於人之身體構造相同，我們名此曰相同的機體構造 (common phsical structure)。這是個基礎，因為基礎相同，所以無論後來如何發為歧異而終能有一個標準得以互相訂正。孟子說『其性與人殊若犬馬之與我不同類也，則天下何嗜皆從易牙之於味也。』這句話亦是正理。即如果生理構造絕無共同之點，則此彼之間便很難交通（即不能互達其意）。我亦知道現在討論到人的生理構造似乎說得太遠，因為在文化方面還是關於人的心理上性情為主。以「心性」(mentality) 而言，人人都很不同，就是因爲受了文化的薰習之影響，而爲文化的氣氛所左右。這樣爲不同文化所鑄成的個人心性自然會有不同，至少有兩種不同：一是因文化不同而起的思想態度之不同，例如中國人與西洋人；二是社會上地位不同，而生的想法不同，例如有產者與無產者。凡此都足證明人們在心理方面並無相同的基礎。此說雖可對於前說加以駁難，然而細想之，亦不生問題。即須知因爲生理構造之相同，則在心理方面倘使把因社會與教育而生的後起狀態完全不算，則人人亦未嘗沒有一些基本的相同處。我在上文所引的數學教授之例，在此仍可應用。即學生之所以於經先生指示後，即能懂得此種數理正由於學生的心性中本有關於這一方面之可教育性。這樣的可教育性，在先生已發爲既成的事實，而在學生則正在進行之中。倘使先生與學生果眞在心性有不同，則學生便無由受教亦變爲數學學者了。可見境況決定思想之說對於人性相同之論點本無衝突。境況說只講文化的環境之有所薰習與左右。至於所以能識破這個境況決定之原理，乃實在還靠着我們人類有身心之相同。換言之，即假使沒有人性相同說在暗中伏着爲背境，則我們對於境況左右思想一點，亦必無發見。關於眞理之性質，除在知識與文化上有專章論列外，在本書第二章已有說明。我主張眞與不眞之決定的標準隨知識系統而異：在常識系統上以便利與否爲眞不眞之標準；在科學這個知識系統上以有無事實的證明爲標準；而在形而上學社會思想政治理論這一組知識所集合而成的一個系統上則以是否接近其理想爲決定眞僞之標準。而理想必是基於人人都有對此了解之可能性。不拘人們居於何種境況，除實際利害以外，對於所懸的理想，即比現狀更好之希望，決不會經有人指示以後，仍絕不了解。這種對於理想之了解之可能性必是人人都本有的，而不完全爲境況所決定的。人性相同說只講到此爲止，並不否認觀念形態在社會組織上之作用。

不過問題並不如此簡單。我們的討論勢必牽涉到教育。就是人們如果是教育的產物，則不同的教育會把相同的人性改變了。這却是那粹派的主張即以爲人好像一塊軟膏，可以隨意揑塑。這種議論之謬誤在於把自己除外。即對於一切人都要照自己意思來另行鑄造一番，使其都變爲工具，以供我來使用。所以自命爲全體主義之理論，正是孟濮姆所說的那個觀念形態由統治者造出來，用以御便人民，同時固全其地位。我們若立於學術的立場，只戳穿其黑幕就行了，亦不必與之辯駁，因爲其中並無深奧的學理。他們鼓吹全體重於一切，提倡國家最高。在表面上看好像都是金科玉律，其實全體是空名，國家是抽象，而必須有具體者以代爲之。於是用暗渡陳倉之法，遂把首領等於全體，黨魁變爲國家。實際上是首領霸佔全體，獨裁者私有國家。一班人民美其名爲國家盡力，而實際上爲他盡力。須知果眞要注重於全體，則必須講全民；要注重於國家，亦必須講全民。因爲國家是全體人民所組織的，而所謂全體亦決不能離了總意而另有存在。所以只有講民主主義者配講全體。至於現在以全體主義爲號召者，却都是假冒的。可見現在以全體主義與民主主義對立，乃是一大錯誤。只有民主主義才是眞的全體主義。不過我要聲明一句：卽此處所謂民主主義還是指上文所述者而言，並不是說英美現行的政治制度。我曾以學生考積的分數來比喻民主主義之有程度上的差別。英美現行的制度如果照着民主原則與目標來衡量一下，至多亦不過可以得四十分的評判而已。

說到教育則問題自不能不稍複雜。第一點是是教育之普及；第二是教育上之自由。關於第二點又復涉及科學之教育。請先說第一點。要實現民主必須人人都養成有充分的辨別力，能自己辨別是非，所以普及教育絕對必要的。但不可誤會爲必須先有普及教育然後方可有民主制度。須知這亦只是程度問題，當然教育愈普及愈好。事實上今天號稱教育普及之國，仍不免有文盲，可見若說教育未普及以前，不能實現民主，這亦不是有根據的言論。不過我們必須認定民主之實現的程度與教育之普及的程度人成正比例而已。至於教育上之自由却更爲重要。所謂「自由教育」(liberal education)與「學術自由」(academic freedom)均是指此。就是在養成受教育者自己的獨立判斷力，而將各種不同的異說用分析的態度均陳述於前。沒有所謂禁書，一切凡關於學理的書都可自由閱覽。在這一點上，最好以中國人對於各種宗教之態度爲例。中國人對於佛教、耶教、回教都可以自由取其經書來看，同時又可以自由批評，或擇其一而信奉之或全不相信。倘對於政治上各說，社會上各主義，亦都用此態度對之，則卽爲學術自由之現象。須知自由一概念，在現代已稍變其意義，卽不把自由視爲天賦人權，而把自由認爲文化進步上一個絕對不可缺的必要條件。彌兒 (J. S. Mill) 之自由論 (On Liberty) 一書講出版在西歷一八五九而所言却至今仍爲不搖的眞理。他就早看到這一點上。就是倘使無自由言論則對於任何事皆必無討論，無討論卽無糾正與監查。中國以前尚且有所謂諫台、言官，雖不算自由的討論，至少總不能不許人批評。現在實行黨化政治的國家不免有此弊。例如在革命期中的俄國，就是因無言論自由，而致其弊病無由糾正。後來我們自己亦覺得這樣下去，政治必致腐敗沒有了向上之氣，於是發明所謂「自己批評」專以指摘行政的錯誤。雖則自己批評之範圍，是比上文所說的學術自由來得較小，然而在其範圍亦確是自由討論的。於是我們可以說文化之進步與腐化之防止，同在於有自由討論由此以交換意見，把不合理的主張抑止下去，把合理的見解尊重起來。人類所以有文化，與文化所以有改良都是靠着這個辦法遂得向上而進。在此所說的自由都只限於在政治方面。然而要溯其根底自又會引到形而上學去，形而上學本只是爲政治上的道理求更深一層的理由而已。關於自由之形而上學的解說以法國學者爲最著，如 E. Boutroux, H. Bergson）等都是想在天然界中尋出自由來。意在反抗機械不外想在主動方面發見人格以免被動化爲死板的東西。這原是以人格爲文化之泉淵。人格之發現於政治方面則如我在上文所說民主主義乃是政治的正態，專制獨裁是政治的病態，就因爲只有在民主主義下自由討論，比較上發揮的限量爲最大。至於在專制與獨裁則討論至多不過在一黨一派中行之而已。可見自由討論與民主主義是一件事。有自由討論通行於人民間則自然就夠得上稱爲民主國家。反之雖有憲法，有議會之選舉，而無言論自由，無學術自由，這當不足爲民主政治。至於民主政治所以稱爲責任政治的緣故卽由於有討論而得起糾彈。須知倘使無自由討論不能把是非分別出來則必不能施其糾彈。於是便無責任可言。我說專制與獨裁是病態的政治亦就是因爲無法可糾問其責任，不負責任卽是惡政治之標識。不僅此也，凡不負責任的政府無論用何名義而在實際上總有篡奪之性質。中國人因爲一向生活在君主專制之下對於篡奪總以爲只是弒君竊位之義，其實君主本身就是竊國。故眞正的篡奪只在民主國家上能顯出來。君主制之篡位毫無是非可言，不過是俗語所謂強盜遇見了賊而已。現代世界上的一黨專政制度亦有這樣的弊病。萬一激起革命，而有他黨代之以起，則亦不過如君主時代之換朝易姓罷了，毫無眞正政治意義。總之，沒有言論自由，則對於政務使沒有討論，因此就無由糾正錯誤便不能養成大家講理之風氣，文化必不能有進步。講理之風氣對於人的生活態度大有關係，例如虛心討論與願意調和都是心理的態度而由講理以養成。故言論自由是國家之靈魂社會之生命。如無此種自由則國家便如死尸而無活氣了。專制與獨裁之所以不能為政體之一而只是政治的病態，其故即在於雖有國家而缺少靈魂。這樣缺少靈魂只可存在於一時決無法永久下去。說到此請接着一討論馬克斯主義者所說的無產專政。我在前章上曾說馬氏學說與其根本動機有矛盾處，不過在馬氏本人此種矛盾並不顯著，只是到了後來乃變為不可調和的了。照馬氏原意有二點可說：第一、是他並不以為這個無產專政為社會革命上必然的階段決不可缺少。試以他本人的話證之，如云：『日後工人為建立工人新組織必須奪取政權；彼等必須推翻支持舊秩序之舊政治系統。但余並非謂此方法須行之於各處而皆然。吾人應注意到各地不同之制度風俗及傳統；吾人不否認有若干國家如美國及英國工人可用和平方法達到目的。』(Some day the workers must conquer political supremacy, in order to establish the new organization of labour; they must overthrow the old political system whereby the old institutions are sustained.....Of course, I must not be supposed to imply that the means to this end will be everywhere the same. We know that special regard must be paid to the institutions, customs, and traditions of various lands; and we do not deny that there are certain countries, such as the United States and England in which the worgors may hope to secure their ends by peaceful means." 見 Speech at Amsterdam 1872)。

這一段話可謂十分清楚，就是這種無產階級的革命，只是萬不得已而始為之的一種辦法，並不是唯一的途徑除此別無他法。苟有他法能減少犧牲免去暴力豈不更妙麼？並且馬氏又力說須俟客觀情勢之成熟，足見他不但主張可以用平和手段謀改革，而且又主張在改革過程中必須犧牲極小。倘使不明此義，縱使徒爾作很大的犧牲，亦仍於事無濟。德國在國社黨未當政以前的情形便是一個好例。第二是在馬氏並不認無產專制是一個政治制度，只不過是一個過渡的辦法而已。即在這個過渡時期中專政的政府亦不是無責任的，乃是對於全體無產階級負責。在理論上講這原與民主主義精神並不相背。無如實行起來却不如理論家之所料。馬氏本人未見實行狀態，所以他的無產專政說還只是一個懸想的空論。但他知道一切思想必須由實踐以證明其眞假，他說『人類思想能否達到客觀眞理，此並非一理論問題而係一實際問題。惟有在實踐之中，證明其爲眞理。』(The question whether human thought can arrive at objective truth is not a question of theory, but a practical question. In practice, man must prove the truth.)。

我們拿這個意思來看他的無產專政辦法，則必見在當時不過是一種提議而已。至於其是否爲眞理須由實踐以證之，今實踐的結果已證明這種辦法是根本上與馬氏原義不合。第一是這樣的機關却變成爲無責任的政府。因爲全體無產人民無法糾問其責任，正由於領導這個運動的人們，大部分與其說是無產階級毋寧說是知識階級，不過沒有財產與固定職業而已。這些人的知識能力都比一班農民工人高得多，能作巧妙的宣傳。而知識低下的農民工人沒有充分能力，辨別其是非。所以無產階級專政之實行的結果，必變成少數人的專制，而決不是無產者全體階級的專政。因爲知識階級在社會上的地位是重要的。倘使把知識階級，因爲其與有產階級有關係的緣故，一塊加以排斥，則國中文化程度便即低降，其結果即影響到對於政務之是非辨別與商榷討論。此外還有一點更爲重要：即一國中的人民決不可有不同的身分；如有之必被利用。詳言之，即在無產專政時期對於有產者施以不平的待遇，此事有害於有產者之地位尚小，而有害於無產者之道德實大。就是反把無產者引起其虐待報復驕縱之心，實在是很不好的。於是一國之中便充滿了感情而不講理了。因此我們必須知道民主主義與理性主義，以及自由與平等，都是一件事，換言之，即民主、理性、平等、自由，這四個概念，是分不開的。要成爲一個講理的社會，必須實行民主；要有自由必須講理；只有講理才會有公平。故我們普通用民主主義一辭，即代表這些意義在內，並不是只指憲法與議會。說到理性便又牽涉到科學之在文化上的地位。

關於科學之精神與民主主義之關係已在上文提過了。科學有兩方面：一是當作技術，只是一種致用的知識，是當作精神或態度，乃是一種解放的傾向。就是一切以實驗爲憑，所有先立的思想皆不能無條件承認之。所以科學的研究足以助長吾人之解放的精神。解放的精神與批評的精神是學術發展之要件，沒有這種精神就沒有科學。所以眞正的科學必須在民主主義之下才能存在。在非民主的國家却可有當作技術知識的科學，而決不能有當作解放精神與批評態度的科學。羅素亦有同樣的見解他說：『科學如作爲一種理智力量言之，係懷疑性質，且可能破壞社會之團結；反之作爲一種技術力量言之，則有正相反之性質。』("Science as an intellectual force is sceptical and somewhat destructive of social coherence' while as a technical force it has precisely the opposite qualities" 見 Russell, The Scientific Outlook, P. 214)。

他又舉俄國與日本爲例，可見在沒有自由空氣的國家中科學亦可大發達。並且這種國家亦在那裏高呼科學神聖，把科學崇拜得極高。不過須知他們所謂科學不是代表解放精神，與批評態度的科學，乃是供人利用的專門技術知識。在此便發生了一個大問題：即科學知識本身是解放的與自由的，而其所造出來的社會却是沒有自由不容解放。這個困難的解決，我願意留給眞愛自由的科學家去想法子，本書則沒有篇幅去討論了。我只願說一句話就是中國近數年來高呼建設，例如造鐵路，造飛機，開埠頭，興水利，改良種子等等。從一方面講是造福人羣，極應該如此；但從他方面說，却依然是把科學當作技術，而沒有看到其解放的精神。總之，技術知識性的科學，可不與民主結伴，而解放精神性的科學，則必須與民主主義共存。換言之，即爲了培養民主主義起見，必須大大提倡這樣的解放性的科學，把這樣的科學作爲教育方針。這樣的解放性科學精神是注重在所謂「理智的良心」(intellectual conscience) 而不在於其成果。如蓋列劉 (Galileo) 甘受教會的罰而不欲改變其天文學上之新發見。在社會科學上亦有象蓋列劉這樣的人則社會必常保其自由改造之精神。人類有文化本是一件尋常事，而後來能把理性拿出來以改造文化則始方爲進步。白芝浩在其物理與政理書上即揭破此理。後來更有人說：『反省爲自由之起點。』(reflexion is a beginning of freedom 見 W. E. Hocking, the Self; its Body and Freedom, P. 150)。白氏以爲造成一個固定風俗以範圍吾人，這不算希奇，惟有打破固定的習俗，時時從自由討論上訴於理性常謀改造方爲可貴。而這樣的自由亦惟有在民主主義下乃能行之。所以有民主方有科學

（眞正的而不是技術的）而有科學方有進步，故文化之有進步是與民主主義有密切關係的。

民主主義的優點還不止此，尙有與和平之關係。這一點却爲康特所窺破，他在其永久和平論上說：

『永久和平之第一款：各邦組織皆須採共和國體。』(First definitive article of perpetual peace: The civil constitution of each state shall be republican.)。

我們眞不能不佩服他的烱眼。他所謂「共和」據其原文解釋是：

『共和係建築在人民自由原則之基礎上之組織。』(It is a constitution founded in accordance with the principle of the members of society as human beings.)。

在這樣的共和國中，是實行他的那個道德公律如下：

『斷言命令如下：無論對自己或對他人，待人之道，應以人爲目的，不應以之爲手段。』(The practical imperative will be as follows: So act as to treat humanity, whether in thine own person or in that of any other, in every case as an end withal, never as means only 見 Kant, Metaphysic of Morals. p. 57)。

這種以人爲目的，而不爲手段之道德公律所實行的社會，就是平等自由的社會。康氏雖不名爲民主而曰共和實則就正是本書所說的民主。這種名詞之爭論所關甚微，我們不必計較。本書以民主爲政治的正態與社會的應該就是根據康氏此意，以爲人與人之間彼此不得以手段相視，各須尊重人格。果爾則這個社會中沒有當商品出賣的勞工，而人人皆是自由人，對於全體公益有獨立的判斷以貢獻之。所以我十二分佩服他就是因爲他討論國際間的戰爭問題而牽涉到國內政治制度問題，他說：

『其理由是如此：即在共和制度下戰爭之是否可行必須全體人民同意而定，在決定宣戰時人民必估量其本身所受之損害……反之如決定於一治者（即非全體人民）則其本人決不因戰爭而受損失。』（此係意譯）

這些話眞透闢極了。所以發動戰事總是由於專政的國家，乃是用對外拓殖的成績誇耀於國內人民之前，以減少反對而增強信任便於固位。可見專政與戰爭是相連的。並且所謂帝國主義亦就是由此而出。倘使徹底施行民主主義則決不會無端與人開釁，除了被壓迫與侵略無可奈何爲了生存而戰以外。不但在利害上誠如康氏所言，必先估計自身所受之害，而在道德方面凡自由人所組織的國家，對於其他國家亦必視爲同是自由人格之集合。康氏之公律（即對人對己皆視爲人格與目的不視爲手段），亦當然曾用於國與國之間。因此我敢說眞正的民主主義不但決不會與帝國主義結緣並且乃是阻止帝國主義發生了最好的辦法。今後世界不要平和則已，如果要平和，必把世上所有各國一律改爲民主主義。我知必有人一聞此言卽生疑問，以爲不應干涉他國的內政。我以爲只有民主是政治的正態，其餘如獨裁與專政，都是病態。以後如有新的國際組織，好像國際聯盟之類，必須放棄內政不干涉一項；而以道德爲力量，或勸告或敎育，使所有加入之國，皆由自己的覺悟，而漸趨向於民主主義之大路上走去。其故就因爲如果世界猶有獨裁的國家，必致其餘各國大家都不得安寧。因爲這種病態的國家必須向外發展，大家起來以矯正其病態乃是爲了全體的安寧，不能完全視爲干涉他國內政。我們要感謝康氏因爲他把國內政制與國際關係之必然的相連之道理揭示於天下。

說到國內必實行民主，然後國際方得平和，則必又連到另外一點：卽一國能實行民主，必須是其國由一個民族組織而成，否則便不能不是聯邦國。因爲民族（nationality）這個觀念就包含有在本族以內，人人因爲是同胞的緣故都必須平等，又因爲平等的緣故各各皆有人格。決不會把其中的一部分人充作奴隸或爲另一部分人之工具，所以專制國家總是由於有兩個種族外來的壓制土著的。倒過來說，卽凡一國而被他國征服時其政治制度決不會是民主的。因爲征服的民族決不願被征服者有參政權與自由權。從這一點上講，有人以爲前清立憲未成是一大憾事；假使得成便不致有近來三十餘年之紛擾。我以爲此說是不對的。須知立憲是必不成。就因爲皇室不是漢族。總之，民主政治只能在由同胞而組成的「族國」(National State) 方得成立，因爲民主主義有幾個涵義是不可缺的。就中之一是萬民平等各人在法律上都是主人，政府只是所委託的代表者。代表者必須依其委託人之意思而行。凡有主人資格的又是有人格者。人格不夠不能爲主人，有人格則彼此互相尊重故居於平等之列，所以民主主義根本上是平等主義。而平等之實行又莫不先由於同族。因爲言語相同血統相通可使情感一致，利害亦可共同。在這樣上方可以互相爲自由的討論，所以民主主義與國族主義又是相連的。換言之，即若不是聚同族而爲一國則斷難實行民主主義。

論述至此大體已完，在未作結論以前請提出一點即是關於政黨。至於其餘各點，當然尚有可討論者，不過本書不是政治學，以體裁的關係只好一概從略。政黨在民主主義上並不是必要的。這是按照民主的原理而言，至於事實則民主國家多有政黨且幾乎是無不有的。不過依原理來說沒有政黨更是民主政治之最高度情形。所以民主之下不限定必有政黨，這一點却早爲盧騷道破。他以爲有了政黨反不足以表現眞正的人民公意。我以爲政黨之起是由於既有自由討論則意見當然會分若干不同的種類，而在同一種類之意見下的人們自願結合起來，當亦係在情理之中的。所以政黨之起，係出於事實，而不是根據法律，因此憲法按理不能對此有所規定。明白了政黨非民主主義所必要，則對於兩黨或一黨之問題必可得有結論。即兩黨政治（或兩黨輪替執政）乃是英國習慣所造成並不是一個可以普遍採用的制度。至於一黨專政在德意兩國又當別論。而在俄國若嚴格照馬克斯主義而言，並無一黨專政之主張，換言之，一黨專政，並無理論根據。馬氏只謂現行民主政治因選舉以財產爲限制乃不是眞正民主而只是有產階級專政。如果推翻這個有產階級專政，必須於過渡期間建立一個無產階級專政。他只主張一個階級專政而從未主張一個黨派專政。至於把一階級專政歪曲爲一黨派專政，以爲是由於一個階級之利益只許一個黨來代表之，則顯然與事實不符。因爲在資本制度的國家如英國如十年前的法國，都有兩個黨或兩個以上，而他們都是代表有產階級。何以有產階級可有兩個黨來代表其利益而獨於無產階級只許有一個黨呢？這乃是根據說不通的。總之，在理論上決沒有一個學者公然主張一個國家應該由少數人包辦的。馬克斯不但不反對民主主義，並且以爲現行民主政治不徹底，必須更推進一步把經濟的平等與自由加入其間，使成爲更大的民主主義。可見馬克斯是從盧騷而出，盧騷說：「最初之第一人圈定一塊土地，命之曰此爲我所私有，他人之願腦簡單者，亦從而信其爲然，此一人卽爲民治社會之眞正創立者。』(The first man who, having enclosed a piece of ground, bethought himself of saying this is mine, and found people simple enough to believe him, was the real founder of civil society.)。

又說：『無財產制度，便無所謂損害。』(There can be no injury where there is no property 見 The Origin of Inequality, Part II.)。

總之，不有盧騷便沒有馬克斯。並且盧騷又離不開康特，這三個人的思想可以說是西方文化之精華。美國社會學家說得好：十八世紀中產階級的革命所提出的口號如自由平等却不是專爲了中產階級本身的利益，而全人類却都可適用。準此以譚可見民主主義終必是社會主義，而眞正的社會主義又必以民主主義爲其精神。凡社會主義所產生的弊病，例如官吏反而增多其權限亦反而增大（因爲大部分產業歸爲國有的緣故乃都）是由於不善運用民主原則而始起來的。欲挽救此種弊病只有對於民主主義更認眞更切實一下。可見社會主義如果離了民主主義依然是不行的。我嘗說笑話：馬克斯與盧騷是不能分家的。一切弊病都由於二者的分開卽有民主主義而無社會主義或有社會主義而無民主主義。我敢說倘使今後而能造有一個新文明，且爲人類之眞正起見，則只有由我們起來把眞正的民主主義與眞正的社會主義合而爲一。因爲民主主義這個概念在其本質上根本就含有社會主義之概念在內。須知財富分配不平，必須影響到生活的一切方面都變爲不平等。社會一有無法超越的不平等情形，則便把自由亦斲損了。故不平等只可限於在平等之基礎上，於是縱有不平等而總可超越其限界而化爲平等。可見民主主義之必然的涵養，如是自由與平等，則對於財富的分配問題，必須設法避免剝奪而力求公平。所以民主主義而眞能顯其正態，則必定卽是社會主義。特此民主主義與社會主義之合一並不與世間通行的名詞所謂社會民主主義 (social democracy) 者完全相同。此處所說只是理論上的應當而已。至於社會民主一個名詞本來未嘗不可用只因歷史上各國往往有政黨標揭這個主義，遂致其中所涵反有歧義使人誤會了。

總之，民主主義如取廣義已包有社會主義在內，則確是一種文明。質言之，卽不僅是一個政治上的觀念，而卻包含有文化之各方面。先從平等一概念來說，固然是講人與人之關係。關乎社會之組織，好像是一個社會的概念，然而以平等待人乃是公平的社會中個人完成其人格之要件之一，則又關於道德方面，同時便爲一個倫理的概念了。自由亦然。須知自由亦是一個社會的概念，因爲有了由強制而起的不自由，方會感到有自由。不過自由與放縱卻完全不同。自由是從人格而出發。必須先有獨立自尊的人格，同時向上不已。否則變爲墮落，墮落不能算爲自由。所以自由是一個道德上的概念。換言之，即不向上不算自由，人格有虧亦不算自由。自由只是在社會的束縛上爭人格的獨立。因此自由必須與理性相伴。以個人對於理性之所見，而想以身作則貢獻於社會與世界即是自由，故不講理便無自由，不合於理不算自由。理性雖是一個知識上的概念，但在此卻又同時是一個道德上的概念，於是可見民主主義是由道德力而推動，詳言之，即必由道德的理想之熱力而始能致其實現。同時卻反過頭來，再用這個當作一個整個兒文化的民主主義，又對於人們或下一代的人們作其道德的培養。換言之，即用民主制度來一方面保障人們的道德，他方面提高人們的人格。一個民族倘使沒有一部人具有道德的熱力，純潔的動機以謀建立民主主義，則這種制度是不容易成功的。同時這樣民主主義的制度不建立起來，則人們的道德是無法提高，且亦無法得到保障。西方學者中有人以爲國家是道德之保障者，我則以爲這是錯誤的。須知保障道德必須靠整個兒的文化決不是政府機關所能爲功。我們把民主主義當作一個整個兒的文化，則可以說這種文化是所謂向上的文化，或稱爲進步的(或前進的)文化 (progressive civilization)。因爲是向上的所以才能把生長於其中的各人之道德提高。我們決不希望有一個萬能的政府而卻需要有一個向上的文化，使人人沐浴於其中，因習慣而自然進於道德。只有民主主義才能有進步。所以有這樣的精神，生長於這樣精神下的人，其生活態度，如對己、對人、對物、對事以及運思的態度等等，無不受其支配，而變成所謂民主的。西方人發明了這個道理眞是自有人類以來第一大功。在這一點上西方的道統其價值要高出我們中國的道統之上。西方的學術思想本來極複雜。其中可寶貴者，倘有多種而大概與我們相比卻並不見得可貴。而唯獨這個當作整個兒文化的民主主義卻正是西方道統中最可寶貴的東西。我們要接受西方文化亦只須取來其這一點即足了。因爲這不僅是西方的至寶乃且是人類的至寶。只由於這一條路是正路，而其餘一切路徑都是邪路。我個人從有自己讀書的能力以來即傾心於這樣的理論，數十年如一日始終不變。雖不直接從事於政治活動然，亦自來即爲這樣的民主理想而努力。因爲本書不想多關於政政方面說話，且求避免時代性的政論，故不再說下去了，另外還有一點意思容在下章中言之。

第九章　後顧與前瞻

本章亦可說就是前四章的結論，亦就是關於中西道統之討論所餘下來的幾個問題之解說。這幾個問題是討論中西道統以後所自然而然發生的。即勢必有人會問：中國的道統在今後的中國是否尙能保存？西方道統如何會移植到中國來？中西會合以後其結果又成甚麼樣子？我在本章就想就個人所見對於這些問題予以答復。至於本書全書的結論當在本章後。因爲本書體裁是限於論究思想與社會之關係，而關於道統不過只是所舉的實例而已，故凡不涉及道統的則不在本章內。

先把前四章所討論的作一個總結，我們必可見不但中西思想不同而其社會的背境亦不同。中國思想始終不離所謂盤體主義，即把宇宙當作一個有機體。我在上文已說過，這種盤體思想在表面是講宇宙，實際上却是暗指社會。即把社會當作一個有機體，個人純爲社會所服務，所謂盡性，所謂知命，都是指此。我又嘗說，這種思想之所以發生實由於暗中有社會的團結之加緊之趨勢。順着這個文化上所需要的趨勢，於是才會有這樣的思想。於此可見中國始終是散漫的，國家是始終沒有十分統一的。換言之，社會的互相倚賴之加緊與國家的行政統一之完成，始終是中國之必需的要求。我們從歷史上看，在政治方面未嘗沒有一個時代得着統一。但這樣的時代往往是大亂之後，社會的互倚並沒有緊密，或許反更散漫。反之從西方的情形來看，可以說十八世紀末以至十九世紀完全是自由主義高昂的時代。在這種思潮中，對於政府的權限都是主張愈縮小愈好。把政府認爲是一個「無法避免的壞東西」(a necessary evil)。即明知其不好，可是無法不用他。這顯然是在實際情形上政府與社會分爲二。所以學者才把國家與社會作兩個不同的概念。這樣又顯然可見社會的團結自有其道，不必依賴於政治力量。這種社會背境當然不會產生中國式的那種思想，因爲需要不相同，因此我們乃可知道中西思想之不同不僅是思想本身上性質有異，並且在文化發展之階段上中國確是與西方不同時期。以文化的階段來說，在西方從中世紀到現在已有三個階段。即中世紀是一個階段；近世是一個階段，而現代又是一個階段。近世是自十八世紀起至十九世紀末爲止。至於十九世紀尾則當併於二十世紀中另作一個階段。因爲文化姿態太不相同了。須知最難適應的是所謂過渡時代。以此三個階段而言，由中世紀到近世是有一個過渡時期；而由近世到現代其間又有一個過渡時期。西方各民族對於自己本身的文化有這樣的過渡時期之變遷尙且有適應不調，致有種種波折與困難。而中國在國際之林，處於文化交流之激蕩中，安能不呈畸形怪狀，而大不得了呢？說到中國接收西方文化一層，一班人不免有些誤會，以爲這是一個要與不要的問題。其實西方文化之入於中國來正好像從在高地的水向低地流一樣。中國既是低地則他處如是較高，則水自然會向中國流來，決無法抗阻。並且不是文化傳來，乃是外人的勢力進來，文化是他們的附帶品。所以我們不能討論要不要西方文化，而只能研究西方文化之必然傳入以後我們如何應付之。有人以爲中國文化是一個嚴密團結的系統，因爲他是自成一個固結的系統，所以對於外來文化之侵入不容易混雜而生調和。其故只有整個兒的系統全受排擠，就是因爲一個方面受了打擊遂致全系統都發生了動搖。因此西方文化之入來，乃把中國文化從根本上起了問題。此說自是有相當道理，我亦不反對，不過我所注意的還是在傳來的西方文化一方面。我以爲倘使只傳入西方十八世紀十九世紀的近世文明則困難必不如現在那樣多。現在所以有這樣的紛亂，就是由於在西方文化之強迫的傳入是近世文化與現代文化（即二十世紀文化）同時夾雜以俱來。倘使對於西方文化之傳入而應付得宜，則按理，中國應該接受近世思想。換言之，即中國今日只宜吸收西方的十九世紀思想。所以今天中國這樣亂七八糟的情形不是純由於舊有文化之固封性，以與外來文化生衝突，乃實由於外來的文化本身即含有矛盾與雜亂。這個挾着紛亂而俱來的傳入文化遂更使得中國增加其紛亂。詳言之，即在清末國家在表面上是統一了，而其實並未統一。行政系統沒有建立，產業沒有發達到民族國家的地位。彼時要迎接西方的近世思想必須先對於「造成民族」（nation-making）一點特別努力。我在前章雖極力恭維民主主義，但我確亦知道民主不是無條件的，必須先造成一個民族然後方可實現民主政治。所以凡民主國家必須先有一個階段，即是所謂民族造成之運動。無奈中國在當時並沒有經過這個段落，所以把十九世紀思想移入於中國仍是不大合用。我記得在民國十六七年的時候，胡適之先生刊了一部人權論集。俞大維先生就對我說，中國目下所急者不在人權。言之頗有譏笑胡適之認識不清之意。這當然有一部分道理。就是中國必須先把自己造成一個「民族國家」(national state)，然後在這樣的國家中方可以有民權（即人權）。須知一個民族的造成在異族統治下是永遠不成功的，所以在清末雖有政治改革的運動而民族國家依然無由形成。迨至辛亥以後，中央衰弱，而地方割據之勢已成，則更與造成民族國家之傾向相背。在這個矛盾的狀態上（即文化需要與實際情勢相反）無論輸入何種西方思想都會只有惡影響。因此我們決不能歸罪於西方思想本身。所以我敢說人權思想還是應得提倡。換言之，即自由平等之思想在本身上決無毒素，不會害人。中國今天的私慾橫流（如官吏要錢，青年墮落等）不是受了自由之影響，乃仍是由歷史上所積下來的，不過發揮得更甚而已。總之，中國所以如此是由於遇着了兩重困難。第一是由中世紀到近世之過渡；第二是由近世到現代之過渡。這兩個過渡在西方各國本不是同時經過，而在中國却須同時經過。換言之，即中國既與世界交通，更不能不與外來文化混合，而外來文化上有這樣兩個過渡時代的變化。中國接受這種文化的時候，自身沒有準備完好，遂把兩個過渡時期的變化性文化同在一個時候移入進來。於是嚴格說來，沒有一個西方思想是眞適合於中國的。民主思想之自由平等已如上述是並不完全相合。他如社會主義，一黨專政，乃至於聯邦等等亦都不太適合。同時中國又絕對不能不受外來影響，因爲無法閉關自守。在這個情勢下遂致一班人，甚至於有深湛研究的學者，都弄得目迷五色了。有的大唱其中國本位；有的鼓吹維持固有道德；有的主張全盤西化。都是由於這個情形太奇怪，令人迷惑所致。其實不必急於開藥方，而應先分析病源。

我們從事於分析必須分三點來注意。第一必須了解中國文化與中國社會之情形，第二必須立一個比較文化學之總論，而把中國文化納入於這個統一的（或普汎的）文化歷程中以看其與那個階段相應。第三是分析西方文化以求發見其中某一些點是中國所必需的。三點必須合在一起來講。對於中國文化與社會作一個詳密的分析時決不可用西方學者所講的那一套死板的公式（例如正反合之類）硬嵌在中國之上。不過本書不是專討論這個廣汎的問題的，今爲體裁所格，乃只限於說明思想一方面而已。照第五、六兩章所述，必見中國思想之所以如此是與中國社會結構大有關係。我在知識與文化上已曾把這一點闡明了。茲再總括來說幾句：中國人與思想有與的關係的只是所謂士階級。明白士階級之性質必須了解所謂政教合一。世人以爲中國是政教合一，這句話倘使按照西方情形來比附則必有錯誤。耶教是世間與出世並行的宗教，故其教義有兩方面，即所謂「世間的」(temporal)與「精神的」(spiritual)。我們亦可勉強說其具有兩元論色彩。中國的孔子則不然，只有世間的方面，而沒有超世方面。所以中國之政教合一決與西方的不相同。孔子乃是以政爲教（即把政治當作宗教）。這種以政治爲宗教的傳教人就是士，士所幹的事是政治，而其信仰的態度與律己對人都却是必須有宗教性的。這種政教合一亦却有與西方很相同的地方。我們試檢西方中世紀的政治思想史必見其中亦是只有「天下」這個觀念，而沒有國家這個觀念。因爲國家是近世的產物。不過歐洲後來却轉入於近世，即走上注重國家那條路上去了。中國自戰國以後到了秦漢，形成統一。在文化上誠不能不說是比西方進步。須知這個一統天下之形成又不能不歸功於士階級的政治思想。中國造成統一而西方正在那裏分歧鼎立論。文化的階段，在此處可以說中國是趕早了一步，西方反而落後了。在西方亦有羅馬帝國之統一歐洲，但後來就被破壞了。自此以後，西方文化遂不再向這個方向去努力。却另外走上一條路，即專造成各個民族的獨立，以成許多強有力的國家。其實今日之歐洲正是中國古代的戰國，不過文化的器具不同，一個是用牛車打仗，一個是用飛機作戰而已。因爲他們的物質文明大大發展，他們的民族又形成一個單位，所以力量特別強厚。中國與之相遇，倘使以統一大地（即東亞）的中國與統一大地（即歐洲）的西方作文化的交流則情形必與今天大異。無如中國雖是一個統一大地的「天下式的國家」而却與西方各個民族式的國家相遇，這樣當然是他們強而中國弱了。換言之，即如果歐洲亦形成一個「天下」而與中國的「天下」並行，則在人類文化上必另有一番大進步。而中國亦不致於吃虧。可見中國之受苦全由於他們忽自走上了民族國家的路子，而中國仍爲一個「天下」以致趕不上。至於西方何以會走上民族國家之路却由於有產業革命，即由於工商業發達了以後，社會的組織起了大變化，以致內戰不能發生。

內戰之永不再起實是一件最可寶貴的事，亦是社會進化之必要條件。而要內戰不起必須把社會組織改變使其自然不能發生，而決不是空口勸說所能爲功。工商業一發達了則社會之一體性便更爲顯著，即團結更加緊密，牽一髮而動全身。因爲社會愈形成一個整體則其內愈不容易發生內亂（即內部分裂）。換言之，即以經濟情形之決定力而阻止內戰之發生。所以歐洲國家有一、二百年以上的長期繼續平安。這一點則中國眞有瞠乎後矣之嘆。並且西方各國如此，乃是從今天而向前追溯言之。至於從今以後而向下看則亦更不見再有內戰之可能。這更是中國望塵莫及之點了。產業革命之成功則又由於機器之新發明。原來機器之創造是與人類文化有大關係，不過機器亦分兩種，例如弓矢亦未嘗不是一種機器。這種機器只能謂之曰器具（tool）。因爲只供人使用，而不用人去伺候他。有種機器却須人去伺候，所以這類的機器反而支配人。這種能以支配人的機器發達了以後，人的自由與尊貴即大受影響。所以有人說，人造機器，而機器却又將人變爲其奴隸。西方文化上所有發生的破綻都是由於這個機器與人之矛盾。中國則沒有經過產業革命這一個段落。一方面中國因爲沒有經濟組織之決定力以阻止內戰，故今後國內當不容樂觀，他方面却又在思想的文化上反映着西方人所有的那個機器與人之矛盾。可以說，中國對於機器未承其利而先受其害了。但中國必須立於世界各國之林，則勢必亦只有從事於大量的機器生產。換言之，即今後中國人生活上必須大量使用機器，不過這裏却有一個問題：即機器不能自動，必須有人以發動之。此發動機器之人爲何種人乎？我說發動機器之人並不是指服伺機器之人，後者乃是勞工，呼之即來，不成問題。須知機器生活的社會所以造成之原動力依然是人，而不是機器。中國今天所缺的不是機器，因爲可以向外國買或仿造。而問題中心依然只在人，說到此，我們又須回頭到關於士階級之討論。

中國在最近三四十年以來所有一切問題，在我看來，却都由於士階級之腐爛。士階級一名詞在以前因爲有皇室又有軍人所以是狹義的，但後來却內容加廣。似乎不妨改稱爲中流階級較妥。自革命以後，皇帝去位，國家的棟樑便變爲這個中流階級了。換言之，國家的這一付重擔由中流階級去擔負了。無如中流階級素來無此修養，無充分資格，以致弄得亂七八糟，完全不像樣子。這實在由於在異族治下幾乎三百年，遂把中流階級的

「心性」(mentality)造成另外一套樣子。只知苟且；只知規避責任；只知迎合意旨；只知從中取利；只知說假話；只知在夾縫中討生活。著者在北平陷落後困居六年，耳聞目見，始恍然知清朝入關以後士大夫的心理性格上之變化必亦是如此。此外更有一個好例：即朝鮮人之墮落是也。可見亡國的民族久而久之其性格會變爲卑劣。這原是爲了圖謀生存的緣故。須知清廷遜位並不由於革命者力量強大，乃只由於其本身太站不住。所以把國內的重擔子交出來以後，而中流階級却自己擔當不起來。不過倘使有人以爲不如在士階級以外覓國家之中堅，我以爲這亦是決不行的。士階級以外只有農民，而工人太少。至於軍人，若論軍官依然屬於中流階級，兵士則其無能力比農民更甚。農民要來作國家的棟梁無論在知識上不夠，即在地位亦有特別的困難，就是他們決不能離開其所耕的土地以自由行走，農民一離了土地即不復爲農民；以無知識的農民使其離開土地而從政，恐怕更要比中流階級壞得厲害糟得厲害。因此我們又不得在中流階級以外另想主意。

至於士階級之腐爛却原於久以把孔子所賦予的使命喪失了。西方學者說耶教的教義始終沒有真實行過。馬克斯主義亦是一樣。我則以爲儒家思想正亦如此。這一點恐怕是社會學家所應研究的。即何以這些思想一施於實際即變爲「歪曲的」(distorted)呢？據我的觀察，恐怕就由於理想(或稱烏托邦思想)與觀念形態之衝突。觀念形態反映社會現狀，尤其社會的不公平狀態。理想是關於現狀之改良，乃出於對現狀有所不滿。一個社會總是在這樣一推一挽中進行着，換言之，即必有前進之動而同時又必後退之反動。動與反動相激盪而始有變化。這個變化因爲是推與挽相折中之結果所以不是思想家所能預料與先見的。這些道理本合於馬克斯之社會進化觀。無如馬氏信徒反而不見到，而硬以正反合之公式認爲天經地義。其實正反合之公式在大概上並沒有錯，但在實際上卻絲毫無有科學的性質，即因爲不能據此以推測未來。好像我們說人總是有生必有死。這句話決不能據爲預測之根據。我們雖可知一個人終必要死，但他究竟何時死決不能根據此空汎的公式(即公律)而知之。所以這句話等於白說。在天文上倘使我們說有陰必有晴，亦是同樣沒有用處。今天除了我們卻決無由根據這樣的正反原則而斷定明天必晴。所以這是科學與非科學之爭點。我們如果嚴守科學的精神則必須對於動與反動加以詳細分析，而不應只說動之後必有反動卽完了。據我所見似一切理想所以會變爲歪曲就由於把本來只是理想之思想，後來卻變爲代表實際利害之社會上通行的觀念形態了。在我們便看見有所謂「社會惰性」（social inertia 或譯爲社會滯性）。其反面卽是所謂「社會動性」(secial mobility)。社會學家對於這種社會的變動亦很想發見其中的定律，這是社會學家的事，而不在本書範圍以內。不過我以爲一切惰力其根源仍在生物一方面。我在前面說過，社會有些事情之成功反而是由於大多數人太愚笨。因爲一班普通人往往缺少「理智上的適應性」(intellectual adaptation) 以致他們在辨別上不能理解新狀態比舊環境好。好像住慣了舊式房屋的人對於新式洋房不以爲必定舒服。其實等到他住到洋房裏去了以後，自然亦會覺便利。這就是因爲一班常人的智力太不夠，不能在事前辨別得出來，而只可於事後明白，這亦就是在理解力方面有習慣作用(habituation in the intellectual process)（所謂觀念形態，其造成亦就是由於人們的智力上有習慣性。須知凡習慣性的行爲都是由社會而造成。可見社會惰性乃卽是基於人們心中的知識力本有惰性而更加以集合的社交生活遂造成的。馬克斯派不重視這個知識方面的惰性，而以爲把經濟制度根本改變了自然會把人們的思想格局變化了。此說是根據其主張學說理論只爲經濟結構之上層建築。不過我以爲經濟結構改變了以後這個知識的惰力必定依然存在。這亦就是社會改革必有反動之緣故了。今既說到知識與社會之關係，則我們的討論便又當回到士階級的問題了。

所謂士階級就是知識階級。從經濟的分野上講，知識階級依然是屬於勞動階級，所不同者不過只是勞心與用腦而已。俄國現在則統稱之爲 trudyashchikhsya （見俄國新憲法）。可見以知識爲一個階級是從社會地位來說的，就是因爲一羣之中決不能使人人有齊一同等的知識程度。那些特別發達的人當然對於那些程度低下的人負一種提攜與誘導之使命與責任。這是任何社會都必當如此的。但卻與孔子所賦予的士階級使命在道理上正相應合。據我所見，似乎孔子已經了解任何社會必須有一部分（卽少數）人知識特別高而來領導大衆，庶幾不致失入迷途。不過孔子並不注重在知識方面而實注重在道德方面。如果我們承認蘇格拉地的話，知識卽道德則二字本不可分。於是我們必知孔子的意思原來是很對的。我以爲道德上之善與知識上之眞在性質上並無大不同。凡是能在道德上體會得善的人必亦同時能於知識上窺見得眞。科學家天天作知識上探眞的工作自然而然會影響到他的性情趨於誠實（這是在道德方面的）。凡不眞的亦決不能善。所以我很贊成孔子把知識階級使其所負推進知識之使命以外兼負有維持道德提高品格之使命。討論到此，我們又侵入於宗教在今後尙能存在與否之問題了。馬克斯派以爲將來的社會旣沒有階級，亦沒有國家，則宗教與形而上學亦將歸於消滅；只是科學大昌盛而已。此說在理想上本是甚高，不過對於宗教之眞正性質似尙少了解。我以爲宗教以後是不能存在，不過不是消滅而只是變其性質，即本來宗教是社會的，並且是一個制度。今後必定不復是社會的，而變爲純屬於個人的，亦不復再成爲制度，乃純變爲修養之方法。質言之，即宗教完全退縮爲個人內心之修養。在這一點，西方人當然離不了耶教；而中國則孔孟之教卻大有用處。於是我們對於在本章開始所提的一個的問題得有暫定的回答：即中國道統是不會滅亡的；但必須縮小其統轄的範圍。須知退縮了以後其性質必亦因之改變。換言之，即儒家道理只可爲內心修養之用，至於治國平天下以及對社會的關係，對自然的研究則須完全依賴科學。即使用科學，科學的文化雖有極大的長處，但有時未嘗不使人感到苦痛。梁漱溟先生曾批評西方文化爲向外逐物的文化。誠然西方是偏於這一方面，不過幸而他們吸取希伯來文化以耶教爲其內心修養的要求。至於中國則太偏於向內一方面了。因不向外之故遂對於「方法」(methodology)不注意。因此遂產生不出來科學。我以爲中國關於內心修養一方面已經有了，只須去其流弊而發揮光大之就行了。而向外的方面卻須大爲推進。須知我此主張並不同於中學爲體西學爲用。所謂西學爲用是把西學當作一套技術知識，我則仍把西方文化認爲是整個兒的理智性的文化。我們中國必須把這個理智的文化接收過來，只限於在個人心安理得的做人方面適用孔孟之道而已。

說到理智，我們又須轉一個方向。須知理智之可貴並不在於其有所建立，而卻在其有所揭破是即所謂抉藩籬是也，俗話謂徹穿西洋鏡即是此義。科學之可貴就在於能對於一切已成的東西都徹穿其底細，在表面上如此而在裏面卻發見其如彼。不但對於自然界的一切事物可洞澈其內底以窺其奧，並且對於文化上一切現象亦同樣能打穿其後壁，以揭其隱。知識方面學問之可貴在此，而並不在於建立系統。不過學問亦有兩條死路：第一條路是思辨冥索太過分了，反而趨於一切皆不相信。哲學太發達了，會成這樣的情形。這由於理智太離了實際，此之謂絕塵而奔。理智如奔放得太遠，便會自己把自己否定了，懷疑論就自然出來了。康特很明白此弊對於學者加以警戒。希臘末期有所謂懷疑派，以培羅（Pyrrho）為首，他有 epoche 與 adiaphoria 等名詞，就是不下判斷之意。對於一切不辨別則無爭論。理論一趨於極端則勢必演成這樣的情形。但在不下斷定之中而又硬要講理論。則不能不把知識（即學理）當作一個把戲。我名之曰 intellectual game。印度的佛學有一部分即變成了這樣的東西，中國的經學後來流於考證亦有這樣的情形。最近西方人大倡符號邏輯之學，恐怕將來如不加改正，亦會演有這樣的流弊，我們研究學問必須對於此種流弊加以警戒。另外一條路是把學理變為「教條」(dogma)。學理變為教條以後，學者即變為教主了。現在頗有人對於馬克斯與列甯就是這樣的辦法，以為他們所說的話沒有一句是錯的，同時現代的新思想亦沒有不是他們早說過的。倘使與他們不合即不是眞理。這便是把學理變為宗教上信條之一個好例。科學決不容易變為宗教；只有社會思想卻容易致於如此，這又是我們關於理想方面之文化改造上所應加以警戒的了。

如何警戒請從知識之性質再來說一說，須知人類之知識本是出於生物本性乃是踏實的，決不會騰空。把知識變成為把戲，變成為信條，都是把活的知識化為死的殭石。我在第二章上講我們的知識有三個系統，須知這三個系統在實際上是混合在一起的。任何民族的文化在知識方面都有這樣三個不同的系統混合在那裏。不過在程度上確又有不同。中國的文化上所謂科學的知識系統卻始終沒有發達，而現在的中國人卻很能作科學研究，可見這是環境關係而與人性無干。西方文化上科學這個知識系統特別發達，正是他們對於人類全體之貢獻。但他們卻亦不能把另外的那兩個知識系統拋棄。所以我以為馬克斯派主張將來無階級的社會只有科學而無哲學與宗教乃是一個誤解。科學雖不僅是所謂技術的知識，然而總離不了測定。所以我嘗把這三個系統之分別處為之揭明：即常識系統是建立於人之生物的性格；形而上學系統是出於文化的決定；而科學系統則基於對物的測定之要求。已如上文所言，一個提出理想；一個發見事實；一個供呈便利。不過在第一、第二、第三等章所言，乃是純就知識本身而說的，並沒有說到這三個系統在人生上的用處。如講人生上使用這些系統，則往往三個系統不甚分明且同時使用之時亦正不少。但在混合的時候，則三個必須得有一個最適當的分配即相當比例下的配合。如果不使科學來與問理想，則科學在社會便純變爲技術，供人使用而已。如果不使社會思想來指導科學，則這種技術知識只爲現狀作奴隸罷了。而同時社會理想如不化爲常識，在大家心中則亦決不會實現。這便是我在第四章中所提出的同意說，即我們必以形而上的知識系統來規定理想；以科學的知識系統爲方法而研究其所以實現之方與改良之道。又把他化爲觀念形態，變爲通行的文化。在一班常人心中；這又是使用常識這個系統了。於是形而上學系統所貢獻的是理想，是理智之不斷的提高。科學所貢獻的是技術與方法，是由技術與方法之自身改良而得的解放精神。這個解放精神與理想提高相並進便是人類文化最好的境界。常識貢獻於我們以流行即普遍施行，要把理想使其實現自不能不靠着流行之造成。所以我們所應努力的只是使科學當作一個永不熄滅的燈火，用以代表這個人生一刻不能停止的解放精神，同時哲學當作一個永不枯乾的油碗，用以供給這個燈絲，使其永遠放光。哲學即代表那個理想之不斷的提高。在此所謂理想之提高卻有語病，不能不有說明。須知理想本身已是高了，並不能再提升。所謂提高而實在只是振新，即換一套說法以提醒原有的目標。以西方言，柏拉圖距今二千三百餘年，然而有許多理想是他早說過的。中國的孔子爲時更早，其盡性知命與窮理之說仍爲中國思想之中心。心可見理想本身未必有變化，而時代之遷流卻必須對於這個理想換一個方式以求適赴之。西方文化上理想的目標始終是平等自由與進步，顧在上古與中古因爲其文化是和中國一樣，同是被定型所拘束以致沒有開展。直到了近世方大開其花。西方之有進步的文明，常常自身革新不已，這乃近二百餘年的事。在以前亦完全與中國相彷彿，即理想與事實很難以接氣。須知理想之大敵是麻木。一個人往往太顧自己，反而會麻木。故中國話有麻木不仁一語。惟仁故能通，能敏，所以中國人把仁視爲重要，因爲有仁方可實現理想。但西方所以能走上進步的文明之路，卻另外因爲由於有科學出世，把那個代表理想的哲學由天上引到地下

二〇〇

了。所以我說必須有哲學來負解放之使命，把文化上固態足以拘束我們觀點的爲之打破，同時又必與那個代表理想的形而上學知識相提攜，以謀建立新的文化。這三個知識系統若論其爲系統上之架格是各自獨立的，不可以合併爲一個，但在人生上發生實用的效果則又不但是常相混合，且復相待相成，彼此互倚，不可缺少任何其一。

現在我們根據上述的道理再回頭來討論中國與西方文化接觸上所發生之困難。西方文化在十九世紀與二十世紀很大不同。十九世紀之思潮有(甲)自然主義；(乙)個人主義；(丙)民族主義；(丁)理性主義；(戊)自由主義；(己)經驗主義等。二十世紀則有(甲)社會主義；(乙)人本主義；(丙)國際主義；(丁)情感主義；(戊)全體主義；(己)統制主義等。中國處於二十世紀似乎應該只接收二十世紀的西方文化與思潮，其實卻不能如此。中國因爲科學未發達，尙須大量極力提倡，故自然主義與自然科學大有關係，不可忽視。中國固有文化上個人獨立的人格除在道德一方面爲儒家所重以外，其他在法律方面、政治方面、社會方面都沒有眞正實現。所以個人主義在今天的中國尙是需要。至於把民族摶作一體以成一個近世式國家當然仍是中國之急務。在上文已說過，不用再論了。而理性主義更是中國今天所竭力提倡的，因爲中國以前雖已注重於講理，然而與現在所說的理其內容不同，故必須另外設法來講。此外以自由來發展人格，完成公民；以經驗來糾正迷信，輔助科學；這都是中國今後所不可缺的。可見中國目下所需仍是十九世紀的西方文化。然而中國若純粹模仿十九世紀西方文化則必不能與西方各國並立於二十世紀中。中國又勢必採用二十世紀西方文化。不過二十世紀西方文化與十九世紀在本身上就有衝突，所以我在上文說，中國之困難是一方面由於中西文化有衝突，而他方面由於西方文化本身上又自有衝突。中國在這個兩重矛盾中生活着，又安得不糟呢？姑就經濟一點來論，人人恐怕都知道再用個人自由主義以從事於開發必是不行的。今後惟有施行計劃經濟，但要立計劃必先統制。這顯然是必須走上二十世紀的路子。換言之，即必須採取社會主義，但須知文化上的東西往往互相牽連。既採取社會主義於經濟方面，則於政治方面不能不顧到國際。同時在國內又影響到人民之自由權。最甚者卻以社會階級之情形爲最，可見在此必須有一個調和的方法，而發見這個調和亦必須大其匠心。總之，今天中國的問題是在錯過了西方文化階段。以自由權爲例以言之，爭自由本是對壓制而說的。即民主政治是抗專制而起。迨到二十世紀國家權力之重要反甚於人民，因而大提倡全體主義。中國改換帝制未久，專制之風猶存於人心中，論理應只鼓吹自由與民權，而在潮流上又不能不提高政府代表國家整體之義，這樣便無異於助政府以行其專斷之積習了。可見一切弊病都由於錯過了文化階段。此處所說的錯過不是指直線過歷上的落後，乃是說文化交流上階段互相牴牾。如說中國能在自己上調和這個外來的矛盾性文化則我尙不敢相信。幸而西方亦自感到其文化的矛盾之痛苦。我以爲這一次世界大戰以後必可希望把前一次大戰所生的弊病修改了，凡文化上所生的衝突必將設法爲之調和。西方如果能將其文化作一個合理的調和，而這樣調和的文化傳到中國來當然不會有甚麼問題。所以解除現代文化上的矛盾是必仰仗西方與中國共同努力，如單作中國自身的解決恐是不可能的。關於這一點我有一個擬議，請述其大概如下：

一個文化因爲有其傳統，自不能憑空斬斷舊有的而移植外來的。但既同處於一個地球上便卻必須有文化之流佈。中國雖自有其道統，但不能不吸收西方文化：根據此義我主張中國此後當首先注重於一點：即恢復原有的士階級之使命。換言之，即把士階級當作全社會之造新血的機關。此說是以全人身比喻社會，而以士階級爲製造新血之一部分內臟。這個機關代表全身的活力。新陳代謝必全靠於此。質言之，社會上有清明之氣，政治上有是非之辨全靠有一部分人出來作所謂清議，亦就是所謂輿論。但須知要有清議與輿論必須在制度上有保障。因此我主張英國人所倡的「行會的社會主義」(Guild socialism) 就全體來講，未必能實行，且亦不宜於中國；惟獨有其中關於教育方面之所謂「教育公會」(educational guild) 則大可試辦於中國。所謂教育公會其精神就在於教育界之自治。教育公會之制度雖是英國社會主義者所倡議的，然而證以中國的歷史卻亦有一些相類。我以爲凡歷史上曾經有過類似的東西總比較容易出現。其反面是在歷史上絕無絲毫淵源的必定不容易建立。宋朝的書院大都是私人創立的，即有公立的亦只是出於地方公益，而決不是由國家主辦。可見在中國歷史上教育一項是向來歸於學者自辦。這種教育自治是在中國的傳統上有其痕迹。倘使加以提倡決與傳統精神不背。不過今後所講的學問卻大異於前。現在有些人主張恢復書院仍講四書五經，這是大錯的。今後的學問使只是本書在上文所說的那個代表解放精神的科學與代表理想的哲學。如果中國古書（如孔孟老莊等）能代表理想，當然不會在廢棄之例，因所學不同必致學者之性質亦隨之不同。以前的學即所謂士只是修德立身以輔佐君主為政而已。我在上文曾名他們為輔治階級，今後必不應如此，而當改為全社會之出氣筒。雖亦仍居於輔佐地位。不過其所輔者不是君主，不是政府，乃是全社會與整個兒的文化。換言之，即他們必須對於全文化時時有貢獻，把文化自身所有的化為礦石之趨勢不斷加以撓阻。好像對於一間房屋時時去開窗，俾新空氣得以流入。這樣便可矯正社會之發為畸形，必致一國之中常有公道與眞理在那裏流行着。一個民族即不致於腐敗下去，停滯下去。至於教育官辦本是由於教育經費由國庫支付之故。近代學問如科學工藝皆必須大量費用，私人無法擔負，於是不得不改歸政府與辦。而官吏卻從此干涉進來了。以後如教育自治之制度，關於經費問題當然仍屬於國家這不成為問題。不過國家於教育亦必有其所企圖。即希望依其所需要而造就人才，這一點亦易解決：即公會可接受政府之指示，按照其計劃以行，英人所擬的辦法是：『教育政策大綱，決之於國家，規定於立法及「公會憲章」之中。此項憲章所以授權公會完成其所列舉之任務。』(The general lines of educational policy must be laid down by the state alone and embodied in legislation and the Guild Charter which is the warrant entrusting the Guild with responsibility for the functions it enumerate, subject to the fulfilment of the conditions it lays down 見 S. G. Hobson, National Guild and State, P. 361—5)。

我們雖不必如此，然亦大足供參考。詳細的辦法本書不想多說，因為多說便越出固有範圍。至於我所以提倡這個文化人自治之故卻由於我有見於今後中國之社會改良，政治修明，與經濟建設恐怕都免不了要有國際的協力。國際的協力有可能的兩種：一種是外國的勢力來左右之；另一種是有一個國際組織來為之贊助。前者我們希望能設法避免之最佳，故不討論。現在只說後者。我以為最好今後能有一個國際組織其性質能比以往的國際聯盟，在道德方面提高其力量。有人提議用國際警察與國際軍隊以壓制戰爭，我則以爲這是沒有十分大用處的。我主張類似國際聯盟的新國際組織必須自有其財源。倘如各國能有澈底覺悟而把所有國際的交通如輪船、飛機、電報、電話等統交於這個國際組織則便可有獨立的財源。於是即可用此財源而聘用一部分學者，擇取各國中第一流學者而有關大心胸的，知道眞正人類幸福在何處，不爲國家的偏見所囿。由這些有獨立人格的學者組織一個文化局專從事於幫助各國改進文化，主要的尤是經濟方面，則可無須採用革命流血的手段能把剝奪階級棄除，而得有經濟上的公平，政治方面亦可得其援助。我在上章提出民主與平和之關係，即揭破此義。加入此國際組織中之國家必須以民主主義的政體，否則國際平和不能確保，因此國際組織必須以道德的壓力即理性的征服力而強使不民主的國家改趨於民主。這樣等於對貪飲酒的人強勸其不飮，從強使而言，似有未使。但其結果卻爲了其人的好。我作此說乃有見於一國家往往當局者迷，自己不辨何者是眞好，正和個人一樣。必須有旁觀者清，從超然的立場作理性的勸告。幸而一國與一個人有很不同的地方：即一國之中必有明白人，所謂十步之中必有芳草，十室之內必有忠信是也。倘國家實行民主，許人民自由討論，則明白人總會提出其意見，所以確保了自由討論之制度，則是非總可分明而是終必戰勝了非。國際組織上有人主持正義便可和在本國內的正義之聲相呼應。在是非上愈得判明，而正義之氣乃愈旺。所以我主張國際組織應得專向文化多注重，不必要國際軍隊。我之有提議並非出自新創，乃依然是根據柏拉圖之哲學家執政論。不過他主張哲學作治者，這是錯誤的。我則主張把哲學家加入於國際組織的機關內，俾得以國際的力量致其影響於國內。這種力量只是道德的，理性的，文化力量。以這樣的力量指導國內，使其改良。哲學家本人不負行政之責任。因爲如果變爲行政首領，恐怕就不保守其理想而不能不有所遷就了。哲學家之可貴就在能於見到理想，能知何者爲眞善。特我所謂哲學家並不是指那些以理智爲把戲的專門學者，這種學者走上一條又狹又小的路，只知其精細處，恐怕無由窺見高遠的理想。同時亦決不是專發空論的學者。這種學者已早不適於在現在科學大發達的時代。故我所說的哲學家其實即就是科學家。因爲在現代哲學與科學非密切合作不可。一個人學了科學同時不可不知哲學。根據這個意見，我遂主張中國在文化方面必須採用公會的社會主義以自治制度予教育界。於是得使文化界自行提高以與國際間的道德力相接應。同時又正與中國歷史上所傳下來的士之使命完全太符。中國前途將賴於此，既可以走上民主之路又可不經社會革命而得到經濟中等之實。關於這些似已涉政論太多，本書因總想保留其純粹學術立場，故不擬再往下說。

不過說到學者與政治之關係則又牽涉到另外一個問題。就是無論哲學抑或科學而總離不了理性主義。但在二十世紀却有所謂「反理性主義」(irrationalism)。這種反理性主義亦是從人性上研究而得的一個結論。試舉數例，例如在心理學方面，則有所謂精神分析 (psycho-analysis)，把人心上的動機只認爲是一些情慾的「鬱結」(complex)。此說却影響到政治與經濟方面。新式的政治學發見人們政治上的動機全非出於理性。意大利的潘蘭陀對此可謂很有貢獻。正統派的經濟學有所謂經濟人，把人認爲根本上利己的。至於社會學方面馬克斯派發見觀念形態亦是表明理性在社會組織上不居主要地位。我們可以說二十世紀的思潮是注重在發現人類之非理性的方面。不過須知我們能發見自己的性格爲非理性所支配，則我們便無異於超出這個反理想主義了。如果我們只是生活在反理性之中，則我們決無由自己知道是如此，因爲我們知道如此正由於使用理性。可見縱使我們的行爲是反理性的，而我們自己能明白這個緣故却必是理性的。正猶我們一切行爲都是機械性動作，但自己知道其爲機械性便不失爲自由。所以機械論不能澈底，而反理性說亦同樣不能澈底。只要有此一線的漏光則人生便不會絕望。所以講到學問終得訴諸理性。我以爲反理性主義並沒有予理性主義以打擊，却反而供給了不少的事實以便理性主義另開拓一步。須知理性之在人生並不是現成兒的，雖不能說非固有的，但却必須經過磨練方會出現。即必須經過訓練，又須有相當的境遇，在人類之本性上理性之作用本不甚大。心理學家有這樣的發見原自有故。我以爲除了特別少數人以外，一班常人的理性不僅有待於磨練，並且必須是碰了釘子以後乃會起來。佛洛德 (Freud) 有兩個原則：曰快意原則與實際原則 (the principle of pleasure and the principle of reality)。前者是說人總是一向情願的快意任性而行，後者是指碰了釘子方會知道深淺。須知一個人初生出來先學會使用其機體(卽四肢五官之連絡)，等到習好了以後便與機體合而爲一了。隨後又是學會與社會相應合使又與社會合而爲一了。所以必須先由學習而合一，後再把自己抽出來分裂自已與外界爲二。人類最初所碰的釘子當然是外邊的物理世界。於是便不能不對於外界事物加以研究，乃有自然科學。可惜人類直到今天，在人事方面，以歷史證之，所碰的釘子實在不少，而竟沒有大覺悟。以致政治學經濟學遠不如自然科學之發達。所以美國社會學家丸德說，以言政治，我們尙留在石器時代。眞是慨乎言之了。我認爲現在兩次大戰未嘗不是很好的教訓。只看各國人士接受到何程度，便足見其理性發達至何程度了。旣知理性必待磨鍊則對於現時的狀態不必悲觀，因爲這只是蠻性的殘留。所需要的就是必須從人類學以及文化社會學上揭穿現代人之野蠻性。現代學者已經作了不少的成績，這是我們應當感謝的。無如現代思想因爲側重於這一方面却亦發生了一個弊病：就是誤認蠻性爲本性，而把歷來聖賢對於蠻性之矯正所發明的寶貴方法完全忽視了。須知今天人們所有的蠻性只是殘留下來的，而已經過不少的淘汰了。我們不應該只見那些殘留的在這裏作怪，而當感謝古人之創造文化之功，因爲古人與教化已把蠻性改變了不少。就中我尤要把儒家的修養法來提高。須知在現代心理學方面有所謂「心理衞生學」(mental hygiene)。其實儒家的修養法就是其一種，不過是完全訴諸理性卽以自己的理性克服自己的心情罷了。用理性爲指導未嘗不可治精神病。英國精神病學家伯郎恩說：『根據人心之理智化之方法，病人可以窺見其本然之眞性；此爲心理治療最主要因素之一，吾名之曰自愈法。』("This process of intellcctualization of the mind, whereby the patient gains an everdeeping insight into its true nature, is one of the most important factors of cure in the course of mental analysis, for which I have suggested the term antognesis". 見 W. Brown. Suggestion and Mental Analysis, P. 39)。

自從中國人受現代的矛盾性西方文化以來苦痛只有更增加，煩惱只有更益甚，我以爲或許是由於把固有的心安理得的修養法完全忘卻了。因此我主張將儒家的精神只限於爲內心的修養而重新提倡起來。例如張橫渠的西銘，倘使能記在心中，隨地隨時來受用之。不但能博濟施衆，並且抱了「存吾順事，沒吾寧也」之心必是心君坦然，死無可怕；生無可喜。在世一天盡一天的責任，安貧樂道，盡性知命。這樣雖不足以治國平天下，却很能以把自己弄得服服帖帖安安穩穩的。所以我說儒家之道是最好的心理衞生方法，最新的心理學亦未必能超過之。苟人人都能把自己弄得因盡性樂道而安安穩穩，則雖只係修身而已兼合有治術在內了。儒家既代表中國道統，則中國的道統便顯然是不可廢又不應棄了。關於儒家的修養我願再多說幾句，因爲對於現代學子恐很有益處。我以爲宋明理學上的做人法在於拈得一個「樂」字。王陽明的詩有云：『道在險夷隨處樂，心忘魚鳥自流形』。

惟樂故能一任自然，自然卽非勉強之謂，惟自然故可以無怨尤「在家無怨，在邦無怨」凡事如行有不得則自反「反身而誠，樂莫大焉」。今之靑年凡事逐外與人競比，其結果徒增自己的苦痛。現下中國人大提倡吃苦耐勞，然而吃苦若出於不自然亦決不能行，所以應該隨處樂道純取自然。又中國所需要者爲氣節，然而氣節若出於勉強亦決不可貴。孟子說，富貴不能淫，貧賤不能移，威武不能屈，這才是眞氣節。這種氣節必從樂道而始能致之。能樂道便能見義勇爲。以我在最近六、七年間自身的經濟證之，覺得「信心」(belief)與理智(reason)完全是一致的。理由充分一分則相信加強一分，斷無在自己心上覺得理由未足而卽能起信的。有一分信仰卽有一分力量，所謂守死善道就是由於見理眞切，在本心上決不會搖動。自己的行爲自然會跟着信心而走。所以要講修養，要變化氣質必須先講理。雖則今天科學哲學上的理，異於昔日四書五經上的理，然而其爲理則仍是一個，有左右人心之力則亦相同。如果我們因理論太發達了反趨於懷疑，則惟有把這個理性再拓進一步，擴充一下，使其更得一個較大的綜合，在此綜合的結果上我們又可以安心立命了。西方的心理學家亦見到此，如下文所引：

『爲救治理性上懷疑及破壞的行動所生之紛擾，其唯一方法爲將理性再前進一步，使理性成爲倫理的自我之行爲之最高主宰。』The only cure for the disturbance caused by this aceptical and destructive action of reason is to bring reason still further into play and make it the supreme arbiter of conduct in ho service of the ethical self. 見 A. G. Tansely, The New Psychology, P. 197)。

總之，如自己覺得已站在萬無可搖動的理之上則自會樂，同時會勇，亦同時會自然。因此我們不必向外另尋甚麼方法，只須澈底推崇理性就行了。

說到理性又不可忘却我在上面所述的那些弊病，一是把知識爲遊戲，其結果必致學問變爲裝飾品。一是把活的理智變爲死的宗教信條。上文皆已說過，不必再講。現在所以重提此點的緣故，乃是我願在正面一述人類知識之眞正作用。我曾說過，人類知識無不是求解決問題，縱使回頭來把知識自身亦當作一個問題來求解決，然決不是只繞圈子，玩一個把戲而已。人類當前的問題大概是切身的痛苦。羅素分「惡」有三種：一爲自然界之惡；二爲人性上之惡；三爲社會組織上權力之惡。詳見其書 Roads to Freedom, P. 189 以下。我以爲人類的苦痛亦可分幾類。第一類是屬於生物方面，例如疾病，此則只有科學能解決。以前有許多病認爲不治，而現在却都有了特效藥了。另外是生死問題，這個問題亦十分予人以脅迫。如伊壁鳩魯(Epicurus)謂死不足畏，因爲死卽等於無，這些都是對於這個問題求得一個解決。一切形而上學大牟是對於這個問題而起意的。宗教亦都是爲了這個，就中佛教最爲明顯。但我以爲就這個問題本身而講，恐怕宗教與哲學都不能有解決。將來只有由科學希望可以辦到長生一些，至於不死恐怕是永不可能的。此外就是資生上的問題。因爲人生在世不能不吃，又不能無衣，無住所。不過這些資生之具必須勞力方會成功。有時因天然產物之不均亦大生影響。其實這個物資供給的問題最易解決，雖則人類的苦痛很多是從此而來然而只要應付得宜總可免除。姑以天寒爲例，處於寒帶的人只是十分難受，這當然是苦痛了。不過這並不是無法應付的。穿皮衣，燒爐子，都是解除苦痛的方法。將來由科學發明更有特別的取暖設備亦未可知。而問題只在甲製皮衣而乙來服用，甲反受凍。所以人類的苦痛除了天然不可抗的以外，大部分是出於社會上組織的不良。所以我說一切問題完全在於文化方面，卽在於文化失調。因此我主張羅素所說的三種惡之中只有後二種是眞正的。並且這兩種又常常相混雜，相助長相因果。換言之，卽有時因人性上的惡遂演爲制度上的惡；有時因制度上的惡又養成人性上的惡。本書不想對於這些器詳加分析。而只要闡明一點：即我們的知識是因爲有苦痛而始逼迫出來去求解決的。所以唯有眞正解決痛苦（不論是一部分抑是全部）的方足爲眞知識。至於那些說待連篇累牘，天花亂墜的，而於實際毫不起任何作用，則決不是可寶貴的知識。又須知人生苦痛往往是連帶的。如疾病好像只須發明一種特效的藥就可對付，其實醫生的待遇與藥品的販賣在在都與全體社會制度有關。現在有些人生病，不是沒有藥，乃是沒有錢去就醫。近來戰爭起來更是有時有醫生而沒有藥。可見任何事都是爲社會所支配。所以解決人生苦痛不能專對人生想法子，而應得着眼於這個有互相連帶關係的文化全體。因此要有知識階級的緣故即在於必須有人能想法子與出主意來解決痛苦。因爲一班普通人只知怕苦痛却不能想出切實的法子來解決之，這就是知識階級之使命，亦就是人類所以要有知識之故。以此衡量中國目前的知識分子，卻頗使我悲觀，故我特別提出言論之眞誠性，請在結論中言之。

總之，本章所說雖不無稍有拉雜，然而根本上是一貫的，希望讀者細細玩味一下。須知社會上文化上一切問題反映在思想上的只是自然演成的文化（即由人性自然亂湊而成的）與人爲創造的文化（即由理智以規劃而成的）之衝突。而學問之可貴亦即在發見自然演成的文化是甚麼，人性是甚麼，由人性自然而成的社會是甚麼。同時又須發見其可修正之點在何處。其目的仍在於供給於理性，俾其得以按理而另行規劃之，改造之。所以中國今後所應走的路亦只是這樣的路，即把自然演成的社會變爲理智製造的社會。因此我們要有一部分人來代表這個理智。其故乃是由於社會自己要改造自己而不借外力，須知從外面下手當然容易。今從本身上來自己辦理則須另有一個特別方法，這就是社會科學與哲學所以異於技術的科學之故了。

結論

本書與我的前作知識與文化是同採取一個態度：即將知識社會學（即以社會學來講知識的）與哲學（即以哲來講知識的）之交互點爲立場。這兩門學問好像可以會合，然而其間卻有衝突。就是知識社會學把知識認爲社會所決定，則這個反映社會狀態的知識便不是屬於理性主義的了。哲學亦講知識卻是要闡明知識之價值，所以哲學的知識論總是從理性主義方面來着眼。因此我們可以說知識社會學與哲學之衝突依舊即是理性主義與非理性主義之衝突。關於這樣的衝突之調解，我在第九章中已曾略有提示，不過尚未得滿意的解决，現在我更想在這一方面多說幾句話。

述此問題必使我們回想到康特，他就是想解决知識論上經驗主義與理性主義之衝突，亦就是因爲經驗主義出來了，則對於知識之可能性頗給予打擊。倘使知識而不有可能（即不能有真知灼見）則人類便如在黑夜中暗行，沒有光明以領導其前進，勢必如盲人騎瞎馬則誠有夜半臨深池之懼了。所以康氏有見於此要想在經驗主義之重圍中替理性另闢開一條出路，於是他發見我們的知識根本上是一個綜合作用。關於這一點我在知識與文化上言之甚詳，恕不再述。惟在綜合作用上必須有佈局以爲編制所接受的感覺之用。編制感覺就是把外來的感覺當作材料而納入於一定的格式下組織之。這個格式我名之曰「軸」（axis），亦就是等於物理學上所謂坐標系的標。因爲我們是生物，故我們只有四個軸，三個屬於空間，一個是時間。於這幾個軸以外尚有一個「核」，即是他說的 apperception（此字向譯爲統覺我則改爲綜覺）。軸與核合成一個系統，一切秩序都是由此而出。須知這個系統卻又是其外無對，所以人們自己不會覺得其有限制。康氏又把判斷的格式分爲多種，每種變成一個概念，用這個概念再規定其他概念，則這個概念便變爲純粹的，而成爲範疇了。其實只是由這些軸所決定的經驗之不同的種類而已。康氏此說在一方面把理性之神祕性與神聖性打消了，在他方面卻亦把經驗之駕異性與合當性亦打消了。而代之以立的便是生物學的知識論，亦可說是生物哲學的知識論：凡此所論已爲學者所悉，不必多述。我所要揭破的卽在於他的功績確爲表明我們是生物而同時能知道生物的知識之限制，好像我們戴了眼鏡而我們自己卻知道被眼鏡所限。普通人知道眼鏡有所限制是由於有時把眼鏡去掉了。倘使永遠不能去掉則一班常人決無由發覺這個限制。我們離不了知識，並且離了知識亦就沒有了我們。但我們雖卽是知識，然卻確又能發見知識之限制，這無異乎我們同時又跳到知識以外而回頭來看一看知識究竟是個甚麼東西。我名這樣爲「超觀點」，就是本身旣站在一個觀點上而同時又能超越這個觀點來返觀之。這樣作學問是必須經過訓練方能爲之，我主張理性之可貴卽在於能從事於這樣返觀，卽超越自身來回看一下。這樣超越本身觀點而返觀之的返照觀點之創生乃是理性之擴充。惟由於理性有擴充則文化始能有推進與改造，理想亦就是由此而立。康氏在學術界之功勞固在發見這個具有生物限制的知識論，而卻尤在能提出這樣超越的觀點。從知識之受生物的限制而言，這是科學；從超越了自己的觀點而返觀之，則又是哲學。康氏之大功在把科學與哲學用分功的方法而調和之，換言之，卽從知識之背後在根源上結合之，而不於知識的內容上硬去調和。再換言之，卽從知識的內容來講，可以說全屬科學之天下，哲學直無立足之地。但從其背後而返溯之，則科學愈開拓一步，則觀點便愈自身超脫一步，乃是自然而然與哲學不可分了。可以說科學在不知不覺中本身帶着哲學而前進，這一點的發見是我們要感謝他的。後來的知識社會學出現，其實亦正是順着他的這個方向。他發見了知識是受生物的限制的；知識社會學逐更進一步又發見知識是文化與社會的限制的。可惜知識社會學尙在幼稚時代，對於這些限制尙未分析得清楚，作統系的說明。不過從大體上講，又可分兩層：一是文化的限制；二是社會的限制。學者往往把二者併爲一談，這是錯誤的。前者是指文化習慣（卽約定俗成之意）；後者是指社會組織。就後者言，個人在社會組織上的地位不同，因而其觀念形態亦隨之而有異。這就是心性之受社會的限制，但其旣若就文化全體來講又似太狹小了。因爲人是文化的動物，卽文化把人之動物的本性大大改變了，所以人之知性受文化環境所冶鑄，自是不容疑的。這兩方面都有待於詳細分析。可見知識社會學當分兩部分，至於本書與我的前作只是關於知識社會學中範一部分中之一種問題，即知識社會與哲學之關係問題，並不涉及其全部，將來希望能另有人努力開發之了。

康氏之功勞還不止此，就是他把哲學家之任務重新整理了以後而提出其真正的使命。他不把哲學家當作專門的學者。須知哲學家的眞正任務是對於文化作綜合的檢討澈底的評判，打穿後壁的研究。其所以先從知識論入手就是要追問知識之準確性（relevancy）。換言之，卽問吾人是否眞能知物，如不能，卽吾人一切改變現狀使人生更有意義之計劃皆歸泡影，所以知識之可能性是一個先決問題。哲學家之硏究知識原是想對於人類之有文化，卽從自然演成的社會變到由理性規劃的社會，作一個理論的檢討。關於這一點友人熊十力先生見的很透。他每次來函都痛斥近來學者之專務於破碎的知識。在中國舊來則稱之爲通儒，卽指不從事於支離破碎的研究而言。我主張今後中國大學教育須注重於通與博起見，應使文科、法科、理科的學生都以西洋哲學史、中國哲學史以及二三種哲學名著爲必修課，同時不必設立哲學系而使有志於專修哲學的學子總得先習科學。至於哲學則只限於在硏究院中設立專系而已。此係大概，詳論則非此所評。至於我今簡單言此則主旨僅在表明一個文化要有自己的活力以從事於自身改造，則必在其內部常如火山一樣，能自己發火。這個火就是其活力，而代表這個活力的就是這個民族中（或這個文化中）的理想家，於此所謂理想家亦就是哲學家，倘使哲學家而不能以理想提供於其國家則便失其爲哲學家了。我在新哲學論叢上論到出世思想有下列的話：

『出世思想欲把絕對無可奈何的宇宙整個推翻，使其歸眞還滅，其用心之勇眞令人吃驚……其改造世界的動機不是爲了自己，乃爲全體人類着想，又可謂大仁。我所以稱其爲大勇大智大仁，但我卻另贊成又一個相等的大勇大智大仁，卽西洋淑世思想是也。此思想發源於希臘哲學而得近代科學而益彰……只恃一個工具，曰理智……人類一切都不免有間斷或停頓或循環，惟有知識線是進化的……我們從人類數千年在有意無意中對於世界所努力的改造工作而觀，實可說這個世界慢慢終可造成的。』

這是我的信念，我以爲必須由哲學家與科學家合起來去作，所以我在知識與文化一書上極力提高科學方面的見解；而又於本書推崇哲學，在表面上似有矛盾，而實在是一貫的與和諧的。證以康氏之說亦是如此，他用富有科學性的知識論把哲學的價值與需要反而建立起來。近來的懷特海德亦有同樣的主張：

"『離開形而上學的假定，便無文化可言』(Apart form metaphysical presupposition, there can be no civiligation" 見 Adventures os Ideas, P. 164)。

因此我可知道科學愈發展，理智亦緊跟着走。科學與哲學用不着調和，而自然是相連的。因為本是同根，而又相待相成。我們有時儘管開發科學，而哲學亦自會在其中了。

我於此不想多說，只留一點必須提出，即我所說的全是從我心坎中流出的，這便是我在上文所說的言論之實誠性。原來古人自思想，著之於文字，無不是出於本心，從來沒有以言論為他人作工具的。這乃是近來（或後來）的現象。我以為出賣理智的良心比任何都可恥。現在報紙的言論都是代人說話，固不必論；而最奇怪者是學者們亦專作他人的啦啦隊。我今天乃是完全說自己的話，在未說以前，先以口問心，是否所說即為眞正所信，必須眞信之不搖不動方敢說出。因為我以為唯有人能說自己的話方能有學問。不然只有宣傳而無學問，無學問即無文化。我們所以主張必有思想自由，亦就是不欲文化為之停滯而已。所謂說自己的話就是自己覺得非如此說不可。這是由於自己對於眞理有切實感，因對於眞理愈切實，則對於言論便愈尊嚴。於是覺得侮蔑言論即等於自隳人格。所以讀書人之人格就看其對於本人的言論自己有無尊嚴的保持。凡甘為人作啦啦隊的都是自己願意把他的言論作物品（即商品）來出賣，我以為非矯正此風不會有學問，不會使文化有進步。在清末民初之際這樣的情形居然尚一露其光。在以前沒有自由思想是未得十分迎接西方文化，本有可原，後來反而把言論自由變為言論之黨派的喉舌化，這卻與文化進步大有影響，因此常常使我回想清末民初之盛況，梁任公先生有詩，曰：

『文字收功日，
全球革命潮』。

又有句云：

『十年以後應想我』。

可見那時候的學者是真有熱情，有理想，有昂首天外的氣概，有潔白高尚的心胸。決不像現在的人們說自己的話時顧忌多端，不敢率直出口；替人家來說話時卻勇氣百倍，一往如前。中國採取民主政治在清末民初從未把他當作一個文化以致有始無終，只是曇光一閃而已。今後戰事終了，全國上下於痛定思痛之餘，應得知道除認真把生活與民主主義打成一片以外另無出路。而認定前途之方針後欲其致此則必從我們讀書人本身上自己作起方可，區區不才，願以本書作一個小小的引子，俾國人都走上這個言論解放之路。

總之，本書所採取的立場是一種「交互主義」(interactionism)。我在知識與文化之序論上即有對此之說明。蓋以為知識受生物的限制又受文化的限制，顧我們了解此等限制卻又以知識，於是對於限制之了解使又不能不受知識之限制。換言之，即我們所有之生物學知識與社會學哲學等知識又復受知識本身限制之限制，此點在物理學上已早為人所發見了。當然其理可適用於其他科學，故我名此為交互主義。此說和友人張君勱先生所主張的「函數說」是完全一樣的。他的說明詳見其書立國之道第五編末章「吾人思想之哲學背境」一章中，茲不繁引。其書雖早出版而我則於今日始得見之。兩地遙隔而所思意不約而同，亦可謂奇矣。